大展好書　好書大展

大展好書 好書大展

親子系列

2

〈孩子的心理法則〉

心靈啟蒙教育

多湖輝／著
楊鴻儒／譯

大展出版社有限公司

前言

如何將孩子的潛能發揮出來呢？作者始終執意認為最好的方法，則是由父母親來擔任「教育的啟蒙者」。為了將要讓所有為人父母者，更深入的瞭解身為幼兒「教育發動者」之重要性，作者曾經書寫過數本有關這方面的書籍，此次再將過去已書寫過的各個標題重點，綜合歸納，以『心靈啟蒙教育』為書名，重新再版問市。

本書內容標題中，包括父母親如何來擔任「啟蒙者」這一角色？首先需要瞭解孩子們獨特的心態，無論面臨任何狀況，都能夠活用、隨機應變，意謂著日常生活中的機會教育。

坦而言之，如果父母親一見到孩子便滔滔不絕的唸著「要好好認真、用功讀書」「要誠實、不欺騙、乖順聽長輩的話」，孩子內心的想法絕對是，我才不要用功讀書、也不想聽父母親、長輩的話呢！倘若父母親轉換另一種若無其事的口吻說道：「你原本就是一位乖順的孩子」「只要做你能夠做得到的事情就可以了」。父母親適時的對孩子發出正面之暗示，孩子反而會做出令父母親驚訝的改變。

根據作者於孩童時代之親身經驗，即可印證以上事實。孩子們的潛在能力是無限量之大。為了讓孩子們的潛能開花結果、發揚光大，需要給予良好的土壤以及充足的養分。希望這本書『心靈啟蒙教育』，成為達成各位父母親願望之啟示。

多湖　輝

目錄

1 培養思考力的心理法則

——能夠讓孩子們頭腦更為聰明的方法

1 經由遊戲來培養「思考力」

所有的學習過程，皆在遊戲當中獲得

一般而言，日本人都討厭「遊戲」。自古以來一提起「遊戲人」，即意謂著游走法律邊緣（Outlow）提及「駕駛盤的遊戲」「剎車、腳蹬的遊戲」，乍看之下，似乎意謂著浪費的空白部份。

因爲人們視「遊戲」爲「工作」「認眞」的相反詞，在人們的心中，早已根深蒂固了這種不良形象。

的確，遊戲的原意中涵蓋著逃避現實，要抒發、解悶之意，或者對於並不重要的行動，會消耗掉自己多餘的能量，總之，就是給人一種不太理想的層面。然而，從另一角度來看，在遊戲當中，具有除遊戲當事者以外，非當事者無法瞭解的喜悅與樂趣，甚至極具挑戰性的刺激感。遊戲本身擁有不爲儀式習慣的拘束的心理層面之自由奔放。

雖然遊戲並不爲人們視爲創造活動，但是也可以解釋爲與創造活動相酷似的生活體驗。尤其就年幼的孩童而言，若將遊戲解釋爲孩童所有的學習過程，皆經由遊戲當中獲得，亦不足爲過，將學習與遊戲淸楚區分，並且劃分界限的想法，是成人們的思想模式，對孩童而言，讀書做功課與遊戲是沒有區別的。

例如，美國國內以孩童爲對象的著名電視節目「芝麻街」，其基本構想，是由電視廣告獲得啓示。孩童們對一般商業形態之電視廣告，表現出特別的興趣與喜愛。無論是廣告中的歌曲或是廣告詞句，孩子們可以迅速的記憶下來，並且能夠在日常生活會話中，隨意的應用。

既然如此，何不以製作商業廣告的手法，於電視節目中播放具有教育意義的體材，讓孩子們在不知不覺中，也可以在遊戲中，開發了知識與興趣——「芝麻街」即是根據這一構想而製作的具有教育性節目。結果，不出所料，獲得衆人喜愛地成功了。這一節目在日本電視，已經放映了好長一段時間。對年幼的孩童而言，果然不出所料，順利的啓發孩童之智慧，並且讓孩童在快樂的氣氛與感覺中學習了新知識。

倘若大人們站在這一觀點，重新再檢討以往老舊的思想模式，觀察現今孩子們歡喜、熱衷的遊戲，便可以發現，只要大人們稍加花費些功夫，便能讓孩子獲得意料之外的效用。

例如，一位美國的心理學家，將二十六個羅馬字母，分格書寫在地上，讓孩子們玩踢石頭的遊戲，孩子們便可以一面遊戲，一面學習羅馬字母與簡單的單字拼音，成功的獲得多項效果。另外，作者在研究幼兒問題的幼兒開發協會，讓孩子們表演話劇，並且讓孩子在演讀歌劇當中，逐漸的學會英語台詞。

孩子們可以利用現有的各種小道具、輪流扮演劇中各式人物，比手畫腳，讓大家在演說英語台詞當中，自然而然的學會了英語發音，而且也能夠體會出英語詞句中所代表之含義。

讓孩子們在快樂的氣氛當中，不費辛勞的學會了英語會話。如果拿我們日常生活上的經驗相比較，大家便可以明瞭，同樣的辛勞做工作，但是若以遊戲的方式來做工作，其中的感覺卻是截然不同。

例如，某人交代某人到十公里以外的山坡道路上做工作，被差遣者多半都會內心十分不情願和厭惡，並且顯露出一付不悅的表情。

但是，同樣的要我們前往十公里以外的山坡路舉行登山活動，或是打高爾夫球，即使平常多以駕車代步者，這會兒也都興高采烈，滿腹喜悅的步行登山了。雖然行進當中，會有疲憊、辛苦的感覺，但是參與者之心情卻完全不會顯露出不悅或辛勞之表情。

嚴格的說起來，上述所列舉之心態，實在過於自我本位，但是，這種心態屬於人間心理的奧妙。按照這一道理，應用到孩子們的學習方面，也必然能夠發生效用。

遊戲當中所散發出來的自發性最重要

如果從另一個角度來看，能夠讓孩子快樂，自動自發的做事，表示孩子們潛在的自發性充分發揮出來之意。作者認爲，讓孩子能夠在學習上自然的發揮自發性，才是最重要的一環。

關於這一點，可經由大家在日常生活中之親身體驗，明確的理解事實。當我們在學習某一項知識時，能夠眞正學會的，是因爲自己想要自發性的在做，而且又能夠實際的去做，便可以獲得想學習的知識。

如果，孩子的內心並沒有發出任何問題意識，只因爲受到父母親的交代，非得要讀書、上學，如此一來，無論在那一方面，皆無法眞正的學習吸收。問題的癥結，在於如何才能夠激發孩子的自發性，讓孩子湧出一股積極學習新事物的新奇意願。

但是，爲了要賦予動機之原理，在心理學上，經常討論獎賞與懲罰之效用。舉凡成功，即給予獎賞，不幸失敗，即給予處罰，一種獎懲分明的鼓勵方式。上述所言之兩種獎懲方法，皆是借助於外界給予誘餌和敎鞭，賦予動機，因此稱之爲「外在賦予之動機法」。相對的，如果學習者本身對於所學之項目有興趣，自發性的願意積極學習，這在心理學上稱之謂「內發性的賦予之動機法」。

倘若是出自於「內發性賦予之動機法」，不但學習方面獲得極高效率，進而一舉成功，因此，能夠讓孩子一面遊戲，一面學習，才是眞正讓孩子出自內發性賦予之動機，完全沒有任何被動、強迫之意願。

爲了使孩子的頭腦更聰明，其中最重要的條件，在建立孩子血、肉各方面能力的基礎。其間最快速捷徑，就是讓孩子能夠在快樂、喜悅的氣氛之下，獲得學習效果的方式。對孩子而言，理所當然是在遊戲、玩樂當中，最能達成學習之目的。

根據上述原理，接下來將要探討何謂遊戲？何謂學習？如何能讓孩子的頭腦變得更聰明，並且幫助孩子獲得學習效果等各方面之問題。

讓孩子的頭腦變得越來越聰明

我們一般所使用的機器，會因爲長期的使用，而使機器本身或零件受到磨損傷害，或者性能變得低落；然而，人類的頭腦，卻處於完全相反的狀態。不但不會因爲長期過度的使用，遭受磨損，反而越磨練，越能無限量的發揮頭腦潛在能力，這套理論早已經由專門研究大腦生理學與心理學的專業人士，研究證實了。

人類的大腦內大約有一四〇億個腦細胞。一般只有百分之五左右的腦細胞，爲人們日常眞正的運用，而其他百分之九十五的腦細胞，幾乎都屬於睡眠狀態，相信不少的父母會擔心，如果貫輸幼兒過多的知識，幼兒的頭腦會不會因爲一時過量的新奇事物湧入頭腦，而使頭腦爆炸，其實大人們的擔憂是多餘的。

相反的，如果不經常用腦，那麼頭腦的功能便日漸衰退，這才眞正令人擔憂呢！試想：當我們生病住院，必須在病床上躺半個月，漸漸的，雙腿的肌肉彈性會減弱，由這一事實，便可以印證頭腦的功能亦是如此。

腦細胞也是如此，如果沒有經常使用，當然會適應環境，進而停滯發達，甚至出現類似於老化的現象。但是，作者並非鼓勵對孩子們採取塡鴨式的教育方法，唯有讓孩子們在非塡鴨式的教育環境中，才能夠快樂又出於自發性，多方面的鍛鍊頭腦。

孩子們的遊戲，即是最具代表性的一種快樂兼學習的最佳途徑。只要爲人父母者，稍加花費一些時間，努力構思一些合乎理論性的基礎知識，即使是單純的遊戲，也都是促進孩童頭腦聰明的用具。

如何來學會一些合乎理論性的基礎知識，才是爲人父母應有之義務。

訓練頭腦最佳健康方法「儘情的遊戲、儘情的學習」

相信一般人都認爲「應該儘情的學習、儘情的遊戲」。但是對於孩童頭腦發達而言，卻要反過來說「先儘情的遊戲、再儘情的學習」。由此可見，遊戲在孩童們身上所佔之比重有多大。孩子們可以經由遊戲中，進而學習到許許多多的事物。

「玩遊戲、玩瘋了」，我們經常聽到大人們這般的責罵孩子。但是在孩子的世界裡，這句話卻和「拼命的用功讀書」是含有相同意思。

作者自行回顧少年時代的情景，即可明瞭，作者自小學時代起，便不時的讓父母親催促著「要好好用功讀書，要努力用功讀書」。如果將當時一些根本沒有時間玩樂的孩子，與整日爲了玩樂，忙碌得不可開交，根本沒空閒用功讀書的孩子，兩相比較，屬於後者日後獲得成功的機率較大。不僅僅是如此，一些以前在學生時代都只會玩樂，學業方面完全談不上好成績的同學們，現在有不少人擔任某大公司內，需要具備最高度頭腦的重要幹部，並且活躍於商界。

由此亦可證實，對人類頭腦發達而言，自發性是相當重要的。孩子們在沒有受到大人們外在壓力的情況之下，能夠眞正的運用自己的頭腦思考，惟有在他們玩遊戲期間，才得以充分發揮。

遊戲當然也需要活動身體，相對的，玩遊戲對身體健康方面，也是助益良多。另外，對於孩子的頭腦健康，遊戲所佔有之要素更爲重要。

在遊戲當中，父母親只要給予些許有助益之啟示，便得以提高遊戲的知性

作者曾經在一所小學內，聽到如下例子。有一位小男生，懂得多種的遊戲玩法。不僅邀請與他年紀相符的同學與他一起玩遊戲，同時也邀請大人與他一起玩。這位小男生，不論是玩樸克牌，或是其他各類型的遊戲，他都一一瞭解各項遊戲規則，並且還可以與大人相對應。作者以為這位小男生的頭腦一定很聰明，但是，事實上他在學校的功課和成績並不理想。

作者對這位小男生感覺萬分好奇，因此，便一旁觀察他的遊戲方式，自然發現了這位小男生與其他小朋友們的不同之處。當小男生與其他小朋友一起玩遊戲時，他經常開口說道：「不能做××」「應該要××」等等，一副大人交代小孩子的語氣，在對其他小朋友說話，並且還干涉其他小朋友的行動。

由於小男生的言行舉止，不難推測他平日由父母親處，所領受而來的態度之影響力相當大。也就是說，父母親自認為需要與孩子們一起遊戲的義務感過於強烈，結果轉變為監視孩子的遊戲，而孩子方面亦將遊戲原有的樂趣，無意間的加以「限定、規則化」。

類似上述所列之孩童狀況，在現今的社會環境，極為多見。如此一來，孩子確實能夠成為遊戲中的主角，依靠自己的頭腦下功夫，尋找快樂，但是，遊戲原有之意義也變得稀

薄無趣了。

因此，爲人父母者，絕對不要干涉或管理，監視孩子們的遊戲，不妨偶而與孩子一起玩遊戲，一遇有機會，隨時給予一些啓示，讓孩子們自己體會，父母親所給予之啓示，確實與這項遊戲有關連，而且還發現了另外一種遊戲樂趣，或者孩子自己突發奇想，自行下功夫，又發覺別種新創意。

當孩子正熱衷於玩遊戲時，父母親一旁親切的建言，反而成為噪音

雖然人類的頭腦擁有極爲偉大的創造力、表現力與判斷力，如果針對之對象並未付於徹底之集中力，現實方面便無法發揮頭腦的潛在能力。

倘若我們就這一觀點來看，要讓孩子自幼童時期，便能培養孩子在一定的時間內，熱衷某一件事，集中思緒於某件事上的能力，這才是最重要的。但是，在這期間，必然會出現很大的阻礙，而這些阻礙便是：

當孩子正熱衷於某種遊戲時，父母親在不加思索的情況之下，順口的給予孩子某些建議、忠言或指責。孩子正默默的熱衷於做某件事情時，即使一旁極具助益的建言，都會阻礙了孩子的集中力，反而容易造成日後精神散漫的孩子，當然，這時父母親所說的任何建言，都轉變爲毫無意義的「噪音」了。

有時不需要閱讀玩具內附的說明書，讓孩子自己玩，自己想辦法組合

孩子們很容易出現異想天開的奇怪構想，或者說出令人意想不到的一句話，令一旁聆聽的大人訝異不已。如果就這方面來與大人相比較，孩子們的頭腦著實富有彈性，而且還可以多角度的來思考。

爲了要讓孩子極富彈性的頭腦，充分發揮潛力，當父母親爲孩子新買回來的玩具，其內附的有關玩具或遊戲之方法、規則、或是組合方法說明書，不需事先閱讀，這樣對孩子而言，也具有相當大的效果。

當然，不同的玩具有不同的遊戲和組合方法，然而這些玩具的原始設計，皆是出自大人的思考範圍所完成之成品。例如，將多項物品組合而成的玩具，乍看之下，如果不瞭解組合玩具的方法，就失去玩具所示之意義了。

其實，大人對於這方面的擔憂是多餘的，孩子會自行思考、自行完成組合成品出來。孩子們能夠自行思考玩具中的某一零件與某一零件，相互有關係，或考究零件的特徵與機能、自行組合。孩子們的自我思考模式，與按照說明書上註解之指示，不費思考力順利組合完成之模式，兩相比較，前者對幫助孩子頭腦發達，最具效果。

如果在這種情況之下，孩子所組合完成之成品比大人所期待之完成品，不相同時，大

人應該再重新給予孩子高評估。

孩子們的腦袋內，具有豐富又了不起的想像力，如果大人忽視了這一點，強制的要孩子遵循大人的想法，按照大人的思想模式進行，反而阻礙了孩子們的豐富想像力。大人們這種強制孩子非要實現大人想法的態度，著實需要改進。

不要給孩子已經完成的玩具

我看到近來孩子們手上所把玩的玩具，感到非常遺憾，因為大部份的玩具都是完成品，或者只需要稍加組合，便可以完成的半完成品玩具。

回想起作者幼年時代，摘些樹葉、或是撿些路邊的石頭，只要稍加些功夫，便可自製成玩具，若以此類玩具與現今之玩具兩相比較，著實令人有種隔世之感，時代的改變實在又快又大。如果就創造性的觀點而言，這種改變並不值得慶辛。

對孩子們而言，圍繞在他們身邊的所有東西，都可以成為玩具，配合遊戲的種類不同，對石頭、木片等，要如何下功夫，如何應用，方能產生創造性之萌芽。不需要花費功夫，不需要發揮智慧、思考力的完成品玩具，對孩子而言，根本不具魅力。

不時的改變方式，有時給孩子一種玩具，或者同時給孩子多種玩具

在大人的世界中，相信大人具有同時進行好幾種工作的能力。根據作者從事各項幼兒研究工作的實例而言，作者經常是一面從事幼兒教育、一面研究地震時之心理學、傳播媒體、演講等等，經常同時進行不同的工作性質，而且還需要隨時改變頭腦思路。但是，在忙碌的工作中，也有許多優點，能夠隨時接觸新鮮的刺激，方能活性頭腦。

孩子也是相同，例如改變給孩子玩具的方法，給孩子一些具有變化性的玩具最有效用，讓孩子在面臨新狀況時，隨時改變頭腦的思考模式，方能給予孩子的頭腦最有效的「活性維他命劑」。

稍微改變一下玩具的放置方法，就能造就思考遊戲的新契機

「孩子是玩遊戲方面的天才」，這句話說得極有道理，無論在任何狀況之下，孩子們都能夠不斷的創造、思考出新式的遊戲方案。假日期間，父母親不妨帶領著孩子們到不同的地方，並且一旁觀察孩子們眼光中所露出光芒，便可以查出端倪。

僅僅是一棵樹、或一條小溪流，孩子們可以立即以此爲題材，想像出新的遊戲方案，對父母親而言，讓孩子身處於各式各樣不同的狀況之下，才能造就滿足孩子創造慾望，訓

練孩子思考力的最佳途徑。

爲了要達成這一目標，其實父母親並不需要大費周章，大規模的準備。例如，作者所施行的創造性開發訓練之一種方法，稱爲檢查表法。

某人爲了要思考開發新製品，不時的翻新構想，假設一種基本圖型設定之後，立即提出「如果將圖型倒立，將出現何種狀況呢？」「如果將其縮小後之情況是如何呢？」「放大之後的情況又如何呢？」「若放斜方向，將變成何狀況呢？」等等對各種不同的檢查重點，進行思考。

讓孩子在遊戲中，隨時運用種種不同的思考模式。作者在觀察朋友的孩子，也是如此，例如將三輪車倒立，以手來轉動腳踏板，三輪車會發出好似緊急的聲音，或者利用清掃客廳的機會，將茶几橫放，孩子們便會利用茶几的腳，當成投環遊戲的標地。像這般，僅只是稍加改變玩具擺放的角度，即可誘導出孩子們不同的新想像力和思考力，看似一種玩具，卻可以把玩出不同的遊戲動機。

玩具稍微不足的狀況，對孩子來說最好

我曾聽一位在外國長期生活的貿易公司職員說道，沒有人比日本小孩的父母親那般喜歡給孩子買玩具了。據說外國小孩的父母親，除了聖誕節、小孩生日期間，會給孩子買玩

具之外，其他時間不會隨意買玩具給孩子，而日本的父母親卻經常買玩具給孩子。

根據專家研究、探討其原由，倘若孩子的玩具太多，會讓孩子的性格變得散漫，無法培養孩子的集中力，由於這一原因，對孩子而言，聖誕節和生日，即是孩子們感覺最特別、最快樂的日子。如果父母親買給孩子的玩具太多，讓孩子的性格變得注意力散漫、無法集中，對父母親而言，就有些難爲情了。

的確，玩具過於充裕環境中長大的孩子，其情緒性格會變得不穩定，而且沒有恆心，無法自己花心思、下功夫創造新的遊戲方法。這是因爲孩子處身於衆多的玩具當中，整日受到玩具的壓力，被玩具壓得動彈不得所致。

倘若父母能考慮孩子在發達階段，便可得知，如果沒有玩具便無法遊戲的階段，頂多到三、四歲而已。年齡超過五歲之後，即使沒有玩具，孩子也可以自行思考，自行下功夫，創造遊戲方法。

隨著孩子年齡的成長，越是不會如父母親所想像那般，需要有很多的玩具陪伴，如果此刻父母親仍然提供許多玩具給孩子，好像透過遊戲，而阻礙了孩子頭腦的自然發達。相反的，孩子在缺乏玩具的情況之下，才會自己下功夫。自己發揮創意，製造自己所需要的玩具模式出來。

折紙不僅是折出各種形狀，要讓孩子將其拆開，方能促進知性遊戲

前大阪市立大學教授中修三先生，曾經強調說道，使用複雜的手指折紙遊戲，與孩子之智力、語言發達有密切的關係。

作者與中修三先生之想法相同。

中修三先生細微的注意到，如果在玩折紙遊戲時，最初開始的第一折，折法錯誤，並不會出現完全成品之事實，進而主張折紙遊戲的「論理性」。意謂著，在進行折紙遊戲的第一折，折紙者並未發覺第一折的折線並沒有很大之差距，再經過數折之後，越是無法折回正確的折線，最後折出來的成品，便變得不夠完美了。因爲如此，我們可以讓孩子學習到做任何事情，必須要按照順序思考，尤其中間的操作過程最爲重要。

除了上述所舉有關折紙遊戲的基本特徵之外，作者還認爲，在教導幼兒玩折紙遊戲時，特別要注意的是，不是要先教導折紙的動作，而是讓幼兒觀看拆開事前已折好之成品，再開始教幼兒折紙，才是最重要的教導方式。

一般教導孩子玩折紙遊戲時，多半是大人先折一折，孩子照著大人的手指動作，模仿折一折，這般反覆的讓孩子模仿折紙。雖然這樣教導折紙的方法，對孩子學會折紙的速度

較快，但是，如果能讓孩子自己發現折紙的方法，那麼折紙的樂趣便增加許多了。

因此，先給孩子一件已完成的折紙完成品，讓孩子自己一折一折的拆開，自己去發覺是如何又一折一折的完成折紙成品。這是一種以相反的方向來瞭解，如何由一張紙而折成一隻鶴，或是折成一艘船的順序。

讓孩子自己在折紙的過程中，自己發現隱藏在折紙背面的論理性。當然指導折紙所製成的成品，再重新將成品拆開的指導方法，也同樣有效果。

玩室內遊戲時，要指導孩子「『等一下』，腦中思考」不要開口說出來

玩室內遊戲時，先前走出一步，事先思考，則有頭腦訓練之效果。會使頭腦訓練的效果減半，則是所謂「等一下」這句話，相聲中有談到關於下象棋時，多半年紀大的一位棋友，會喊叫「等一下」。

孩子與老人家相同，在未思考之前，多有先採取行動之傾向。

在心理學上，有時候人們的性格可分爲衝動型與熟慮型二種。但是，經常說「等一下」的人，由於反應時間短，因而經常發生錯誤，於是造成衝動型之性格。因此，應該經由遊戲，指導孩子們「等一下」這句話要放在行動之前，先於頭腦中思考一番。

和孩子們一起玩「接龍遊戲」時，能夠快速的接續回答才有效果

「存取時間（Access times）」，是一種計測電腦性能的基準，這類電腦是計測組合機械之中的各種程式，能夠極為迅速的選擇出適合於機械的任何條件。

人類的頭腦內，同樣具有如電腦一般的存取時間機能，能夠在極迅速的由腦細胞中，找尋出需要的資訊，成為決定頭腦性能優良與否之基準。人的頭腦靈活與否，即意謂著頭腦性能之好壞。

為了要提高頭腦之性能，作者極力推薦自古以來孩子們之間盛行的「語句接龍遊戲」。這種遊戲玩法，是將一句話的最後一個字，與另一句話的開頭一字發音相同，並能接合起來的遊戲，當然，玩這項遊戲需要具備言語能力。但是，作者在此強調，要玩這項語句接龍遊戲之前，不能如過去那般，不加思考的找到可以連接下句的語句，而是要儘量快速的回答出來，才能使遊戲獲得效果。也就是在遊戲中，反覆進行非常迅速的應用訓練，才能使電腦的存取時間縮短，並且活性頭腦。

近來時代的變遷、科技的進步，無論任何事情都講求行動快速，頭腦思考敏捷，這種「語句接龍遊戲」正代表著反應訓練，對孩子知識發達更是不可欠缺的有所助益。

樸克牌的「神經衰弱」遊戲，可以強烈刺激頭腦

相信各位都會玩一種樸克牌遊戲「神經衰弱」，整付牌五十二張，全部覆蓋起來，一起玩牌者，輪流撿出同數字的遊戲，幾乎每一個孩子都非常喜歡的遊戲，孩子喜歡玩這項遊戲的理由是，大人與小孩子都能夠一起玩，而且遊玩期間，多半是孩子獲得勝利，這大概就是孩子們熱衷玩這種遊戲的主要因素。

孩子在玩這項遊戲中，大人也會不時的稱讚孩子的能力，並非只是單純的將樸克牌的位置，各別分析性的記憶下來，而是以整體性的把握成為一種綜合性的模式，大人會利用慣用的記憶方法將「右角的第三張」「位於中央附近，稍微斜方向的那張牌」等強行記憶下來，而孩子卻將所有牌整體之排列，視為同一模式，直覺性的來掌握整個牌面，因此，並非是孩子在思考牌的位置放在哪裡，而是反射性的猜測牌的位置出來。

如此亦可稱謂，動物性本能之能力，會隨著年齡的日增，為各種知性能力所壓迫，而變得越來越減退。但是，孩子能夠在其幼年時期，便充分的接受這種訓練，那麼孩子的直覺能力與記憶力，將依然維持優秀。

至少就大人的立場而言，需要集中精神力量，到陷入神經衰弱或變成精神官能症程度的遊戲，當然給予孩子有強烈的刺激頭腦之效果。同時也很有效果的培養出孩子，對事物

以直接性的把握行動，並富有機敏力。

如果能夠以分析性的將各別樸克牌之位置記憶下來，也是一種絕佳的訓練頭腦方法。

下象棋時，在沒有移動棋子的情況下先思考，更具意義

下象棋的目的，是爲「逼迫」對方到走投無路爲止，可謂一種注重邏輯性的遊戲。下象棋的遊戲，不但有趣味，同時也可以培養各種效用。

例如，日本象棋聯盟所主辦的孩童象棋大會，據說參會的孩童們，他們在學校的成績，會飛快的進步到令人無法想像的地步。因此家長們十分驚訝象棋聯盟的一位創辦者。這位創辦者原本對他的孩子在學校內的學業成績不理想而困擾不已。但是，當他的孩子自從會下象棋開始，不但學校的課業一天天的進步，甚至連身體也越來越健康了。

另外，爲人們譽稱爲經營之神的松下幸之助先生，經常談起他在年幼時，喜歡下象棋。當時和松下幸之助先生一樣，有創意工作的人們，大多數的人皆喜愛下象棋。

不僅下象棋的遊戲如此，其他許多類似的遊戲，在雙方下棋當中，都不讓對方發覺自己的作戰方式，同時還要不時的檢討、猜測對方的下棋方針，自行在頭腦中設置妥棋盤、推測「洞察」，接下來將要如何舉棋的特徵。

也就是，實際上並非眞正的舉棋，移動棋子，而是先在腦袋中盤算所有可能會下下一

步棋，從中可以獲得高水準推理性的一種遊戲。

因此，大人在指導孩子下象棋時，應該儘量讓孩子瞭解下象棋的特徵，並且儘可能的發揮象棋中最大的想像空間限度，當下棋的棋子能夠走得越快越好，不過這裡所意指的下棋下的快，並非盲目的胡亂移動棋子，而獲得僥倖的勝利，應該運用頭腦中無形的棋盤，自行組合合乎邏輯性的思考訓練。

「比賽勝負」時，若能執著於「獲勝」，必能培養集中力

如果不拿下圍棋、象棋那般高水準之智慧型相比較，一般有所謂「比賽勝負」的各種遊戲，同樣的包含了促進孩子智能發達的各種要素。在前段項目中曾提及之推理力，或多或少也需要發揮出來。

除此之外，在遊戲當中，培養孩子對某一特定對象，能夠徹底發揮集中力之優點，亦不容忽視。集中力之來源出自於想要「獲得勝利」的慾望。

無論如何，只要人們一提到所謂比賽的勝負，便很容易的讓人聯想到如賭博般的壞形象，而遭到母親的斥責、反彈，但是在孩子的心目中，不願認輸、想要努力的心態，才是發揮集中精神的最佳時機。

下圍棋所用的棋子，是提高孩子算術成績的最理想玩具

圍棋名人高川格先生曾說過這麼一般回憶。在他尙未唸小學以前，便經常圍繞在他喜愛下圍棋的父親身旁，不時的凝視著棋盤，或是以棋子當玩具，就在這般的遊戲、玩要和觀看當中，自然而然的學會了下圍棋，也不明因何原因，高川格先生自從上小學以後，算術或有關數字的問題，沒有他不會解答的問題。

象棋的例子亦相同，並非只有高川格先生是唯一特徵，任何人都可以獲得這項算術高手的特徵。下圍棋與下象棋，不僅富有共通效用，同時還特別適合幼少年時的孩子來玩，這也是特徵之一。

因爲就幼少年期的孩童之頭腦而言，在前段內容中曾叙述，孩子的頭腦並非用於分析或區別某種東西，或要徹底理解某項事物，而是要將某物視爲一項集合體，以整體性、直覺性的把握「圖案之認識」的訓練，其中圍棋之棋子，可謂最佳訓練教材。

圍棋的棋子，是以黑白兩種顏色對照明顯的圓型棋子製成，雖然有兩種顏色，但棋子之形狀與外觀厚度皆相等，棋盤是由同大小形狀的方格子連續而成。就圖案認識訓練而言，就是要利用這種單純性的組合要素，組合出無數不同形狀的各式圖案出來，這即是簡單的雙色棋子最重要的單純又富變化的效用。

以棋子排列各種圖案變化當中，隱藏著轉變為訓練數學基礎的理論性，然而卻非單獨依靠數學之理論，而是以直覺性的來掌握訓練，讓孩子在不自覺當中，獲得學習數學的效果。

當然，即使孩子不會下圍棋亦無所謂，僅僅只是「把玩圍棋的棋子」，也能夠充分的發揮出學習數學之效果。

孩子們玩「捉迷藏遊戲」時，在尚未找出玩伴之前利用玩伴叫發出的聲音，來猜測是誰？這也是一種極佳的訓練思考方法

「捉迷藏遊戲」也是一種讓孩子們樂此不疲的遊戲，孩子們在對這項遊戲發生興趣之初期，正如這項遊戲的英文名稱「HIDE AND SEEK（躲藏和尋找）」，孩子對「尋找」這方面，並不重視，亦不感覺有趣、好玩。

另外，如幼兒教育的先驅者蒙特梭利女士所敘，幼兒初期所玩耍的「捉迷藏」，是某一固定的玩伴，躲藏在固定的場所，為其他同伴找出來而讓小朋友感覺有趣，亦可謂「捉迷藏之捉迷藏」的變形遊戲。

經過這一階段之後，陪小孩子玩捉迷藏的大人，慢慢的改變了捉迷藏的場所，而選擇孩子意想不到的場所來玩捉迷藏，到了這一階段之後，孩子的頭腦應該變得極為敏銳的反應。捉迷藏遊戲中孩子所扮演的角色改變，當孩子自己必須躲藏起來時，會拚命的思考「鬼」，便無法想像得到具有獨創性的躲藏場所出來。

在此刻，假設孩子扮爲「鬼」，大人要指導孩子不要只是根據自己的猜測來尋找，而是要讓孩子按照推理來思考可能同伴隱藏之處，如「某某同學會躲在哪裡？媽媽會躲在哪裡？」等等以言語來猜測，這也是一種訓練孩子思考的方法。

尤其近來民衆的住家環境，很難找出一處「能夠玩捉迷藏遊戲的寬廣房屋」，當然，如果稍加用心尋找，還是可以找得到適合玩捉迷藏遊戲的場所。雖然場所的限制，相形之下捉迷藏的樂趣會稍微減低，但是，大人在尋找場所之前，先思考對方將會躲藏的地方在哪兒，才是首要之事。

「乘車遊戲」母親扮演來買車票要坐車的乘客

孩子們玩耍的各式各樣遊戲當中，如「買東西的遊戲」「乘車遊戲」，還有所謂的「模仿遊戲」等等，都是依靠語句，造成現實中並未出現於眼前的虛構狀況，一方面反應語言，一方面又可以遊戲，這種方式可稱爲對於孩子的頭腦發達，極具正面影響。孩子們在玩「乘車遊戲」時，母親可以扮演要買車票的乘客，可能的話，母親每次皆以不同的裝扮，以及不同的角色來買車票，如此能讓孩子獲得更高的學習效果。

對孩子而言，讓他們感覺訝異的是與現實之差距感，這些全部都可以成為創造新點子之出發點。當孩子第一次遇到沒有買車票之乘客，應該如何來對應這方面難以解決之問題時，孩子的頭腦便隨即開始迅速反應、旋轉了。

孩子們的遊戲空間，是擺脫了現實上所有具體之限制，以自我無限寬廣的聯想領域，培養出一套自由思考的力量，才是最具學習意義，碰到難題時，孩子所思考出來的解決對策，越是異想天開，越是有助益。能夠與孩子一起玩遊戲，母親也同樣可以獲得訓練頭腦之效果。

另外玩「模仿遊戲」，還可以培養孩子學習與智能相關連的言語能力效果。對於處身於生活領域狹小的孩童而言，經由模仿遊戲，可以學習到新奇又陌生世界的語言，同時依靠不同世界的假想體驗，讓自己的世界更為寬廣。

對於孩童而言，將遊戲空間弄得零亂，也是極具效果的活動頭腦法

Summer．hill 幼稚園啓蒙於英國，這類型之幼稚園，目前在美國亦極為盛行，孩童們上課的教室內，老師們將所有的玩具類教材，散亂的擺放在教室四處，看起來好像讓孩子置身於垃圾堆中一般，任其遊玩、生活、做功課。

參觀團體帶領著日本籍的母親們進入幼稚園拜訪、參觀，日本母親們各個目瞪口呆的

注視著這一狀況，內心疑慮著，以這種的教育方式，很可能培養出不遵守規則概念的孩子。的確，就大人的觀點來看，這樣的學習環境，根本就是零落又無秩序，如何談得上從中可以學習到知識呢？其實，也難怪他們會有這種疑惑的想法。

雖然教室內玩具四處亂放，雜亂無章的環境，對孩子的思想領域而言，卻是極富意義，而且合乎道理的。

孩子們可以將積木視爲房屋、市場，或者百貨公司、玩具車輛上載著玩偶，視同駕駛在高速公路的塑膠板上、快速的跑步，將各類型的玩具結合起來，任由其自由的想像世界中，描繪出屬於孩子們的夢想。

倘若在這種情況之下，一旁的老師或是父母親加以干涉，吩咐孩子將各個組合好的玩具，全部分離，玩完玩具後，立即叫他們將所有玩具收拾歸位，諸如此類，大人自認爲有秩序、整潔的指導方式，對孩子而言，並沒有教育效果，而且毫無助益。

例如，孩子想要玩積木，父母親交代，只可以拿出積木玩具來玩，要玩玩具車時，也只准許拿玩具車出來玩的教導方式，絕對是抑制了孩子發揮自由想像力的空間，孩子可以和玩偶說話，也可以將積木視爲電動玩具車，其豐富又多變化的想像力，是大人們無法加以侷限的。爲了要培養孩子們更具變化又豐富的想像空間，當他們玩完玩具後的善後問題，大人們不需要太過嚴格的強制執行。

讓孩子偶而整理一下自己弄得零落的玩具堆，亦能讓孩子獲得知性的刺激

或許各位亦有這種經驗，在我們孩童時代，以大人的眼光來看，一些不值錢、不起眼的木片，或是小石頭，都會讓孩子產生無限的愛戀之心。很可能在不知不覺之中，這些零零碎碎、各式各樣的小東西，裝滿了整個孩子的抽屜。

美國人將這種狀況的抽屜稱之爲「Secret closet」也就是「祕密抽屜」。然而對孩子而言，這些零碎小東西，都是他們的「祕密財寶」。爲什麼這些不起眼、不值錢的東西會成爲孩子們的「祕密財寶」呢？因爲孩子們對他們所謂的寶貝，產生了令大人們無法理解的特殊用意。

孩子們所發現出來這些小東西之價值，不僅大人無法理解，即使孩子本身，亦無法給予合理的解釋，這些完全沒有價值可言的木片，突然變成了自動車，或者突發奇想的將木片想爲玩偶，哪一天，又將木片變爲製造另外一件玩具的零件之一。

孩子們的興趣與關心，每天都有變化。因此，放在「祕密抽屜」裡面的東西，會隨著孩子當時想像空間的變化，所賦予之價值，也隨之改變，父母親不妨偶而交代孩子，自己將抽屜裡面的零碎小東西，全部搬出來，稍微自行整理一下。

如此一來，孩子便可以親自回憶過去自認爲是興趣的歷史，同時對於那些零碎的小東

西，再次賦予新的價值與意義。這麼一來，不值錢的小東西更成爲孩子們獨有的幻想世界與想像空間內，一步一步前進的知性財寶。

「扮演不同的角色」，可以提高孩子的想像力

於心理治療法和生活指導的療程中，專業人員使用一種稱之爲「角色扮演（role playing）」。例如某員工與上司不合，這位員工不妨轉變角色（playing），來扮演上司（role），如此便能夠設身處地的體會上司之立場，並且順便激發想像力，進而瞭解上司，而改變了先前不良的人際關係。

根據專家們所進行的各種實驗例子，已經發現，若將這項心理治療手法，應用在孩子們身上，可以獲得極有趣味的教育效果。

偶而讓孩子扮演自身以外的各類人物之角色，或者在爲孩子閱讀故事書時，因爲故事情節所出現的人物不同，改變不同的聲音，或者模仿某些東西、動物、鳥類所發出的各類不同聲音，甚至發出某物與某物相撞的聲音，都可以讓孩子在快樂的聆聽氣氛中，發揮其豐富的想像空間。

2 給予自己思考的機會，進而培養「思考力」

若不持續的使用頭腦，很快的頭腦便生鏽了

如何來活性化孩子們的頭腦呢？其中最重要的方法是，給予孩子自身有思考的機會，讓孩子多多使用頭腦。這道理如同我們身體上手腳之肌肉一般，若不能經常活動，便會日漸衰退、肌肉萎縮，頭腦也是一樣，如果沒有經常動動腦筋，頭腦很快的就會生鏽，變得遲鈍。

那麼要如何讓孩子經常活用頭腦呢？原理極爲簡單，隨時找機會，逼迫孩子陷入需要自行解決問題的狀況。

人類的頭腦是極爲精巧、奧妙的，內部設置了節約思考力的「思考節約裝置」系統。例如某件事，我們可以運用與昨日相同的方式來解決今日的事情，並且可以讓今日之事順利渡過，那麼我們的頭腦便不需要再次思考，而以昨日相同的處事方法，對應今日的問題。

萬一今天所遇到的問題，即使利用昨日的方法，亦無法解決今日之問題時，頭腦便開始活潑的發生作用。就因爲人類可以依靠頭腦的「思考節約裝置」，於平常便獲得了許多助益，包括我們每日例行之刷牙、吃飯等等，不需要一一詳加思考，便可以順利進行的動作，如果我們連這種基本的動作、行爲都需要逐一詳加思考的話，即使多出數個頭腦，也無法對應每日例行發生的瑣碎事物。

由於這些都屬於習慣性的動作、行爲，不需要思考便可以順利進行，因此，我們便得以從容不迫的安排對應，即使遇到新的事態，也能夠保持頭腦的靈活功能。

如此一來，頭腦內具備著「思考節約裝置」，對人類而言，是極爲便利的一項功能，不過相反的，有時也造成極具致命性的傷害。例如，我們比喻某人墨守成規、固步自封等之形容詞，這比罹患了致命的癌症更爲可怕。

萬一我們被旁人冠上如此封號，那麼頭腦立即隨之生鏽，而且迅速的邁向老化之途。意謂著頭腦的功能會日漸衰弱。乍看之下，類似這種的墨守成規、固步自封的症狀，與老化現象相似，當然也容易爲人們視爲是一種老人病。然而事實並非如此，不論是年輕人，甚至年幼的孩童，都有可能罹患墨守成規的疾病。

尤其是孩童罹患了墨守成規病症，將發生更爲可怕的現象。因爲孩子的頭腦，每日都在不停的發達當中。例如傳說中的狼少女與野生兒，他們沒有使用頭腦，那麼人類所具有的精神發達，將造成決定性的落後，這一事實相信衆所皆知。

根據美國的一位心理學家布魯斯，追蹤調查人類自哺乳幼兒期，到長大成人後的智能發展過程，結果發現，自○歲到四歲的幼兒，其智能上升坡度，會直接決定到了十八歲時期的智能最高值。這項研究調查結果亦意謂著幼童自○歲到四歲，其智能發展急速坡度的上升，相對的日後之智能發展，也同樣的如前急速坡度上升，到了最高峰時期，會達到最高水準之頭腦發達。然而相反的，幼兒時代的孩子，其智能發展迅速好比低坡度上升，到了十八歲的智能發展最高峰時期，也只是停留在低水準狀態的頭腦。

決定智能坡度上升的主要因素，在於存在孩子身邊四周的事物，是否具有促進智能發展之刺激，而這項刺激責任，多落在母親的身上。

越加從旁刺激，越是能夠「推動」孩子的頭腦發達

或許要求各位母親做到這種程度，似乎稍微過份了，但是，作者仍然希望各位賢明的母親，全部都成爲「教育啓蒙者」。所謂「教育啓蒙者」，意指安排一些對孩子精神發達有助益的思考機會，也就是要刻意的整理出所謂知性的生活環境，推動促進孩子頭腦活性化的重要角色。

坦白來說，作者對於目前幼稚園內所施行的，以極端「自由遊戲」爲中心的保育方式，極爲反對。作者之用意，並非全然否定自由遊戲所帶給孩童的效用。因爲孩子在自由

遊戲的過程當中，會遭遇到各種問題，屆時，孩子們得被迫自行判斷各類困境。

例如讓孩子玩溜滑梯。玩樂當中，多數的孩子會爭先恐後的想要由滑梯上面往下滑下來，進而大夥擠在一堆，喧嘩吵鬧。大家在爭擠的情況之下，會發現沒有人可以順利由上滑下滑梯，便開始思考，是否有其他方法來解決大家想要溜滑梯的慾望。最後，有位孩子提議，以猜拳的方式來決定先後順序，讓孩子們自行解決問題。

作者並不否定，自由遊戲中，孩子們能夠自行思考解決問題的過程，的確是一種很好的學習方法。然而，作者所考慮的問題是，爲什麼要等待這些問題「自由」且「自然而然發生」的狀況之下，才由孩子們自行解決，爲什麼大人們不主動「刻意」「推動」製造諸多類似的問題出來，觀察孩子們的如何解決之道呢？

既然教育之目的，在讓孩子相互依靠自己之規則來決定先後順序，大人不妨主動的製造容易發生問題之條件，刻意並努力的推動這類問題事態，這才是首要之舉。因爲如此，作者才希望各位母親們，扮演一位教育的啓蒙者。當然這項工作對母親而言，確實是一件極爲辛勞的任務。唯有如此，才能夠促進孩子頭腦活潑發展，並且期望孩子將來有所大成就，那麼母親先前所花費的辛勞，便能夠獲得代價了。

作者在此將提供各位扮演教育啓蒙者的母親們，如何推動教育之構想，希望各位母親以此爲參考，設計出更多、更有效用的推動方案。

讓孩子們自行「思考」，唯有經過思考，方能獲得更佳的結果

我們在商業界常聽到所謂的「目標管理」這一句話。這句話的來源，在由上司下達目標，以激勵的方式，要求屬下完成工作，如此反而造成作業人員的反彈，也就是讓作業人員喪失工作意願的最主要原因。商場企業界經過了一再反省，才造就了以上這句話之概念。這套管理方式的基本，認爲作業人員本身在其被允許的範圍之內，設定目標，方能愉悅的產生工作意願，也就是發自內心的自願動機，結果，當然對本身有益處，這亦即造就這套概念的最大原因。

這一套管理方式，雖然在實際施行方面，依然存在著許多問題，對孩子而言，也是如此。如果父母親只是一味的單方向要求孩子「好好用功讀書，努力爭取好成績」，「好好努力用功讀書，才能夠考上理想的學校」等，父母親已經爲孩子訂好目標的管理方式，顯然看不出效果，也不適用於現今的管教孩子了。但是，目前仍然有許多父母，對於孩子的教育、管教方式，仍然就其在工作職務上所思考的各式各樣的管理方式，進行激烈又墨守成規的舊式教育，這中間到底存在著何種原由呢？

爲了要讓孩子們自行習慣自己頭腦所慣用的思考模式，家長在教訓孩子要「好好用心思考」「努力用功讀書」之前，讓孩子先自行明瞭爲什麼需要自己思考的意義最重要。

例如，孩子學會了寫字的好處，並不只是能夠讓孩子在學校的學業成績日漸進步，而是要讓孩子瞭解，學會寫字、讀字，就能夠看懂電視節目表，如此一來，學習字彙對孩子而言更具實質魅力。讓孩子自行設定如前述所言，較爲直接性的目標，孩子才會產生想學習新字彙的意願。如果父母親執意的就單方面既定的理想目標，來壓抑孩子，反而造成孩子忘記凡事須先行思考的重要性。

父母親不妨積極的交代孩子一些「無法解決之問題」

古來有這麼一句諺語：「愛孩子要讓孩子出外旅行」。意思是，父母親愛孩子，就要讓孩子出外歷經風雨、見世面，不能躲在溫室內長大。讓孩子出外旅行，不僅獲得學習效果，亦可解釋爲，眞正的希望孩子更見成長，父母不妨積極的提出一些「無法解決的問題」，讓孩子學習自行處理、解決問題，從中獲得教訓。

一般簡單容易的問題，幾乎多數的孩子會套用自己以往慣用的思考模式來解決問題，一旦碰到了困難問題，孩子會照舊應用原來的思考模式，萬一仍然無法解決困難時，便會自行將原本已既定的思考模式推翻，引進另一套新的思考方向，解決眼前面臨的問題。

如果碰到簡單的問題時，孩子自己並不明瞭，到底自己是使出所有的思考能力來解決問題呢？還是只取其部份的思考能力來解決問題？如此便無法全盤的檢討自己到底的實力程度。但是，當孩子面臨困難解決的問題時，因為無法順利的解決問題，故而被迫將自己所擁有的全部思考武器，趁此機會來做一次總檢討，這對於孩子自行發現缺點與誤解，很有助益。

某所小學，老師帶領小學生前往百貨公司，並給每一位小朋友五十圓，交代小朋友就五十圓購買最多、最有用的物品。

一般而言，僅僅五十圓，甚至連買一塊巧克力都不夠；而此次，老師卻帶領著小朋友來到，以商品價格昂貴著名的百貨公司來消費。

據說，當小學生拿到五十圓那刻，確實大家不知如何開始著手購買物品，但是花費了二個小時，經過各種思考之後，小朋友們都購買到了數種對自己有助益的物品，大人們對孩子提出類似這般的無理難題，所獲得之效用是讓孩子們自我發現，自己的大腦是多麼的富有彈性，可以隨時多加利用。

對已經面臨困難的孩子，絕對不能立即提出「結論」來協助孩子

對孩子而言，當他們面臨困難時，即是讓孩子自行思考的最佳時機，然而，在孩子碰到難題時，在旁的父母卻袖手旁觀，父母親的這種反應正確嗎？當然父母親有必要給予孩子適切的建言，如何適時的從旁給予孩子合宜之建言呢？以何種方式來著手呢？似乎東方

人並不擅長使用這套，從旁適切協助孩子的方法。

例如，孩子不小心在馬路上摔倒，若是一位美國母親，只對孩子說一、二句話，等待孩子自行站起來，若是一位日本母親，多半會立刻協助孩子一臂之力，幫助孩子站起來。倘若以上例子情況發生在非洲國家，有些種族的非洲母親，甚至會模仿孩子，自己再摔倒一次，絕對不會扶助孩子站起來。

經由上述例子可以發現，美國人是依靠鼓勵的語言形象，從旁協助孩子，非洲人正依靠母親親自跌倒，如何自行站起來的一種無言之教訓，從旁指導孩子應該如何靠自己站起來。

美國人與非洲人都不會如同日本人一般，發現孩子面臨困境時，立即伸出援手。孩子們擁有獨力自行思考的能力，父母親需要做的是，如何讓孩子本身充分的發揮其思考能力。絕對不要事先給予「結論」來協助孩子解決問題。

一位著名的插圖畫家眞鍋博先生，他會爲他的孩子準備一件塑膠製品的簡單雨衣上學，倘若某日下大雨，眞鍋博先生也絕不會親自到學校接孩子回家。當孩子遭遇困境時，父母親有必要提供孩子最低限度，預備不時之需的必用品，至於如何解除困境，就需要孩子們自行思考解決了，這也就是讓孩子自己找出「結論」的最典型例子。

記憶意謂著反覆、一而再的忘記

尙不識字的孩子，竟然能夠順暢的閱讀連環圖畫故事書，讓一旁陪伴的大人目瞪口呆、驚訝異常。不識字的孩子，當然不可能按照故事書上的字彙讀出，而是因爲經常聆聽母親閱讀故事內容，因此，在不自覺中記憶下來故事內容，方能按照故事書內的情節，輕易脫口讀出故事，由此可以明瞭，孩子是依據反覆「記憶下來又忘記」的一再重複經驗，將事情遂一記憶下來的。

某些心理學家，對記憶之解釋爲反覆、一而再的忘記，如果父母親認爲一而再的反覆說明給孩子聽太麻煩，反正孩子都會忘記。但是，倘若父母親不花點功夫，努力反覆的說給孩子聽，便無法鍛鍊孩子的記憶力。

當孩子面對困難問題或處理錯誤時，不指摘錯誤點而要肯定其正確的部份

當孩子面臨困境時，父母親如何在孩子自行解決問題途中，給予適切建言之方法呢？古澤賴雄先生（日本女子大學）進行了以下實驗，著實的表現出其深刻之興趣。

古澤賴雄先生爲了要調查，根據大人們施與孩子語言上的懲罰，來評估解決問題之影響程度，因此將孩童劃分爲三種類，進行以下實驗：

首先對第一類別的孩童，進行一連串的作業。當孩子們反應正確時，隨即回答孩子說道：「是的！正確的」，當孩子們反應錯誤時，亦立即回答說道：「不是！那是錯誤的」。

對第二類別的孩童，也進行一連串的作業。當孩子們反應正確時，回答說道：「是的！正確的」，若孩子反應錯誤時，並不給予任何言語上之回答。

對第三類的孩童，進行同樣的作業，唯有當孩子反應錯誤時，回答說道「不是！那是錯誤的。」當孩子反應正確時，並不給予言語上之回答。

實驗後之結果，當孩子反應較為簡單之問題時，只回答「不是！那是錯誤的」，所獲得的成績較為理想，相反的，當孩子反應較為困難的問題時，回答「是的！正確的」，所獲得之成績反而較佳。

根據上述實驗結果發現，當孩子面臨困難問題時，大人不可專注指責其錯誤之處，而是要肯定其回答正確的部份。如此對孩子本身的頭腦活動，較為順暢、有助益，不論任何人，當他面臨困難時，都會容易喪失自信心，此刻旁觀者如果再以落井下石的方式，指摘其錯誤之處，便稱不上明智之舉了。

相反的，倘若能不針對錯誤，只肯定其處理正確的部份，方能引導孩子步入正確的思考方向。關於這一點，身為家長者要特別注意。

禁止孩子自言自語，好比禁止孩子「不許思考」

大約四、五歲左右年紀的孩童，在他們熱衷於遊玩某種遊戲時，相信各位家長都發現，孩子們會自言自語的現象增多，當我們在旁仔細聆聽孩子們喃喃自語時，可以清楚明瞭，孩子所言不具任何意義，僅僅是將當時腦袋中所思考之過程脫口說出，對大人而言，或許是一件極有趣味的畫面。

處於這一年紀的孩童，喜歡自言自語表示很會思考，如果家長們看見孩子總是自言自語、喋喋不休，覺得孩子太吵，而禁止孩子發言，這好比禁止孩子「不要思考」。當然舉凡人類所進行的各種思考與思考活動，皆必須經由語言來做爲傳達媒介，就成年人之立場，其思考過程已習慣性的內言化，不輕易向外表達出來。但是對年齡僅四、五歲的孩童而言，其智能發育尚未成熟，自己頭腦之思考能力無法內言化，因此，會直接的由外在的言語或行動表現出來。

這也就是爲什麼孩子在閱讀故事書時，會不由自主的讀出音來的理由。大約成長到七、八歲程度之智力，便能夠控制不再讀音，而改以默讀方式了。但是，孩子所閱讀之書本內容中，如果無法理解每一單句的意思，當然就無法順利默讀了。

如此這般，孩子會隨著自己的智能發展程度，在同樣的思考活動環境中，表現於外在的態度，反應卻不相同。一般而言，我們是以孩子的年齡，做為其智能發展程度之基準，重要的是，當我們察覺孩子在遊戲中，或是閱讀時，不斷的自言自語、自說自話，家長們千萬不要加以阻擋，甚至禁止。

以成年人之邏輯來說服孩子，反而阻礙了孩子自行運用邏輯性思考之能力

一位著名的英國社會學者潘斯坦認為，生長於文化層面較落後地區的孩子，與生長於文化層面較發達地區的孩子，兩相比較之下，孩童的智力發展較為落後的最大理由在於父母親之間的言語差距。根據研究報告，居位於落後地區的人們，其相互之間的言語溝通，可謂切斷式的簡短，就文化層面而言，其語句之構造單純，而且反覆固定的使用相同的語句。除此之外，在我們四周也常出現另一種情況，例如人們常會將理由與結論結合一致，形成一種固定範疇，來表示自己的意見。

諸如「不要隨便跑到外面去」「要乖乖聽媽媽的話」等等語句，是一般習慣性，同時表示了理由與結論的顯見例證，「不要隨便跑到外面去。」「為什麼？」「你經常跑到外面去！」「為什麼不可以呢？」「媽媽說不可以，就是不可以！」等等諸如此類的父母與孩子之間的對話內容，父母對孩子所詢問的「為什麼？」，所給予之回答，皆是千遍一律，不成理由的理由，因為父母親說不可以，所以不可以。

類似上述父母與孩子之間的對話，潘斯坦稱之為「大衆話語（public language）」，通用於人與人之間具有親密關係的日常性會話。但是，需要以理論性的來思考事情，或是需要敘述個人獨創性的思考模式時，並不適用這類的大衆話語。倘若父母親經常性的讓孩子接受上述所謂「不成理由的理由」類之話語，孩子才剛開始生長稍有邏輯性之萌芽，當然隨即為父母親之所言，而摘除掉。

讓孩子們自行思考自己所想要的目標

各位家長對於貴子弟之知性作業，是否下達了「這種問題較妥當」「你要做到這種程度較理想」等等，已經自行預先設定了自以為是的目標？

如果家長習慣性的，經常以上述方式告知孩子，容易讓孩子變得自暴自棄，甚至容易有挫折感。這是一種極具危險的訊號。

例如，父母親交給大約二、三歲的孩子稍微複雜的拼排圖案玩具，孩子把玩一會兒，未見成形便中途放棄，不再拼排了。但是，父母若將這套玩具交給年齡稍長的孩子玩，那麼，他們便可以花費較長的時間，持續拼排。理由是，年齡稍長的孩子，可以運用自己之思考模式，屆時可以看見自行拼排出來的作業目標，同時還能夠自我猜測拼排期間的困難程度。因此，不論孩子的年齡長幼，讓孩子自己設定目標，視孩子本身之程度所及，預測出自己將會到達某一程度。

反覆的提出「這個」「那個」「什麼」等語句，能夠提高孩子的思考力

十九世紀一位著名的哲學家、教育學家愛德華特·錫金博士，提倡一套自然提高孩子思考力之方法，博士主張將所有的事物名稱，區分爲三個階段來教導幼童。例如給孩子看鉛筆、鋼筆、毛筆。於第一階段時，先拿起鉛筆，並且告知孩子「這就是鉛筆」。

於第二階段時，將上述三種筆並排，隨之詢問孩子「哪一枝是鉛筆?」讓孩子自行選擇他們所認爲是鉛筆的一枝。於第三階段時，又再次將鉛筆拿起，隨即詢問孩子「這是什麼?」家長不妨按照順序，詢問孩子「這個」「那個」「什麼」等等問題，讓孩子自行回答。這種讓對方回答問題的方式，稱爲「錫金三階段」。家長們不妨反覆提出諸如此類之問題來詢問孩子，自然而然的培養，並提高了孩子的思考能力。

家長在指導孩子自己想要學習之事物時，千萬不要操之過及

「大約從幾歲開始，較適合教導孩子認識簡單的單字與數字呢?」「隔壁鄰居一位四歲的小朋友，已經認識了好多生字，而且注音符號全部都寫得出來，而我的四歲小孩，這會兒連自己的名字都還不會寫。是不是我的孩子的智能發展較爲遲緩啊?!」

相信許多父母親懷有以上種種質問。每當作者聽到家長們提出這類問題時，作者便深深的感觸到，似乎每一位父母對自己孩子的大小事情，皆相當理解。其實不然，說得較直接一點，家長對孩子的事，什麼都不懂。

孩子們的智能發展速度，好比個人之身高、體重一般，各不相同，而且每個孩子的發展速度，差異極大。有些幼兒，雖然年齡只有一歲半，但是他的說話、表達能力，幾乎和成年人沒有差距。相反的，也有些幼兒，年齡已經超過二歲了，口中所說出來的話語，讓周圍的人都聽不懂。

事實上，這並非孩子的智力與能力有所差距，而是因爲其語言表達之發展速度，緩慢與快速的差別而已。因此，到底孩子於幾歲時較適合開始教導認識單字、數字呢？需要根據孩子對語言表達之發展速度而定，不能一概而論。

爲人父母者需要瞭解的，並非是何時應該教導孩子認識事物，而是應該要清楚知道，目前孩子對哪一種東西最有興趣，當孩子對某項事物發生興趣時，也就是家長開始教導之最佳時機，父母親不必要擔心自己的孩子認識生字太早或太遲。

有句格言說道：「打鐵要趁熱」，當孩子對某件事物產生極高的興趣，此刻父母親又能適時的從旁教導，更積極的提高孩子想要認眞學習之意願。父母在擔心孩子認識單字太慢之前，應該預先思考，如何讓孩子對單字產生興趣。

在孩子學習熱度達到最高點時突然中斷，比持續不斷的效果高出許多

根據俄羅斯一位女性心理學家B·希加爾尼克的研究報告，已經做到一半，而中途突然無故切斷的課題，更爲記憶深刻，經過一段時間後，再度回憶起來的機率也較高。爲什麼會有如上所述之結果呢？理由很簡單，這是因爲被中斷課題的緊張感，會一直持續下去。

例如閱讀推理小說，當讀者已進入小說劇情，也就是進入最緊張時刻，卻不得不放下小說，停止閱讀，當然心裡會很掛念著劇情將如何發展，希望能以最快的速度，把整本小說讀完，相信各位都會有過這種經驗，尤其是閱讀情節變化多端的推理小說，更是有一種不可思議的鮮明記憶，小說中之劇情更是記憶情楚，相反的，讀者如果一口氣便將整本推理小說一次讀完，經過幾天之後，大部份的內容也都忘記了。

家長在敎導孩子學習新事物時，不妨採用上述之中斷效果，在孩子學習興緻最高的時刻，突然中斷一段時間，這也是一種極佳的敎導方法。當然，各個孩童的學習能力不同，所獲得之效果程度亦不相同。但是一般而言，孩子在學到一半，便強迫中斷，反而更提高了孩子想要再學習之意願，並且要求父母說道：「再教我一些東西好不好？再教我一些東西好不好？」這時父母再重新開始教導，孩子會比以前更容易記憶下來。

相反的，倘若家長認為孩子此刻正興緻勃勃的熱衷某一新事物，父母便趁此機會，持續教導孩子，殊不知孩子對於興趣熱衷的東西，其持續性的心情比成年人來得短少，如此反而造成孩子快速的喪失興趣。這種情況即意謂著，精神上的飽和狀態，孩子的頭腦，暫時不需要再輸入更多養分。由於這種狀況，才會造成記憶力減弱，家長所教導的新事物，可能便無法完全記憶下來。

教導認識事物之名稱，能夠增加孩子對事物之辨別能力

俄羅斯一位著名的語言心理學家A・R，魯里亞，針對年齡在一歲半至二歲半的幼兒進行實驗，讓孩子辨認紅色與綠色的盒子。然而，這麼簡單的測驗，幼兒們卻無法辨認，但是，如果先將各個盒子命名為「紅色」「綠色」後，再讓幼童辨認，結果幼童們很快的就可以清楚辨認。

魯里亞再針對三～五歲的孩童進行實驗，讓孩童辨別正立三角形與傾斜四角形。結果，即使將正三角形與傾斜四角形命名好之後，幼童仍然難以清楚辨別，年齡超過五歲的孩童，對已命名之事物，可以清楚辨別，辨別錯誤率也減低到二分之一或三分之一。

經由魯里亞的實驗結果報告，我們可以明瞭，配合某事物之複雜程度，即使已有命名，所獲得的辨別效果亦不同。任何事物，有了稱呼之後，不僅可以方便辨認，對孩子而

言，還可以清楚瞭解不同事物之差距，可以有效的培養孩子辨別事物能力，讓孩子認識某種事物與其名稱之間的關係，逐漸培養孩子科學化的思考模式。

例如，孩子經常會問道：「這是什麼？」大人在回答孩子問題時，不只是回答「花」或「汽車」。如果是花，就要告訴孩子這是「百合花」「大波斯菊」。如果是汽車，要告訴孩子這是「巴士」「卡車」，根據不同事物之專有名稱。給予清楚的區別其稱呼，如此方可逐漸增進孩子對事物的辨別能力。

相反的，換成家長問孩子「這是什麼？」，更是有效的提高孩子之辨別能力。

教導孩子認識文字，先不要由注音符號開始，應該教孩子先認識漢字

目前全日本大約有二百所左右的幼稚園，實行幼兒學習漢字教育，當民眾耳聞這方面的資訊後，多會質疑的問道：「小孩子連注音符號都不認識，如何先學習漢字呢？……」但是，由於這類型幼稚園之教學方式不同於一般幼稚園，結果園內之幼兒，不但能夠順利學習認識漢字，並且幫助孩子鍛鍊頭腦，給予各方面優良之影響力。

根據「幼兒漢字教育」提倡者，前大東文化大學教授石井勳先生之實驗報告發現，幼童年齡在二～四歲期間，學習漢字的能力最高，同時察覺，讓孩子學習漢字並不會增加幼兒之負擔。根據實驗，五歲左右的孩童，可以學習五百個左右的漢字。

漢字，只要一看到某字，便可以直接識別其字意，讓孩子認識漢字，能夠有效的提高幼童之文字辨別能力，具有活性幼兒腦細胞功能效用。日本在剛建設完成高速道路初期，由日本道路公團所進行的一項實驗，結果發現由漢字所標名之路標交通標誌，比由片假名或羅馬字拼音所標示之交通標誌，容易又迅速閱讀，也就是說，閱讀假名要比閱讀漢字多花約十倍的時間，閱讀羅馬拼音字要比閱讀漢字多花約二十倍的時間，爲了能促進孩子頭腦活性化，教導孩子認識漢字的意義極大。

先學習漢字的孩子，當他們碰到看不懂的漢字時，必然會先行查字典，或是詢問大人某字爲何意。反觀先學習認識平假名的孩子，碰到看不懂的漢字時，只想要唸平假名，可能出現逃避認識漢字的傾向，這一點爲人父母者，不得不先行三思啊！

教導孩子如何讀漢字時，不妨利用身旁相關的或具體的事物開始教導

在美國，有一種教導幼兒認識文字的方法，稱爲「杜曼方式」，二歲以前的幼兒，即可利用這套方式教導其學習認識文字，先從幼兒身邊的事物開始教導，逐漸再擴展較遠方的事物。例如從「爸爸」「媽媽」開始，接著再教導「手」「頭」等身體上之各部位，慢慢再進一步的教導「電視」「門」等較爲遠距離的東西。

剛開始教導孩子認識文字之初，先以顏色鮮明、字體大的字型，給孩子強烈的印象，

再慢慢階段性的縮小要教導文字之字體。最後才教孩子認識黑色、字型小的印刷用字體。

運用這套方法教導孩子，讓孩子自然而然的想要接近文字，同時也容易學會了文字。

需要教導孩子認識漢字時，家長不妨按照上述原則，照樣實行。前面曾敘述過的石井方式，和學習漢字所發生的困難度無關係，先以具體性、圍繞身邊的事物開始指導，例如「九」「鳥」「鳩」三個字當中的「鳩」字筆劃最多，最困難學習，然而孩子卻可以具體又清楚的知道，有一種稱爲鳩的鳥類。並且可以輕意的讀出鳩這個字音來。

而「鳥」這個字，代表了所有的「雀」「雞」「燕子」等等抽象的鳥類概念，對孩子而言，學習讀「鳥」比學會讀「鳩」更困難。例如現在的日本各小學，是以「九」—「鳥」—「鳩」之順序來教導小學生識字，石井所倡導的石井方式，是將「讀」與「寫」分開教導，可謂極優秀又有效果的教學方式。

當孩子開始數數目字時，家長們不妨混合各種不同的方式來教導

帶領著大約三、四歲左右的孩童到公園內遊玩，此刻家長要教導孩子練習數數目，便交代孩子自行去收集十個石頭回來，孩子可能找來同樣顏色、同樣大小的石頭。

當孩子開始想學習數目之際，並不會思考如何區分東西的形狀，更不會將抽象的數字與東西之形狀區分開來。

因此，如果家長能夠提早教導孩子，數目與物體是兩種分開、獨立存在的東西，這麼一來，便能夠有效果的提高孩子識別抽象之能力，家長爲了讓孩子到達這一階段，不能只是單純的讓孩子數數目，例如，交代孩子找出十個石頭時，先告訴孩子要找出紅色石頭、黑色石頭、大石頭、小石頭，不但要大小不同，形狀也要不同，這種方式來交代孩子，最爲理想。

「我的孩子可能是算數天才呢！剛滿三歲，就能從一數到十了！」即使是孩子本能性的一些基本能力，父母親都極爲熱衷的在衆人面前，洋洋得意的炫耀，諸如此類之舉動，也著實令人驚訝，當然父母親肯定孩子的能力，是極爲正確的一件事，但是，父母親對孩子的期待過度，反而阻礙孩子日後前途。

坦言之，孩子會數數目，與會理解數量，完全是兩碼子事。即使孩子能夠順暢、機械化的學會唸數字，但是，這並不代表孩子之數學能力優秀。因此，父母親若想要眞正讓孩子理解數量，必須將數字與數量，以相對應的方式來教導孩子。

孩子所畫的圖畫，即使是「鬼畫符」，家長還是要問畫的是什麼

孩子大約在三歲至六歲之間，便開始拿起筆亂畫、塗鴨了。隨著年齡，塗鴨的階段不同，會自行給自己所繪之圖命名。根據某位專家研究發現，三歲幼兒所繪圖出來的圖畫，

百分之九十沒有名稱，待畫出形狀來之後，再給予命名，四歲幼兒所繪出之圖畫，沒有命名者，已減少爲百分之十八，於自行描繪圖畫當中即命名者，佔了百分之三十七。至於五歲幼兒，在尚未描繪圖畫之前，已先行命名的增加到百分之八十。

在這當中，家長應該要注意的是，孩子在繪圖之前，尚不能明確瞭解自己到底要畫什麼東西時期。孩子在繪圖之後，或者繪圖當中，即給與自己所繪圖畫命名，這也意謂著，在這一階段的孩童，即使家人並不知道孩子到底畫些什麼東西，而孩子的內心卻早已備妥含義。只不過孩子此刻無法運用言語來表達，當然也不能利用語言來命名之作業相互結合起來，孩子將自己內心無法形容之形象，以鬼畫符、塗鴨來表示出來。

家長們看到孩子繪出這樣的圖畫時，即使完全不成形狀的塗鴨，家長也有必要詢問孩子，圖畫中所繪何物。經由家長的詢問，孩子便會將自己所描繪的圖畫，也就是孩子自己漠然所擁有，心裡所感覺到的，開始以具有知性的趣味重新檢討，又再次發現新的意義出來。相反的，孩子對繪圖本身，依靠命名的訓練，進而產生了具備明確的形象。

當孩子開始繪圖時，不妨給孩子三角形的圖畫紙

孩子們的學習過程中，必然有一段熱衷畫圖的階段，這一時期的孩子，可能整日都想著要畫圖，此刻父母親發現了孩子之興趣，立即赴文具店買回一疊圖畫紙，或者整本的寫

生簿，直接送給孩子自行繪圖。其實父母親的這種舉動，是最沒有創意的一種教導方式。一般文具店所販售的圖畫紙，多半是長方形的標準規格品，如果家長們總是拿這類規格化的圖畫紙給小孩子繪畫，久而久之，孩子們所畫出來的圖畫，都被限定於「規格品」的圖案，同時孩子們頭腦所思考的圖畫形態，也容易爲圖畫紙的形狀所限制，讓孩子的思緒皆侷限於既定的格式內，無法隨心所欲，任意自由發揮了。

著名插圖畫家眞鍋博先生曾說過：「想要畫圖時，就以自己所幻想的圖畫大小爲起點，直接就描繪出來。」然而現代的幼稚園，當老師要小朋友畫圖時，在小朋友面前的書桌上，都已備妥了固定格式的圖畫紙，即使是自由發揮作畫，但是在統一的畫紙上繪圖之教學方式，可謂過於死板，談不上有任何創意。

家長們不妨利用孩子在家裡，拿著蠟筆、彩色筆、簽字筆想要畫圖時，儘量提供孩子一些「非規格品」的圖畫紙，家長自文具店買回圖畫紙，不妨先將圖畫紙剪成三角形、圓形或者不等邊的形狀，可能的話，甚至可以購買好比一個或二個蹋蹋米大小的圖畫紙，鋪在地上，讓孩子自由發揮，盡情圖畫，如此更能夠表現孩子的想像空間。

無論如何，家長們要讓孩子清楚明瞭，可以繪圖的想像空間是無窮、無止盡的。孩子經由非規格形狀之圖畫紙，進而鍛鍊、培養出非規格性之頭腦。不僅是繪圖的圖畫紙如此，所有其他的用具也要如此。

讓小朋友背書，對鍛鍊記憶力極有助益

根據調查記錄，位於松本市的某一所幼稚園，園內之幼兒能夠在一年期間，背熟一百七十首俳句短詩（日本短詩）。幼稚園的師長們是如何來教導幼兒背誦詩句呢？老師首先向小朋友說明每一首短詩的背景，讓孩子對詩句的背景故事產生興趣；第二日，老師又再反覆叙述，讓小朋友重新記憶一遍，同時又加上另一句新的短詩，小朋友在學習背誦詩句時，在最初的期間，每句詩老師必須要複習十次，小朋友才能記憶下來，經過一年之後，老師介紹新詩句，只要教導一次，小朋友便可以記憶下來了。

俳句，是世界上最短的詩型，詩句不僅簡短，而且還有固定的節奏，人類頭腦的記憶裝置，能夠經由反覆的鍛鍊，發揮更強的記憶效果。如果需要花費較長時間，一些比較困難記住的句子，可以運用記憶俳句的方式，反覆的唸讀，即可記憶下來，同時也提高了鍛鍊記憶力之效果。

僅僅是一張新聞報紙，便能夠成為促進孩子智力發達的各種材料

某位詩人曾如是說道：「物品與人之間的關係，是越自由越好。」假設這裡有一枝筆，對於將筆視爲是書寫工具的大人而言，物品與人之間的關係最不自由的。這就是說，

大人對某物品與自己之關係，已經固定化。相反的，如果將這枝筆放在小孩子手上握著，孩子會將筆視爲棒棒糖，放入口中舔一舔，或者視爲樹枝、樹葉，想要將筆折起，甚至還會以筆替代長矛，揮動比武呢！如此看來，孩子與物品之間的關係就自由得多了。

如果能將物品與人之間的關係擴大、更自由化，便能促進多層面的思考事物能力。進而培養出經由一種事物，可以隨心所欲的聯想到其他各式各樣的物品，充分發揮豐富的聯想力。

如何才能達到發揮豐富聯想力之目的呢？最方便，也最經常使用的材料即是新聞報紙，相信幾乎每個家庭中都有新聞報紙，屋內孩子的目光亦經常接觸到報紙。一般對報紙的用途之觀念是固定的，首先是提供讀者閱讀當日新聞，之後，頂多利用於包裝物品。但是，現今人們送禮所用之包裝用紙，多精美特殊，已經很少人利用報紙包裝禮品了。

如前所述，對大人而言，關係已經固定化之物品，卻給孩子帶來自由思考之機會，報紙只要一到了孩子的手上，孩子一定會將報紙折起，或捲成長桶狀，視爲望遠鏡，或者捲得更細長些，製成棍棒，或者以紙棒來打球等等，經由孩子自由無盡的想像力，自行把玩，製成各式各樣自以爲是的東西，從自己的體驗當中，學習到自己與物品之間的自由關係。

即使孩子尚未將大人已閱讀完畢的報紙捲起，大人不妨先試問孩子：「要做一個望遠鏡嗎?或是還有其他作用呢?」鼓勵孩子，引起孩子的好奇心最是重要。

倒果汁給孩子喝時，每次倒入不同形狀的容器內，吸引孩子的好奇心

相等份量的水，由細長的容器，倒入粗短的容器中，雖然就在眼前看到大人倒入的動作，孩子會認爲，因爲容器的形狀改變了，因此水的份量也改變了，以上是經由瑞士發達心理學權威皮亞傑進行的保存實驗之一部份。

所謂保存，意指物質的份量與重量相等，無論進行何種變化形狀，或是移動，除了加上「取出」「加入」的操作動作之外，經常保持同數質之意。

這項保存概念之確實，成爲孩子幼小時期重要之精神發達目標。當父母親要倒果汁給孩子飲用時，能夠在孩子面前儘量取用不同形態的容器，也是一種絕佳的構想。

家長可以給孩子現金，叫孩子外出購買物品

多數孩子所喜愛、熱衷遊玩的一種遊戲是「買東西的遊戲」。喜歡模仿母親在外買東西的狀況，或是自己扮演客人或店主人，家長可以在孩子經常玩這類遊戲之後，交給孩子現金，讓孩子實際外出購物。

因爲「扮演角色」的遊戲，與眞正的行動，其中的逼眞性，完全不同。

利用眞實的物品來施與教育，才是給與孩子能夠眞正的思考機會，這也是最理想的教育方式。例如，不要給孩子欣賞已經編製成爲專門供幼兒欣賞用之音樂，給孩子聆聽眞正的巴哈、莫札特的音樂，才具有實質效果，這些現已成爲幼兒教育之一般常識了。

然而，我們觀察一般的母親們，似乎並不喜歡讓幼兒拿錢出去買東西。這可能是因爲母親們將使用金錢這一行爲，視爲較低賤的行爲，或許是由古封建思想所流傳下來的老舊觀念，對於如何使用金錢方面，卻忽略了「眞實之教育」，諸如此類之古舊想法，現今看來，實在滑稽。

在街道上進行實地訓練，比設置於幼稚園庭院內的交通訊號「道具」，教導孩子識別標誌，其中所獲得之效果，高出數倍。相信這一道理，每個人都理解。

讓孩子拿著現金，實際外出購物的方法，孩子不僅能夠眞正獲得受教之效果，同時讓孩子對數字觀念之認識產生興趣，這也是一種極有效果的學習方法。

電話機上的按鍵，讓孩子自由按壓

作者的一位好友，將自己親戚、至親友人的電話號碼，皆按照順序製成表格，貼在電話機旁較低的地方。某次我到朋友家拜訪，看到這一情景，深感訝異，經由詢問後得知，當這位朋友想要打電話連絡朋友時，總是讓他那五歲的兒子按電話機上的數字鍵盤。

「兒子過來一下，爸爸要打電話給某某人！」孩子一聽到這句話，不論當時他在家裡的哪一個角落，都會立即出現在電話機前。據友人描述，到了某一相當熟悉程度時，對方的電話接通之後，甚至還可以代替父親叫出父親所要找友人之名字。

家長所做這類行動之目的，不但可以滿足孩子對撥動電話號碼的好奇心，與為父母做事的一種快樂感覺，同時亦可以培養孩子的思考能力。

需要交代孩子做事情時，以口頭傳述來代替紙筆書寫，更能培養記憶力

如果父母親能夠經常性的交代孩子做某些事情，或是叫孩子購買東西等，對培養孩子各方面之能力皆有助益。除此之外，父母親若能再多花一點功夫，更有益於孩子之頭腦發育，尤其是增強孩子之記憶力。

當父母親需要交代孩子做某些事情時，不要將所有交辦之事情的內容寫在紙條上，而是直接以口頭傳述，如此來訓練孩子，讓孩子完成父母親所交代待辦之事。

所謂的記憶力，意指所接收到的資訊，自己轉換成文字或記號、印象，再收藏在自己的頭腦中，配合需要再將已收藏於頭腦中之文字、記號或印象取出之能力。父母親想要一開始就對幼兒要求做到這種程度，當然是相當困難的。作者建議各位家長，不妨嘗試應用以下三種階段之訓練法。

第一階段，將所要交代孩子辦的各項事情，書寫在紙上，讓孩手閱讀、記憶下來。倘若孩子還小、不識字，父母不妨繪畫簡單的圖畫，或是各種記號來表示。接著將這張交代事項的紙條折成數折，交到孩子手上，同時說道：「如果忘記了，就拿出紙條來看看！」之後則將紙條放入孩子衣服的口袋內。如果孩子在執行父母所交代的各事項期間，都不需要閱讀紙條，父母即可當著孩子的面，將先前所書寫之紙條撕掉。這是第二階段之動作。第三階段是，當孩子對自己的記憶力已深具信心之後，父母親即可做到如前所叙，不用將所要代辦的各事項書寫於紙上，完全以口頭傳述。

父母親在嘗試上述三階段訓練法，來訓練孩子時，一般四歲左右的孩子，只需要一個月的時間，孩子便可以記下父母口頭交代的每一件事情了。

當父母要交代孩子辦事時，不妨一次交代二件以上

爲世人讚譽爲頭腦聰明的一位代表性人物——聖德太子，傳說可以同時聆聽七個人講話。這當然是一個比較特殊的例子。試想，在我們爲人父母者，要交代孩子辦事時，多半會顧慮到孩子做較爲簡單、容易辦妥的事，因此，都會一次只交代做一件事，孩子做完了這一件事情後，再交代做另外一件事。

表面而言，這種交代孩子做事的方式，確實是父母親體貼孩子幼小的一種親切舉動。

但是，如果就孩子智能發展的觀點而言，反而變成是一種極爲笨拙的教導方式。當父母交代孩子做一件事時，收到指令的孩子，只是忠實的進行父母所交代的那一件事而已。倘若父母能在一次同時交代二件以上的事，收到指令後的孩子其情況將如何變化呢？此刻孩子的心情會出現緊張感，父母交代的每一件事，都會用心的記憶下來，同時也會用心思考自己應該從哪一件開始著手，以何種順序來完成每一件交代的事。

例如，父母交代孩子說道：「你出去玩完回來，順便買豆腐和馬鈴薯，並且將庭院打掃乾淨。」孩子會思考，買東西之事，可以在遊玩之後，回家的途中購買即可。至於清掃庭院，必須要在天黑以前完成，否則天暗下來便無法清掃，因此清掃的工作，需要在出去玩以前清掃完畢。

更聰明的孩子，可能會使喚其他玩伴代爲購買，另外，甚至還會思考到，豆腐較易破碎，應該最後購買等等。舉凡做任何事情，都有其先後順序或是效率順序，唯有經由交代辦事的方法，才可以讓孩子自然而然的學習如何自行體驗凡事的順序。

儘量讓孩子列舉出各種用具之用途，促進孩子的獨創力

時而見到孩子們在扮家家酒，殊不知這種教育方式，能使孩子獲得極爲深刻之啟示。例如，孩子會隨意將豌豆視爲馬鈴薯，或者將切菜板視爲玩偶的床等等。孩子眼中的某一

用具或物品，在大人的眼中，已經限定於某一固定用途。但是孩子的思考範圍，並未將某一物品或用具侷限在某種固定用途，反而讓孩子在無意識的情況之下，自由發揮了物品或用具的其他用途，同時也鍛鍊了孩子的創造能力。

為了讓孩子自由聯想的創造能力，無限擴大發揮，家長不妨試將身邊常用之用具的用途，逐一列舉，讓孩子隨興聯想。例如手拿一只湯匙，詢問孩子說道：「這只湯匙還有其他那些用途呢？」就五歲的幼兒進行實驗，結果回答如下：「吃東西時用湯匙」「喝湯」「挖砂土」「挖耳垢」「當鏟子用」「當刀用」等等，立即列舉了二十餘種用途，著實令作者驚訝異常。

在美國也以同樣的方式，就學齡期的孩子為對象進行實驗，所獲得之結果，孩子們將磚䃗之所有用途，列舉出四十種以上為最高記錄。倘若在詢問孩子某物品之各種用途的同時，家長們也參與列舉行列，孩子經由刺激，更能發揮想像力，創造出更多出乎意料之外的用途。

這也是最好的機會來比較父母與孩子之間，誰的獨創力最豐富，作者深信，具有強烈彈性頭腦的孩子，一定獲得勝利，為了避免孩子的頭腦喪失了彈性化之思考能力，如何讓孩子儘量發揮其頭腦之無限想像能力，才是為人父母者之首要重責大任。

父母親不妨準備一張大紙，並畫出格子，每一個格子上面貼上湯匙、牙簽、叉子等等用品，將孩子所想像得出有關該項用品之各種用途，都以紅筆記錄下來，另外母親所聯想到的各種用途，以黑字筆記錄下來，兩相比較，母子之間同時展開有趣，又富聯想力的遊戲。

在丟掉東西之前，詢問孩子是否還有其他用途，進而培養其創造力與觀察力

在日本東京等各大都市內，每星期固定有一日為垃圾收集日。垃圾收集日當天，早上八點鐘左右，各家必須將不用的物品或要丟棄的東西，全部清理出來，家長可以利用此刻之機會，對孩子進行「創造力教育」。

作者熟識的一位女編輯朋友，她有一個四歲左右的女兒。每星期的垃圾收集日前一天傍晚，她都會預先將所有要丟棄的物品清理出來，並且還會再篩選，某某物品是否還可以使用於其他用途。並且將特別挑選出來的物品中的其中一樣，讓她四歲的女兒看，問她女兒：「這東西還有沒有其他用途呢？如果丟掉的話，會不會太可惜啊？」此刻聽到問題的女兒，便絞盡腦汁想像，塑膠製裝蛋的盒子，可利用為收集庭院內凋零的落花，而且還可以將其製成「花的墳墓」等等構想。

小女孩也會突發奇想的將已用完的原子筆，製成「筷子」等等奇奇怪怪的構思，著實讓母親難以對應。

類似以上的訓練方式，是培養孩子就不同的角度，來思考事情之習性，是一種極具助益的創造性教育。我們的眼睛，原本的作用就是用來看東西，看淸楚某一東西後，多半只重視這一東西的主要固定用途。讓孩子在看見某一東西之後，以不同的角度，發揮思考其他用途的過程中，發現了平時不會注意到的地方，例如該物品之美、材質、顏色等等。

能夠在日常生活當中，發現某物品不相同的著眼點，才能使觀察力更爲敏銳，思考力更具彈性。另外，對於愛護物品的情操教育，獲益良多，眞可謂一石二鳥。

缺欠某樣物品時，讓孩子自行思考，是否可以找到其他的代用品

根據心理學家的硏究，當我們能夠獲得所有一切所需要之物品後，便心感滿足，接著精神將變得怠慢，喪失思考意願。由這一角度來觀察目前物質充裕的現代兒童，確實其思考能力較前些時代，爲之低落。沒有自來水，便無法取得水給孩子，沒有筷子和飯碗，便不知如何吃飯的孩子，似乎皆有日漸增加的傾向，這可能都是因爲社會物慾充足所造成的現象。

假定孩子的眼前缺乏物品時，這就是訓練孩子發揮思考力的最佳時機。例如當孩子的橡皮擦用完時，家長便交代孩子「再買一個就是了！」殊不知這種回答方式，實在太過於簡單了，根本無法培養孩子自行思考其他解決方法的能力。

當孩子提出某些疑問時，不要以「是」或「不是」的簡單語句來回答問題

身為一名新聞或雜誌社記者，在外出進行採訪工作時，必須把握住其所提出詢問要訣之一，即是讓受訪者無法以「是」或「不是」回答問題。

例如：「請問您是千葉大學的學生嗎？」「是的！」「您是唸工學院的嗎？」「是的！」等等之問題，採訪者根本無法由受訪者的口中獲得自己想要探索的訊息。

此刻採訪者如果能夠稍微改變質問方式，問道：「您對於千葉大學有何想法呢？」那麼，受訪者就必須在回答問題之前，整理出自己想要發言之意見，當然也需要動動腦筋思考了。

這也就是為什麼一位優秀的新聞採訪記者，不會對受訪者提出任何人都能回答的問題，而所提之問題多能引導受訪者發揮其獨創性與個性特徵出來。

類似上述的「採訪方式」，家長轉換對孩子詢問，亦能讓孩子發揮其獨創之個性效果，相信我們常見一些母親多會在一開始便以封鎖孩子自由發言的語氣，對孩子說話。例如：「那樣東西是不是郵筒啊？」孩子能夠回答的範圍已經被固定了，也就是說：母親沒有給孩子思考的機會。

在這種情況之下，母親所提出的問題，至少要讓孩子能夠回答：「什麼東西啊？」

「在哪裡呢？」「什麼時候呢？」「爲什麼？」「你有什麼樣的想法呢？」等等，如此方能有效的培養出孩子的思考力與表現力。

對孩子所提出的一些無聊疑問，皆要以「非常認真」的態度回答

多半的成年人在和孩子講話時，都會配合幼兒的語氣，或者將自己的知識水平降低到與孩子一般程度，來與孩子對話。尤其是當孩子提出一些讓成人感覺窮極無聊的問題時，都會情不自禁的發笑，或者以其他的語句來取笑孩子。

言及至此，讓作者回想到當年旅居美國期間，某日於街道的角落上，遇到這麼一樁情景。一位年約四、五歲的小男孩，面對一位滿臉長滿鬍鬚，整身嬉皮裝扮的男人問道：「對不起？我想要問你一個問題，爲什麼你要光著腳走路，難道你的腳不會痛嗎？」那位嬉皮裝扮的男子凝視了一會兒小男孩之後，慢條斯理的以大人的說話語氣說道：「這是我個人的philosophy（哲學），我不需要隔著靴子與地球直接接觸！」小男孩立即小聲回答：「ＯＫ！是philosophy嗎？」相信這位小男孩，依靠當時他親身所經歷之體驗，而瞭解了哲學之意思。

原因是那位嬉皮裝扮的男士，以普通成年人與成年人對話的語氣，認眞的回答小男孩所提出之質疑，而小男孩也深刻的感覺到，自己的疑惑獲得了肯切回答之價值。意謂著對

於自己直接對大人提出質問，產生了自信心，進而積極的擴展了自身之知識領域。倘若與上述情況相反，那位嬉皮裝扮男士對小男孩提出之質問，還以輕蔑的態度，並且表示不願意回答，那麼將導致小男孩萎縮，以後再也不敢隨意提出問題了。

孩子們質問時即使知道正確答案，也不要百分之百全部解答出來

相信許多父母親會認爲，當孩子們提出質問，而父母親又不能給與完整無誤的答案，是一件很沒有面子的事，由於家長們皆存有這種心態，因此碰到孩子詢問連自己都不懂，也無法迅速解答的問題時，家長們容易以以下的語句回答應付：「以後再告訴你！」「大概是×××意思吧！」

相反的，若孩子詢問到自己瞭解的問題時，便會迫不及待的想要將自己所認知的知識，全盤傾吐出來，以便指導孩子。

但是，各位家長或許不明瞭，在一時之內，將自己所有認知的知識，全盤托出的指導孩子，對孩子而言，他們並未獲得太大的效果，因爲孩子在接獲家長解答的同時，家長已全部解出問題，反而沒能留給孩子些許思考的空間，最理想的教導方法是，不要讓孩子僅依靠父母親的全盤解答，來解釋孩子的疑問。

孩子所提出之質問，不必以邏輯性、科學性的觀點來回答

孩子大約在三歲左右，便經常會提出「爲什麼？」「爲什麼？」之類的問題。這正表示孩子潛在的探究心與知識慾開始萌芽。

此刻，父母親會意識到，不能隨意應付了事的來回答幼兒之問題，應該儘量的尋找合理的答案，來滿足幼童此刻之好奇心。

也就是父母親希望能夠以合乎邏輯性、科學性的回答方式，訓練孩子以正確的觀念來吸收知識，但換一方向，就孩子的立場而言，無論是獲得了任何答覆，孩子之疑問，並不會因爲父母回答了他，而疑惑消除。因此，家長們並不需要過度執著，一定要給予幼童正確的答案。

當家長面臨孩子詢問時，回以「ＩＦ」之質問

孩子經常會提出一些讓家長都感覺困惑、不可思議的問題，甚至讓家長厭煩，爲什麼孩子們會有這麼多的問題呢？對孩子而言，理所當然的經由疑問，獲得答案，進而擴展了其思考領域。如果父母親在回答孩子所提之問題前，稍微多花點功夫，如此，孩子理解的效果必能倍增。

家長們該如何花點心思、下功夫呢？方法很簡單，每當孩子提出問題時，家長不需直接、立即回答問題，先讓孩子淸楚認識自己所提問題的眞相，讓孩子能夠自行發現尋求答案的方法。在這種情況之下，最有效率的武器是，家長提出「ＩＦ（如果……）」的反問方式。例如，當孩子問道：「爲什麼晚上要睡覺呢？」家長不妨反問：「如果沒有睡覺的話，會變成什麼樣呢？」

孩子聽到這一反問，便會自行思考「假如沒有睡覺的話，會變成什麼情況？」如此一來，孩子便有機會由各種角度來思考，可能會發生的情況。結果，自己會理解「如果沒有睡覺，一定會很想睡覺！」「會感覺疲倦！」「早上可能爬不起來！」等等答案。

家長適時提出「ＩＦ」之反問，讓孩子有機會對於自己所提出之疑問，進行思考或許會發生的所有可能性。這是一種極具效果，啓發孩童自行思考的方法。用意在給予孩子啓示自己引導出答案的機會。

孩子的措辭語句錯誤，表示其創造力發達

根據統計，幼童大約在三、四歲左右，最有機會學習更多的說話語句。三歲的兒童，在一年期間，大多能學習到一千句以上的詞句，相對的，在這一年紀的孩童，說話時詞句用錯的情況也增加許多，因此，有些父母會擔心，這段年紀的孩子，表達意思時，經常會

用詞不當，殊不知，這正表示孩子自行思考，如何來利用語言表達自己的意見，家長碰到這種狀況時，毋須過於神經質。

過去，幼童多以機械化的方式，來模仿兄姊的語句，做爲彼此溝通的管道。在這種情況之下，用詞錯誤的機率自然減少。但是，三、四歲左右的孩子，頭腦日漸發達，自己會積極的想以自己的語句來表達自己的意思，相對的，措詞錯誤的機率也增加。如果孩子適逢這一年紀，並沒有措詞不當的機率增加，可能是其模仿時期尙未結束。

我們可以理解家長想要矯正孩子措詞不當的心態，但是，倘若家長過於強迫的、硬要矯正孩子的措詞錯誤，正如同阻止孩子自行積極思考的機會。其實，家長毋須操之過急，當孩子發覺自己所講出的語句，無法與別人溝通時，會自行改變用詞，如此亦自然而然的學習到，如何使用正確語句的方法。

家長若過度在意語言表達規則，反而無意摘取了孩子自由構思之萌芽，就孩子將來之前途而言，絕對是有害無益，沒有正面效果的。

如何讓孩子開始學習較複雜的會話呢？最重要的是「慢慢說話」

前段曾提及，年齡約三、四歲的孩童，最容易措詞錯誤，殊不知，這正是孩子創造性開始萌芽的時期。因爲這一年紀的孩子正剛學會講話，自己思考想要表達意思的語句，當然容易出錯，同時也會有相同一句話，反覆說數遍的情況，甚至情急之下，會出現口吃，結結巴巴講不出話來的現象。

其實，這些皆是讓孩子日後能夠自由操控用詞的過度時期，待孩子頭腦內的語言中樞發育完成，那些措詞、用語不當，或是口齒不清、結巴的現象，皆會自然消失。

不過就父母親的立場而言，看見自己的孩子口吃、結結巴巴、半天說不出一句話來時，會情不自禁的對孩子說道：「應該要正確的說話！」「接下來想要說什麼呢？」如此一來所造成的後果，將會是孩子的自我意識過剩，反而延誤了孩子語言的發達能力。

某些專家學者曾指摘，有些家長碰到孩子表達意見，用詞不清時，會給予孩子如下之啓示：「先深吸口氣，仔細思考之後再開口說話吧！」其實，這種方式亦具危險性。

最爲理想的方法是，完全不介意孩子說話之語氣，在孩子思索如何用詞當中，不要催促孩子，耐心的等待孩子說出想要表達的意思。孩子發覺父母正耐心、誠懇的聆聽他說話時，便不會著急的想要趕快說話，也不會在說話中途出現「口吃」的情況了。

當然父母親在對孩子們說話時，儘量避免話說得太快，無論是在聆聽孩子說話，或者是正在對孩子說話，都要保持「慢條斯理」的態度，才是對待三、四歲年齡的幼童，訓練其講話之最佳方法。

注意孩子使用接續語的方法，方能培育日後具邏輯性的思考模式

學習講話時期的孩子，其表達意思的一種特徵是：「我、美黛、到公園。」好比發電報般的用詞方式，在語言心理學上，這種幼兒表達方式稱爲「模仿縮減」。即是將母親所說出的整個文章當中，只摘取名詞、形容詞、動詞等，可以表達些許內容、意思的語句（稱爲內容語）、隻字、片語的摘選說出。

當母親需要講述某件事情時，爲了要傳達眞確的意識，會對一些絕對必要之語句，用明確的發音。如果此刻幼兒的語言能力尙未發達，便只會將自己所聽到較爲明確的語句部份仿效、表達出來。爲了能夠讓孩子的語言能力正確發達，補助幼兒所遺忘掉的語句，指導幼兒如何講述完整的事件即可。例如先前所舉之例：「我（和）美黛（一起）去公園。」在傳達意識的語句（內容語）之間，加上接續語（稱爲機能語），造成接近完美的文句字型，這即是父母親之責任了。

這也就是所謂「模仿擴張」的方法，多半的父母親會在無意識的情況之下，對孩子在尙未完全成熟的說話方式，與予矯正語氣的說道：「哦！是嗎？是我和美黛一起到公園嗎？」想要儘快的讓孩子學會如何正確使用語言之能力，父母親必須刻意、不斷的彌補接續語，教導如何以接續語來表示自己意思的方法，來反應幼兒之發言。

事實上，家長不僅要協助幼兒如何補充接續語，同時要教導幼兒何時需要使用接續語，例如當孩子說「果汁」時，父母親就應該教導孩子說「我想喝果汁！」因爲只有正確的說話語氣，才是合理化思考模式之母體。

適時讚美孩子之異想天開構想，可以培養其創造性

廣播電台所播放的「幼兒電話諮詢室」節目，經常接到孩子們的一些質問，而這些質問竟然是大人們皆無法想像得到、稀奇古怪、異想天開的問題。例如：「斑馬身上的斑紋，到底是黑底白斑，或者是白底黑斑？」著實讓在場的博士、專家抱頭苦思，不知如何回答。當節目在進行中，接獲類似這種難以解答的情況時，聽衆絞盡腦汁亦無法給予正確答案，博學的專家、學者亦露出困惑、無解的表情，正是讓聽衆感覺愉快、收聽這類節目的最大樂趣之一。

孩子們經常好奇的問道「爲什麼？」「怎麼會這樣呢？」等等，諸如此類連大人都目瞪口呆，一時無法回答的奇怪、異想天開、新鮮構想之問題。

例如，某位孩童問道：「在鬼島的鬼，並沒有做任何壞事，爲什麼要制伏他們呢？」無論有沒有做壞事，將鬼視爲壞人，而壞人就必須要征服，這種大人的想法，當然讓思想單純的孩子納悶，感覺莫名其妙了。

類似這般，因爲被普通常識所限定，而造就之大人們僵硬的頭腦想法，必然帶給孩子們諸多疑問。不僅如此，頭腦思緒已近硬化的大人，絕不會將孩子們奇幻的構想，給予絕佳的評價或讚美，反而會責罵道：「你這孩子爲什麼這麼傻呢！」進而傷害了孩子的自尊心。假定孩子提出異想天開、奇妙的構想，家長們卻嗤之以鼻，冷淡回應，倒不如換一種方式，欣賞孩子創造性的萌芽，給予讚美、鼓勵，對孩子而言，更具教育助益。

當孩子正熱衷於做某一件事時，不要強迫孩子趕快上床睡覺

當孩子正熱衷於做某件事情，專心一意的連該上床睡覺的時間都忘記了，此刻，身爲父母的您該如何對應呢？一般父母親在碰到這類情況時，多半會對著孩子說道：「還不趕快上床睡覺！」以強迫性質的口氣，叫孩子立即上床睡覺。

的確，培養孩子規律的生活作息習慣，是很重要的，當然也要每日在固定的時間就寢。但是，爲了要促進孩子本身自發性的知性發展，我在後段將要敍述的教導方式，也很重要。因此，在這種情況之下，父母親不必強迫孩子立即上床睡覺，較爲妥當。

我們想要在學習中，獲得進步，唯有集中精神、專心一致，方能達到學習效果。尤其是孩子，家長更要在其幼兒時期，培養孩子集中精神做事的習慣。如果從這一角度來觀察，替孩子延長集中精神的時間，亦是一種主要的教育方法。

對於孩子所謂的新發現，必須熱衷聆聽

對於即將一步一步爬上資訊發達階梯的孩童而言，所看見的一切事物都是新的經驗、新的發現，這些事物，看在大人的眼底，極可能是理所當然、思空見慣，甚至會感覺無聊，但是轉換成孩子的角度，對於所有新奇的事物，都帶著一種新發現的喜悅和驚訝。因此，當孩子們叙述所見之發現時，父母親不妨陪著孩子一同喜悅、一同驚訝。

爲了要讓孩子的才能發揚光大，首先要讓孩子對事物發生興趣最重要。讓孩子在新奇的事物中，發現喜悅和驚奇的體驗。因此，父母親不妨經常鼓勵孩子們，並且熱衷的評估孩子的喜悅與驚訝。

孩子在熱衷做某件事時，不要在旁干涉

我們常見孩子們蹲在路旁，專注的看著地上某樣東西的情景。到底孩子們專心注視的是些什麼東西呢？事實上也並非什麼特別的東西，不外乎看著地上爬行的小蟲，或某個小水渦，看著水由水渦流出等等。

在一旁等候的父母，剛開始還會耐性的滿足孩子的好奇心，不予干涉，但是，過了一陣子後，孩子仍然沒有離開的意思，便會對孩子說道：「看夠了吧？趕快走了！」。類似

這種情況，經常也會在家裡發生，父母親可能會對著正熱衷專注於看書的孩子說道：「好了！該是喝茶、吃點心的時間了！」而叫孩子停止看書。

父母親的這些舉動，好比將集中精神，全神貫注於某件事情的孩子，就父母親私已、當時之方便，而強迫孩子中斷其注意力。

倘若父母親經常性的出現這類干涉孩子、或阻止孩子繼續某件事情的舉動，將會造成孩子變爲無法集中精神。

吩咐孩子拿東西時，不要只以手指著方向，要具體的講明位置

一般智力測驗中，最主要的測驗能力項目之一，即是「指示」的把握能力。例如，圓形、三角形、四角形等所組合之複雜圖形指示，「將圓形、三角形的內側、與四角形的外側部份塗上黑色」。

這類測驗題的主要目的，在測驗孩子是否能夠正確的把握複雜之指示。

諸如上述指示測驗方式的理解能力，並非只在智力測驗的題目中提出，而是和所有與頭腦活動有著密切關係的基礎能力之一，父母親應該經常性的給予孩子訓練這方面智能之機會。雖說是訓練，或許父母親直覺的認爲：這種訓練必定相當困難，其實不然，一般日常生活當中，經常有這類機會出現，例如，叫孩子由書櫃內拿本書出來，或者由餐具櫃內

取出必須使用之餐具等等，隨時都有機會訓練孩子。

父母在指示孩子取物時，應該注意的指示重點，不單只是對孩子說道：「將放在那邊的某件東西拿過來！」並且僅以手指向需要拿過來的物品，父母親應該清楚、明確的對孩子說道：「書櫃內，從下往上算第三層，最厚一本書的旁邊，有一本藍色封面的那本書拿過來。」或「在電視右邊的櫃子，上面算下第二層，有一個黑色罐子拿過來。」等等，以語言具體的指明放置物品的位置與物品名稱，明確的讓孩子按照指示取物。

有一種有趣的遊戲，隔著屏風，讓孩子坐在屏風兩側，並交與孩子每人一張畫有相同格子的紙，指示孩子道：「在紙上格子的右上角畫上×記號，於中央部位的左一格畫上〇記號」等等，待父母的指示，孩子一一記號完畢後，將二人之紙張收回，比較其書寫記號位置是否相同，這也是一種訓練孩子對位置與空間感覺的遊戲。

2 訓練孩子「提高意願」的心理法則

——訓練孩子能夠自願且積極的想坐在書桌前用功的方法

1 讓孩子獲得「成功體驗」，進而培養「提高意願」

「不能獲得成功經驗」，反而越讓孩子討厭讀書

有關「舉凡人類，爲什麼處於悲傷時刻，便情不自禁的落淚呢？」等這一類問題，學者詹姆斯和朗克曾回答說道：「其實人類並非在悲傷時刻，才掉眼淚，而是因爲流淚才悲傷。」

乍聽上述這類問答，好似禪學方面的問題一般，一時讓人無法理解，然而經由這類問答，我們可以理解，人類共同所擁有之心理狀態。

根據以上說法，我們可以解釋：「孩子並不是因爲討厭讀書，才不會讀書，而是因爲不會，才討厭讀書、做功課。」

作者就這種心理，做更具體之說明。美國的專家學者，根據兩所小學學童之讀書、學習狀況進行調查，同樣屬於小學，一所學校內部是讀書認眞，成績優秀的學生，而大多數的學生皆能夠順利進入中學，相反的，另一所小學的學生，卻經常出狀況，凡是由這所小學畢業的學生，多半進入了少年感化院管訓，專家追蹤後者，發生這種狀況之原

因，結果發現，那些孩子們都自以為：「反正我經常被師長們責罵。如果繼續被師長責罵下去，遲早會送入少年感化院。」

孩子之所以會走入歧途，並非其本身能力與性格的關係，而是因為孩子心裡想著「我遲早會變成……」的「失敗體驗」為主要促成原因。根據上述舉例，為了要改變孩子討厭讀書做功課的心理，必須要排除孩子心裡所謂的「不會，做不好」等等失敗體驗之想法，讓孩子獲得「我會，我可以做好」的成功體驗，這才是引導孩子步入正途，重要的教導方式，亦即「因為自己會做，才喜歡讀書、做功課」之道理。

就一位稱職、球技突出的職業棒球投手而言，無論其投球經驗多麼豐富，只要能在棒球賽開賽的最初一戰「旗開得勝」。這才是發揮投球技術最有效的關鍵所在。球賽中即使為對方擊出數次安打亦無所謂，只要第一場球賽能夠「旗開得勝」，獲得了成功體驗，以後的球賽、投球都會很成功的，這是因為獲得了「我能夠做到」之體驗，促使打棒球的姿勢擁有一八〇度轉變。

對幼兒而言，「成功體驗」是造就幼兒做事增加自信心的最佳營養劑。討厭讀書、做功課的孩子，多半都自以為「我什麼都不會做」，如果能讓孩子在做任何事情，皆獲得所謂成功之體驗，給予突破困難之機會，那麼，孩子對讀書、做功課的態度，將會出現極大改變。

發現孩子喪失了自信心，不妨讓他再練習一次以前曾解答錯誤的問題

一般而言，當父母親聽到孩子說：「我不會！」「我不懂！」的時候，多會拼命的將孩子原本「不會」「不懂」的問題，轉變為讓孩子「會」「懂」的狀態。當然，這也是一種讓孩子追求目的的方法，但是，這種方法只會加深孩子對「不會」「不懂」的感覺，反而更讓孩子失去自信心。

由於這種情況，反而釀成惡循環，父母親應該適時的將這惡循環之手環切斷。

父母親為了要遵守這一目的，不妨試著在不讓孩子發覺的狀況下，靜靜的提出孩子以前曾做過，或者答錯的問題，並且確實能夠讓孩子獲得滿分的問題，重新再練習一次。

例如一個學期以前，已經學過並且完全瞭解的問題，或者一年以前就學過之問題，亦可讓孩子再練習一遍。經由如此練習，孩子會在不知不覺中，獲得「我會做」之實感與正確解答的愉快感，並且經由這般的「成功體驗」，進而恢復自信心。在重新練習的同時，也能夠將原本以為完全瞭解範圍中的不完全部份，再次彌補增強，自然而然的將阻擋前進之瓶頸排除。

我認識的一位小學老師，每次批改學生考試卷時，不僅在試卷上打上分數，並且將每一位學生曾經作答錯誤的問題，反覆讓學生測驗數次，直到學生獲得滿分為止，這才准許

學生放學回家，這位老師對那些作答錯誤的孩子，極有耐性，有時還會暗示學生題目之答案，倘若學生仍然無法解出正確答案，最後，老師甚至會叫學生拿出教科書，自行由書本中找出答案，在學生尚未獲得滿分之前，絕不讓學生放學回家。學生們不但不會討厭這位老師的教學方法，反而大家都愉快、興高采烈的回家。

作者聽聞這位老師的教學方式，極為佩服。學生們之所以能夠眉開眼笑，高興愉快放學回家的理由，作者亦明瞭。因為，即使先前成績不佳的學生，最後都能夠獲得滿分，大家都真實的感覺到「自己已經學會了」之體驗。

讓孩子先學習自己喜歡的科目，才能克服先前做不好的科目

例如，父母親要孩子做暑假作業時，多數自以為孩子喜歡的科目，隨時可以容易做完，總是交代孩子先做不得意的科目。就孩子的立場而言，在一開始作習題時，就被迫做一些「自己不會」的習題，因為這種做功課不順心之體驗，難怪孩子變得不喜歡做功課。

因此，父母親不妨在暑假開始的數日，讓孩子自行「選擇」自己所擅長的作業習題和科目，這也是一種讓孩子喜歡做功課的最佳方法。如果能讓孩子在做作業的開始，便獲得了「會做」之體驗，接著這種有把握、會做的氣氛便得以持續下去。即使之後碰到不擅長之科目，也會在沒有心理排斥的情況下，積極的想做完作業。

有一句話說的非常有道理，「凡事開頭最重要」。的確，在出發的第一步就能很順利，接下來一定可以持續順利的做下去，相信我們都曾擁有這種體驗。

然而，與其相反，一開始便品嚐失敗的經驗，想要努力上軌道，著實困難重重，讀書、做功課的情況，也是相同的。

只專注於某一科目，而獲得「滿分體驗」

經由某種體驗所感受到的氣氛，能夠繼續持續下去，而「影響」到其他體驗的情況，在心理學上稱爲「汎化」。至於爲什麼擁有成功的體驗後，便得以治療厭惡讀書、做功課的效果呢？原因在一旦擁有自己拿手一項科目的自信心，連帶的也會出現「汎化」其他科目的自信心。

因此，不妨試著在一定期間內，讓孩子放棄其他科目，全力以赴的專注某一項科目，應該會獲得相當滿意之效果。最明顯的成果即在考試測驗後，獲得一百分。由於這份「滿分體驗」所帶來的快樂氣氛，具有「汎化」其他不甚理想科目的作用，進而提高了想要讀書、做功課之意願。這即是所謂的「突破一點，便可全面展開」的狀態。

讓孩子親身嘗試到「全力以赴的專注某一科目，努力後所獲得如此優良之結果，倘若其他的科目，也能以相同的方式練習，必然也會獲得如前相同的滿分結果！」這也就發揮了運用這種方法的效果了。

讓孩子三日不看漫畫，做些除了讀書以外的事，來獲得成功體驗

高爾夫球名將尾崎將司，一心想要辭退職業棒球選手的職務，而改變為一位職業高爾夫選手，他曾經下定決心，要在三年之間獲得職業選手合格證。他非常堅決的下決心，在未獲得高爾夫球選手合格證之前，絕對不與家人見面，並且不再吸煙、喝酒，確實貫徹實行。戒酒戒煙算是件簡單的事，就當時才剛喜獲麟兒的尾崎選手而言，必須貫徹自己的決心，不能夠與自己的家人一起生活，著實是一件極為痛苦的事，然而尾崎先生確實遵守自己的諾言，達成目的。

在此要強調的是尾崎選手曾說過的一句話：「既然與家人分離的痛苦經歷，我都能夠嘗試的渡過了，相形之下，其他自認為痛苦的事情，已不足以稱為痛苦，當然都可以做得到的。」當時出自尾崎先生的自信心，方能讓他在日後獲得極為高水準的成績。

在我們日常生活當中，以往養成的習慣，若要將其戒掉，當然是一件不容易的事，但是要強迫自己持續三年，那更是痛苦萬分。如果僅僅是戒掉三日，那倒也輕鬆自在。因此，家長不妨先由孩子最喜愛閱讀的書本著手，例如，讓孩子三日不要閱讀他最喜愛的漫畫書籍。如果孩子能夠忍耐著性子，三日不閱讀漫畫，如此便成功了。三日過後家長便可

鼓勵孩子說道：「你看，只要你想做，就能夠做到！」讓孩子自己確實體驗「可以辦得到」的實值感覺，如此必然能夠提高孩子的自信心。由此所獲得之自信心，在對孩子日後讀書、做功課方面，必然發生正面的影響，成爲孩子喜歡讀書、做功課的第一步。

「說話的技巧」可讓孩子的缺點轉變為優點

爲世人公認是說笑話與幽默發源地的英國，有這麼一則故事。

某日，大夥人就一位非常不容易與之親近而著稱的政治家爲中心，正開心的談笑風生。談笑的內容是，某某人年歲已經一大把了，但是外表看起來卻仍然年輕、英挺，或者某某人的外表看起來較爲老態等等。其中有一人插嘴說道：「我的白頭髮較少。」之後，大夥便異口同聲的自相炫耀自己的頭髮是如何如何的美麗。正當大家興高采烈的批評某人頭髮黑、或頭髮多之時，突然一齊沈默下來，這時大家才注意到，那位以不易親近而聞名的政治家，正是一位完全無毛髮的大禿頭。

眞不愧爲是幽默起源地英國的紳士風範。接著其中又有一人開口說道：「我們這夥人當中，您看起來最年輕，因爲在您的頭上看不到一根白頭髮。」聽到這句話之後的那位嚴肅政治家，立即裂臉放聲笑了出來，此刻，大家也都鬆了一口氣。

這就是所謂「說話的技巧」，將「缺點」經由不同的講話用詞，轉變爲「優點」的常見實例。其實作者自己，又經常運用「說話的技巧」，來擺脫困境。例如，某次與一位著名的播音員相邀一起吃飯。那次，是我主動邀請那位播音員朋友，不巧我竟然不能準時赴約，而遲到了。

這位播音員朋友，確實是一位以秒單位計算的工作者，分秒不差的遵守時間赴約。然而作東相邀的我，卻未能準時赴約，試想，他此刻一定坐立不安，不知如何是好而困擾不已。

當我匆匆忙忙，冒著一身冷汗，來到赴約地點，頻頻道歉。播音員朋友卻為作者解釋說道：「因為一路上車輛不多，馬路通暢無比，是我的車子來得太早！」

聽到朋友的一席話，頓時讓作者擺脫困境，使得當天的聚餐相談甚歡。

運用說話的技巧來減輕孩子的心理負擔

即使是身為大人的我們，都能深刻的體驗到說話技巧之重要性，對於孩子而言，母親的「說話語氣」，不但可以減輕，亦可加重孩子的心理負擔。孩子們經常會面臨讀書、做功課、考試等等學習方面的負擔，即使平常非常努力用功讀書，但是考試後出來的成績，未見理想的事實，即是加重孩子心理負擔的重要因素。

這種狀況既然已成為孩子無可避免的事實，父母親應該對孩子說些什麼樣的鼓勵話，必須明白述出。

當然也有許多不可以不說的話，此時便可以運用說話的技巧，不但不會刺傷孩子的心靈，反而減輕了孩子許多心理負擔。

家長在準備對孩子勸解、訓話之前，需要先考慮自己說話的內容，即使內容相同，但是所說出的任何一句話，皆有其「說話之技巧」。

「好好努力認眞讀書」「不要一直看電視」諸如以上類型的話語，最好不要經常的掛在嘴邊，不時的勸導孩子。如果家長們能夠選擇其他更爲恰當的語句，來代替上述那麼直接的說話語氣，以一種尊重孩子自尊心的說法，來勸導孩子，將會獲得更有效的成果。

某本雜誌上曾經登出這麼一則報告例子，有一位小朋友對一位曾經犯過相同錯誤的孩子說道：「〇〇同學最擅長犯這種錯誤！」而另外一位小朋友卻說道：「××同學，你爲什麼總是犯這種相同的錯誤呢？」如此一來，這位經常犯錯的〇〇同學心裡便會如此認爲「反正我就是經常犯這樣的錯誤！」而××同學心裡卻這麼想著：「我爲什麼會犯這樣的錯誤呢？」而自行研究，找出發生錯誤的癥結，理出正確答案來。

類似上述情況之說話技巧，作者可隨意列舉一二。希望各位爲人父母者，正當要勸解自己的子女當兒，不妨視子女當時之狀況，再次考慮、思索一下，是否還有其他更有效果的勸告方法。

當孩子視功課為沈重負荷時，依靠「心理的換算」使其減輕負擔

學校老師每日規定的功課，或是考試的日子將近，這些所謂學業硬性規定之課業，對一位不喜歡讀書的孩子而言，確實是極爲沈重的壓力。

發放孩子一本內有三百個問題的模擬試題，並囑咐在一個月之內，要將全部試題做完，或者交代三日之後要考試，倘若孩子無法在預定的時間內，做好充分的預習準備，那麼其心理的壓力便更爲沈重了，孩子處於這般強烈的壓力之下，怎麼能夠以安全的心理狀態，靜坐在書桌前用心做功課呢？

如果您的孩子屬於上述的前者，父母可告知孩子「每日只要做一個問題即可。」屬於後者，父母可告知孩子「還有七十二小時的時間好準備啊！」改變表現的方式來向孩子說明。那麼，由於三百多道問題的數量和只剩下三日好準備考試等，所帶來的壓迫感，讓視讀書爲痛苦的孩子，得以相當程度的減輕其心理負擔。

同樣是要表示一項事實，只要稍加改變單位來表現，孩子接受的印象，將會出現一百八十度的改變。

我們將這種表達方法稱爲「心理的換算」。爲了能讓孩子討厭讀書、做功課之態度，「心理的換算」法確實是值得推薦的心理戰術技巧之一。

父親不要對孩子說「好好用功」，不妨改變方式說：「不要太勉強……」

作者的父親是一位只懂得認眞工作，其他什麼都不會的人，因此，自幼與父親接觸的機會也不多。偶而遇有空閒時間與父親談話時，父親經常告訴我：「你好像總是很努力的讀書、做功課，千萬不要太勉強，而累壞了身體啊！」

坦白說，作者並非如家父所言，那般努力用功的學生，家父這種絕對信賴子女的態度，反而讓我不由得湧上一股「愧疚感」，同時也由心頭湧上一股「必須要更努力用功」的強烈意願。

然而，環視現在的父親們，多半過度的關懷孩子，反而忽略了給予孩子絕對信賴的感覺。就孩子之立場與觀點而言。不但隨時會遭受母親的責罵，甚至隨時也會受到父親的責備，當然造成孩子不愉快的心理反應。

此處，作者並非在炫耀家父是一位好父親。但是，需要每天長時間與孩子接觸，照顧孩子的母親，和一位站在較遠距離，看著孩子長大的父親，兩者之視點不同，當然觀點不相同。因此，母親要對孩子說的話，與父親要對孩子說的話，完全不同。

爲人父者，可千萬不要經常責罵孩子，吩咐孩子說道：「還不趕快做功課、認眞讀書！」應該要信賴孩子，偶而要放寬胸襟的對孩子說：「不要勉強的用功讀書才好！」

想要讓孩子每日做功課三十分鐘，先要求孩子做功課二小時

業務人員最常運用的一種推銷技巧，「要讓對方接受嚴格條件時，先提出比預想更為嚴格的條件。」例如，要以一百萬圓賣出某項產品，業務員會將此項產品的原本賣價訂定為「二百萬圓」。

家長需要與孩子約定每日溫習功課的時間時，不妨運用上述討價還價的方式與孩子溝通。例如，母親心想「孩子只要每日認眞讀書、做功課三十分鐘就夠了！」那麼母親最初就要對孩子說道：「媽媽希望你能夠每天認眞讀書、做功課二小時如何？」等等，故意提出需要花費更多的時間。孩子聽到母親的這番話，當然會直言、提出反抗。

母子之間相互討價還價，最後所獲得的協議決定「每日做功課和讀書時間，三十分鐘」，因為孩子腦袋內，仍然記憶著母親最初要求做功課的時間為二小時之條件，兩者的「對比效果」，讓孩子感覺到三十分鐘的做功課和讀書的時間，已經縮短很多了，因此得以減輕孩子的心理負擔。

話雖如此，但是有些母親會認為，以這種方式來與孩子協議，似有欺騙孩子的意味，因此而心感愧疚。然而，母親卻不知，結果反而有助孩子減輕其心理負擔。為了孩子好，類似這種欺騙行為，還是可以原諒的。

勿以命令的口吻說「去做」以「提案型」的語氣說「去做這個好不好？」

多數的父母親皆容易以命令式的講話語氣對孩子說道：「你去做某某事」。命令型的講話語氣，皆屬於單一方向的溝通方式。並沒有考慮到孩子的人格與自主性。因爲如此，孩子容易以反射性的態度，來反抗父母親所下達之命令。

碰到這種狀況時，各位賢明的父母，不妨嘗試改變態度，以婉轉的語氣對孩子說話。例如原本要對孩子說道：「你去做某某事」這句話，轉換以「提案型」的語氣說道：「〇〇你去做某某事好不好？」以這種詢問孩子意見的方式，來與孩子對話，孩子便會注意聆聽父母親所言。再者，「提案型」的詢問方式，是要對方聽到提案之後，立即下決定，因此，也自然而然的培養了孩子思考力與判斷力。

另外一種說服術之技巧，預先刻意設定妥需要詢問後的選擇條件。

如果不甚瞭解運用此一方法之技巧者，容易落入已設定之圈套。此一方法可以應用到關心做功課或讀書方面。例如，父母發現孩子似乎無所事事的坐著發呆，可千萬不要開口問道：「你到底在做功課？還是在玩呢？趕快自己做決定，不要坐在那兒發呆！」應該轉換個語句說：「你現在想要做那一門功課呢？」或「今天你想要做幾小時的功課呢？」孩子聽到這類的詢問，就會回答父母親所提出之問題了。此刻孩子頭腦的意識導向，自然會往父母親所提示的做功課、讀書方面，而在不知不覺之中，自動的想要做功課了。

孩子一直看電視，可以提出意見讓孩子自行選擇

如果孩子因為不想讀書做功課，而一直守在電視機前看電視，父母親隨即反應「馬上關掉電視，回房做功課！」的高壓、命令態度，並非理想之處理方式。

發生上述情況時，不妨轉換個語氣說道：「母親想請你到遠一點的地方買樣東西，你願意幫母親出去買呢？或是要回房做功課呢？」刻意的向孩子提出，除了看電視以外，可以自行選擇的條件，至於要孩子外出購買的東西，是以重量較重的物品來得有效果，如此孩子便會選擇回房做功課了。

這種方式由表面上來看，確實是尊重孩子的自由選擇意願，完全不含責罵孩子的語句，當然孩子的心裡，也不會產生不滿。

如果此刻孩子依然執意要看電視，那麼父母可以再繼續問道：「你是要看完這個節目之後，才做功課呢？還是先做完功課之後，再來看電視呢？」這也是一種很好的選擇條件。因為無論孩子選擇哪一項條件，都必須做完功課。父母親最好避免以直接的語氣，勸告孩子「回房做功課」，如此才不會造成相互間之不愉快感覺。

一般就人們的正常心態而言，碰到僅有兩種條件擇其一的詢問時，多數的情況是選擇

後者條件，這是基於最後才下結論或做決定的一般心理結果，如果父母親能夠明瞭這一事實，便可以獲得讓孩子主動回房做功課之效果。

晚餐結束之後，孩子一直拖延著不想回房讀書做功課，此刻父母親不妨問道：「你還想再休息一會兒嗎？或者是要開始做功課了呢？」遇到這種情況時，父母親在開口說話間，要遵守質問的前後順序最重要。這麼一來，無論孩子決定何時才開始做功課，總是會主動的回到書桌前讀書做功課的。

對應孩子不喜愛做功課的妙法，是讓孩子感覺做功課十分有趣

近來常聽到衆多母親嘴邊常說的一句話：「我的孩子整天熱衷於玩個人電腦遊戲，根本不想讀書做功課，眞是令人頭痛！」的確，在現今的社會，操作個人電腦確實形成一股熱潮，基於何種原因孩子們能夠如此沈迷於個人電腦呢？答案不外乎個人電腦「非常有趣」。

相反的，孩子無法熱衷讀書做功課，就是因爲做功課和讀書沒有趣味。一見到孩子便立即說道：「趕快做功課！」的母親，似乎並不十分瞭解這一事實。

在前些時代，據說有一種極爲殘酷的刑法，命令犯人將這一邊的石頭，搬運到另外一邊，搬完之後，再搬運到原來的地方，週而復始的持續做這種單純的工作好幾十年。罪犯

們因爲每日進行相同的工作，根本無法由工作中獲得任何樂趣，而痛苦的發瘋，甚至自殺。試想，如果要我們每天都做同樣「沒有趣味」的事情，確實是非常的痛苦。

一般不喜歡做功課的孩子，多數視讀書和做功課爲「痛苦的作業」。甚至有些孩子還會埋怨道：我並沒有做什麼壞事，爲什麼要以此刑罰來處罰我呢？

倘若就這一觀點來看，轉變孩子討厭讀書做功課的妙法，唯有將做功課變成一項有趣的作業。爲達這一目的的方法，是讓讀書做功課成爲孩子喜愛的遊戲。

將讀書和做功課「遊戲化」，用意在去除其原本予人之形象，讓孩子感覺做功課很有趣味，就會喜歡讀書和做功課了。

原本讀書和做功課給人的印象，就是爲達成某一目的，必須要付諸努力。但是遊戲與做功課和讀書卻完全相反，沒有所謂「爲了××去做」的目的意識，乍看之下，遊戲屬於浪費時間、無目標的作業。

雖然表面而言，遊戲好似浪費時間、無目標，但是我們千萬不可輕忽遊戲的潛在功能。或許我們會認爲遊戲是浪費時間；對孩子而言，卻是極有趣味的事。否則孩子們不會持續二、三個小時熱衷操作個人電腦。如果將讀書和做功課也轉變爲極有趣味，理所當然的，孩子也會持續二、三小時的熱衷、沈迷於讀書和做功課才對啊！

從令人感覺厭煩、頭痛的功課作業，到各式各樣有趣味的「遊戲」，如果能將其順序顚倒，以玩遊戲的方式來做功課，那麼孩子就不再認爲做功課是一件極爲痛苦的事了。

朝這一方向，爲孩子精心設計讀書遊戲化的，並非只有學校的老師們，而是課餘後各補習班的老師們，某些任職補習班的老師們，將上課程序設計一場「演藝秀」，經由同學之間的相互表演，吸引學生提高讀書意願，而且獲得極佳效果。各位身爲孩子監護人的母親們，其最重要之任務，是如何讓孩子對讀書做功課產生興趣。

設計一套「猜題遊戲」試題，消除孩子對讀書的抵抗感

作者一位好友的小孩，雖然是幼兒的年齡，但是對各種汽車種類皆清楚認識，著實讓四周的大人們驚訝異常。

當然這並非幼兒的父母親，強迫性的教導孩子認識有關汽車方面之資訊，多半利用休閒假日，一家人開車外出旅遊時，當孩子坐在車內開始感覺無聊，要吵鬧前，家長便提出一些有趣的問題，如猜測來往馬路間各輛汽車之種類和顏色等等，吸引孩子的注意力，因此，也在不知不覺當中，孩子學會了有關汽車方面的「專門性」知識。

當作者聽完友人教導孩子認識知識的過程後，深深的體會，只是做一些簡單的遊戲，讓孩子產生興趣，就能夠在不自覺當中，經由遊戲而學習，獲得知識。另外，家長也可以對孩子說道：「明天學校要考試了，不知道會出些什麼樣的題目，我們一起來猜猜看？」

孩子爲了想表現自己的猜題能力，可能會盡其所有能力，擴大範圍的「學習」。

當孩子感覺到這一次的猜題遊戲很有樂趣，就會產生另一種慾望。要在下一次的考試前，猜中更多的試題，這即是孩子們的好勝心、求表現的心理。當然也是人之常情。讓孩子們相互競爭，師長們設計一些內容更具體的課業遊戲，將會更有效果的促進孩子們的競爭心理。猜題遊戲之後，再來一次是否猜中試題的檢討，又可從中獲得了複習的效果。經由單純的猜題遊戲，讓孩子轉變爲喜愛用功讀書的心態。

讓孩子來找尋父母親犯錯誤的「發現錯誤遊戲」，使孩子熱衷問題集

近來發現在各學校舉辦的母姊會集會中，家長們必然提出的一道話題：「我的孩子不喜歡看書和閱讀新聞，眞不知該如何是好？」即使孩子不喜歡看書和看新聞，如果給予找尋錯誤題之專欄，孩子們便會熱心的觀察，找出錯誤的。

其實，類似這些找出錯誤的專欄，大人們的雜誌刊物類中，亦有刊載。但是以孩童爲對象的新聞、雜誌等，幾乎每一集都有刊載。這表示不但孩子們喜歡玩尋找錯誤的遊戲，連大人也喜歡玩尋找錯誤的遊戲。更令人驚訝的是，往往大人需要思考一天的難題，孩子可能會立即找出答案。這是因爲孩子們旺盛的好奇心，才容易熱衷尋找錯誤的遊戲。

因此，不妨多多利用孩子們旺盛的好奇心。例如和孩子一起做問答題的解答，或者故

意將幾個解答寫錯，當孩子發現大人答案錯誤時，必然眼神露出光芒。孩子以找尋錯誤的眼神，反覆的觀察每一個問題當中，必然會想再與父母親一起做其他的問題。

將地圖製成拼圖遊戲，讓功課與遊戲結合一塊兒

一位著名的瑞士教育學者蒙梭特利說：「要讓孩子對讀書發生興趣的第一步，就是讓孩子玩世界地圖的拼圖遊戲。」原本不屑於世界地圖的孩子，會因爲拼圖的樂趣而熱衷於將零散的世界地圖，一片一片的組合成型，讓一旁觀看的大人感到驚訝。

原本孩子就喜歡玩拼圖猜謎遊戲，尤其是拼圖遊戲，在所有的玩具當中，永遠是全世界最暢銷的一種遊戲玩具。

因此，家長不妨給不喜歡讀地理的孩子，玩地圖的拼圖遊戲。即使孩子對地圖沒有興趣，但是對拼圖遊戲會毫不例外的動心。孩子們多屬於完璧主義者，拼圖組合不到最後一片，是不會甘心放棄的。能夠完成拼圖之後，便可以將地圖牢牢的記在腦袋了。

運用「速度分配遊戲」來計算孩子做功課的時間很有效用

據說馬拉松競技比賽的勝負成敗規定，是以四二．一九五公里路程的範圍之內，選手成敗的關鍵在如何就自己的體力與能力，來平均分配全程之速度。如果競賽者只是執意的

追過眼前的對手，造成自定的跑步速度混亂，必然飲恨失敗。馬拉松競技是一種與自己體力搏鬥的競賽，如果選手過度在意競爭對象，必然容易失敗。當然根據這項原則，亦可以運用到讀書、做功課方面。在競賽當時，倘若只顧慮到眼前的競爭對手，萬一不幸沒追趕得上而落後，心情便變得沮喪、絕望。

相反的，僅僅視自己本身爲唯一競爭對手，只要與自己搏鬥。例如讓孩子自行測定練習做問答集的解答時間。並將每一次的做答時間記錄下來，做爲下一次做答的標竿。如此也是一種很好的做功課方法。如果今天所花費解答的時間，比昨天花費的時間少了幾分鐘，心裡必定有所成就感。將過去自己的做答時間，視爲競爭對手，那麼自己就不會產生因爲速度分配不均，造成失敗、沮喪的不平衡心態了。

孩子一直不想做功課，可以建議以抽籤的方式選擇科目來做功課

假設有好幾個孩子在一起遊玩，此刻母親可以交代孩子外出購物。當然孩子們會異口同聲的拒絕，並且試著將外出購物的差事推托給他人去做。母親在無法決定由誰去辦這份差事的當兒，必然會不耐煩的指派某一人去辦。而這位被指派的孩子，會不會乖順的聽從命令呢？或許會心情不滿的抗議說道：「爲什麼一定要叫我去呢？」

當孩子們遇到這種必須要順從母親指令的情況之下，較聰明的孩子可能會提議，由大

家來決定派某一位玩伴爲母親外出購物。最普遍的決定方法是以抽大頭方式，來決定何人中籤。抽到「大頭」者，就得毫無異議的自動接受母親交辦的差事。將孩子們不願意，也不喜歡做的事情，加以「遊戲化」，讓孩子欣然接受，由孩子們自行選擇出來。

爲了能讓孩子願意順從做討厭的功課，不妨應用抽籤的方法，自行決定。如果孩子是因爲不知該由哪一科目開始著手，或者一直要拖延不想做功課時，家長可以適時提議：「怎麼樣？是不是不知道該從哪一門功課開始做起呢？不如來抽個籤看看！」

要讓孩子充分享受抽籤遊戲之樂趣，家長可製作複雜的「籤牌」，或者還有機會讓孩子抽到「點心籤」之類的特別籤，讓孩子由抽籤遊戲中，充分的感覺到「遊戲」的樂趣，亦不失爲一種理想的方法。

採用雙手比畫的「九九猜拳」遊戲，將做功課遊戲化

自古傳下來的一種不需要任何道具，即可進行遊戲的就是利用雙手遊玩的遊戲，不但方便，又簡單易學。當然也可以應用到讓孩子做功課方面。例如最基本的猜拳，稱爲「九九猜拳」，早已引進爲做功課的方法之一了。

「九九猜拳」的玩法要領是母子一塊兒運用手指來表示數目，讓孩子說出二位數字的九九乘法遊戲。例如以手指顯示數目，母親與孩子齊聲道出：「3（孩子）、4（母

親）、12（孩子）」，在快樂、輕鬆的氣氛當中，自然而然的學會了九九乘法口訣。

同樣的，也可以「九九猜拳」的方式，應用到「猜拳十」遊戲。遊戲方法是，二人伸出的手指頭數目之和為十，即是正確答案。例如，母親伸出二隻指頭，孩子就要伸出八隻指頭。母子之間若能經常玩這類遊戲，更可加深親子感情，同時也自然而然地讓孩子喜歡做功課。

利用車票來玩「組合成十的遊戲」，讓孩子順其自然的喜歡算術

即使不是傳統的一般遊戲，只要我們花點心思，圍繞在我們生活四周，處處都可見可以製作成做功課材料的各種「遊戲」。

例如，大家每日乘坐的電聯車車票。車票上除標示日期之外，還有一排四個阿拉伯數字。

我們就可以利用這四個阿拉伯數字來進行加減乘除、組合等於十的遊戲。遊戲的方法非常簡單，票根上的四個阿拉伯數字，每一個數字都以加減乘除使用一次，並讓其等於為十。數字的順序，可以任意改變。同時也可以自由加入括弧號。例如，阿拉伯數字為1、8、1、3，我們便可以轉換為1×8－1＋3＝10，或者（1＋1）×（8－3）＝10，諸如此類的算術方法，至少可變化出二種方法。

初看之下，似乎蠻難組合數字，一旦習慣之後，孩子會比大人更快速的找出正確答案，為了要培養孩子對算術的興趣，使用這種方法將比做功課和讀書，更具學習效果，不單只有電聯車的車票，其他如汽車的車牌號碼、電話號碼等，都可以來玩加減乘除的算術遊戲，家長陪孩子一塊兒外出時，不妨嘗試看看。

作者在此介紹較為高年級的數學組合，僅供參考，數目字1、1、9、9。當孩子看到這四個阿拉伯數字，或許需要花費一天的時間來思考。但是，當他們終於找出答案出來的那一刻，就會變得非常喜歡數學了。

答案是$(1+\frac{1}{9})\times 9=10$。

當孩子們瞭解到「能夠活用功課」時，便可以增加做功課的興趣

作者曾經在諸多的場合內，不只一次的提及，作者在少年時代是一名劣等生，當時的我，心中最大的疑問就是，為什麼學校的老師強迫我們，一定要將我認為不實用的功課背記下來？例如要死背歷代天皇的名字，或者要練習做極為麻煩的分數計算，試想這些功課，對我日後的人生旅程，有何助益呢？作者實在無法想像得到?!

作者相信，少數討厭讀書、做功課的孩子們，多少有類似我這般的疑問與不滿。同時

父母親對於這些認爲「做這類的功課，有什麼用處？」的孩子，皆無法很有自信的給與回答。頂多回答孩子：「若沒有好好用功讀書、做功課，屆時就很難考上高中，日後也無法找到理想的職業。」

然而，與其相反的，對一些喜愛玩個人電腦的孩子而言，有關電腦方面的知識，早已超越學校所學習的範圍以外。這是因爲他們所學習的每一種有關個人電腦方面的知識，都能夠確實活用。作者自幼時期就發覺，因爲自己喜歡以自己的思考模式來找出猜謎答案，對日後幾何與代數的知識，有相當大的助益，故而也就越來越喜歡數字。

總而言之，孩子們是很現實的，有用途的東西，就會欣然接受，沒有用途的東西，便會毫不置疑的拒絕。因此，如何讓孩子對讀書、做功課增加關心程度，最有效的方法是讓孩子知道，所有的功課都與我們日常生活周遭所發生的事情，有著密切關係。

日常生活中的每一枝節，都是一種「學習」機會

當在校的各位師長們瞭解了前項所述之事實後，就應該花點心思，努力研究如何將課堂上的課業與日常生活的枝節結合一起。

例如，某位小學老師要指導學生有關工廠輸送帶方面的常識，讓學生自由提出問題與疑點。結果一位學生問道：「如果在輸送帶的流程作業途中，萬一臨時想要上廁所，那將

如何是好？」等等之異想天開的問題，這位老師平時便極為重視諸如此類，有關日常生活上的各種疑問。當學生提出一些奇怪的問題時，老師並沒有應付了事，隨便回答。反而將學生們所提出的所有大小問題，以文字叙述的方式寄到實際操作輸送帶作業的汽車廠商，請求解答。

作者並不十分清楚最後的解答為何，但據説各廠商皆誠意的回答孩子們的所有疑問。

另外有一位老師，在教導學生認識有關火車站之工作人員的工作狀況時，親自到火車站借用了許多工作用具。並且在教室內製作模擬車站，老師自己擔任站長，進入教室，這種教學方式，讓孩子非常高興又有趣。下課之後，孩子們又到車站實地調查車站服務人員的作業程序。

這表示，孩子們已經發現，平時常見的車站以及工作人員，若就孩子們做功課的眼光來觀察，又發現了許多有趣味的事實。

前面所列舉之事實，可謂將火車站與日常生活所接觸的事物，以巧妙的方式，與「學校作業」結合一起的典型例證。

當然在一般家庭中，不需要做出如上述般大規模的實際調查。但是，能夠將日常生活當中即發生的各種事物與學校的作業結合起來，是極為理想的教學方法，根據日常生活中給予學習作業的機會，讓不喜歡做功課的孩子們，逐漸的轉變為喜歡讀書、做功課。

讓孩子參與家庭旅遊計劃，孩子便會喜歡地理課程

作者的一位朋友，原來所任某公司之職務與派駐海外毫無關係，突然決定要長期參與海外業務。對這位朋友而言，駐派海外工作的最大疑難是要學習他最不拿手的英語。但是他既然已經決定要赴海外出差，就不得不拚了命的學好英文。勉強可以唧唧上口講幾句英語時，他就告訴我們，他現在很喜歡英文了。

運用上述原理，也可以做爲增進孩子喜歡讀書、做功課方面。例如，讓孩子們參與暑假全家外出旅行之計劃，簡單的做出目的地的觀光指南，那麼孩子們必然專心的翻閱地圖，仔細閱讀社會科的教科書等等，不知不覺的就做好了地理作業，而且還深深的喜歡上地理學科。父母既然給孩子製作計劃的工作，當然也要讓孩子發揮領導能力，培養積極性等方面之能力，更可獲得一石二鳥之效果。

讓孩子協助父親製作新聞剪報類工作

一位撰寫非小說類文學的作家說道，在他小學時期，便經常協助父親製作新聞簡報的工作，而開始對相關之社會問題日漸加注關心，讓孩子在協助製作剪報的同時，順便閱讀剪報內容中自己認識那些單字，自然而然的亦獲得了學習的機會，除此之外，孩子在協助

剪報過程中，也瞭解到父親和自己一樣，不斷的繼續學習，進而強烈的刺激孩子的學習意願，這是家長們不可忽視的重點。

俗語說：「孩子們都是在目睹父母親的背後而成長」。爲人父母者可別總是對著孩子說道：「趕快去做功課！」而是要讓孩子經常看見父母親不時的在學習的態度，如此孩子也自然而然的會喜愛、熱衷於學習了。由父母親自身的日常生活起居模式，主動示範良好的榜樣，這才是最正面、有效的矯正孩子討厭做功課的態度。

家長帶領孩子赴博物館參觀，自己也要投注關心，儘情的享受

許多父母親會專程帶領孩子參觀博物館，給予實際的認識教育。

此刻，父母親會因爲過於重視「教育之目的」，而讓孩子感覺父母親是爲了要達成義務，才不得不帶領孩子參觀博物館。在這種情況之下，我們會發覺，孩子們並沒有很仔細的參觀。相反的，若在參觀同時，父母親主動的領導孩子說：「你看、你看，這個好棒啊！」大家一起享受發現新奇、美好事物的愉悅，孩子們的眼睛都會露出快樂的光芒。

例如家長帶領孩子參觀天象儀，倘若父親只是在一旁休息、打盹，叫孩子自行參觀。家長帶領孩子赴天象儀參觀的目的，就是要讓孩子瞭解科學的偉大和進步，趁此機會讓孩子喜愛學習新奇的知識，殊不知卻適得其反，效果減半。如果家長此刻也能和孩子一樣，

儘情認真的享受其間有關天象之奧妙與樂趣，孩子們也會自然的對學習新知識產生興趣，便會張大眼睛仔細觀賞了。

一天至少要撥出十分鐘，做為全家人共同學習的時刻

看看一般公司內員工加班的情況，大夥兒都熱熱鬧鬧的繼續工作，很少人會放下手邊未完成的工作，而自己先行回家，但是，若有一、二人先行離去，只剩下少數幾位員工留下來加班時，員工的心情就大不如前，只要該做的工作告一段落後，大家就不約而同的一起回家了。

由此可見，一般的上班族多擁有「不喜歡自己一人留下來加班工作」的心理。

以此類推，放孩子一人在家裡的書桌前做功課，孩子也會產生相同的心理「爲什麼只有我一人需要留下來做功課呢？」或許也就是因爲這種心理上之不平衡，而助長了孩子討厭讀書、做功課的心態。

因此，家長們不妨利用「只有自己要做功課」的方法，來矯正討厭讀書、做功課的心態。

例如每天撥出十分鐘，設定爲全家人一起做功課和讀書的時間。既然大家都要靜下心來讀書和做功課，那麼孩子也就不會產生「爲什麼只有我一人要做功課？」的不平衡心態

了。正如前段內容之例子，大夥兒一起做相同性質事情的連帶意識，讓孩子也產生了樂趣之效果。

親子之間，經常嘗試朗讀一些與學校作業無直接關係的課業

某句格言如是說道「欲速則不達」，想要讓孩子喜愛做功課，也是相同的道理，家長們「急速」的想要矯正孩子討厭做功課的心情，可以理解。但是，家長們的這種急切心態，直接坦率的表達於言詞，要求孩子說道：「趕快去做功課，你應該喜歡做功課。」諸如此類，好比鞭策拉馬車的馬匹一般，反而造成孩子心理沉重壓力，更容易助長孩子討厭讀書、做功課。

由此可見，家長們最好不可再利用要孩子學習之理由去「做功課」，換種方式，找些與學校作業無直接關係，又性質不相同的事情，以自然而然的方法，讓孩子感覺到學習是多麼的富有樂趣，又不會增加孩子的心理負擔，如此更增進了學習效果。

例如，父親取出自己在幼年時代曾經讀過的『論語』，朗讀給孩子聽，之後再與孩子一起朗讀。這種學習方式與學校師長交代要做的課業不同，必然帶給孩子在學習過程上的新鮮感和深刻印象。雖然孩子所學習到的東西與學校之課業不相同，然而事實上孩子卻接觸到非常優秀的「學問」，在為了要孩子喜愛讀書、做功課方面，必然獲得極大助益。這

好比讓孩子們自動自發做學校課業的準備動作一般。

親子一道外出散步的路線，包括一起進入書店參觀各類圖書

我熟識的一位朋友，任職於駐歐洲某國的一家貿易公司像這位友人描敘，在那個國家境內，四處可見博物館、美術館、圖書館，其間陳列作品圖書，種類繁多又充實，即使一而再的入內參觀，也不會感覺厭膩。

這位朋友每回與孩子一道外出散步，都會入內拜訪參觀，他的孩子對「兒童博物館」最感興趣，經常要求父親帶領前往「兒童博物館」。

一般只要我們一提及博物館，總是予人一種嚴肅的印象，並不是一處可以讓人輕鬆、隨心所欲自由參觀的地方，但是，既然訂名為「兒童」，在其大門入口處還特別設計了吸引孩子興趣的圖案，並且降低「門檻」，這些都是吸引大人小孩有意願入內參觀，一探究竟的眞正原因。

其實，這類的博物館有與沒有都無所謂，但是能夠讓孩子習慣，融入於知識、學問的氣氛內，幫助孩子建立喜愛讀書、做功課的基礎，我們在日常的生活中都可以切實做得到。在我們日常生活中，最常見的「博物館」就是書店了，不但方便，又可以隨時隨意地進入，只要降低書店的「門檻」，讓孩子容易自由進入即可。

例如，利用與孩子一道出外散步的時間，所行經的路線一定包括書店，父母親主動提議：「我們進去看看！」剛開始時，父母親可以帶孩子到漫畫書櫃前閱讀，慢慢的再帶領孩子到其他各類書籍圖畫櫃前，隨手取一本書翻閱。或許孩子在開始之際，只是爲了消遣的翻閱書本看看，久而久之，孩子自已會感覺得到已接觸到了知識的世界，而且會越來越經由書本中的知識，產生樂趣。

讀書需要十五分鐘集中精神，也可利用生活中的各種情況來訓練集中力

就小學低年級的小朋友爲例，不論是喜歡或不喜歡做功課之前，要他們在書桌前安定的坐一段時間，是相當困難的一件事，大體而言，大約低年級的小朋友，都還沒有定性，無論叫他們做任何事情，頂多能夠耐心的坐個五分鐘，再多就無法專心了。

因此，家長們爲了要培養孩子靜下心來做功課的習慣，首先讓孩子對某單一對象注入相當程度的時間，讓孩子能集中意識，這才是訓練孩子靜心、專注事情的先決條件。

最初設定的基準，以十五分鐘爲目標，然後再慢慢的利用日常生活中的機會教育，訓練孩子「持續集中精神十五分鐘」。例如，前往圖書館讀書，欣賞音樂、繪畫、勞作等等，訓練孩子做每一件事情，都能夠持續十五分鐘。

當然每天的用餐時間也不例外，例如家庭的晚餐時刻，假定孩子三、兩口快速用餐完

畢，便急著要下餐桌，父母不妨阻止孩子先行離座，要求孩子與家人一起快樂的聊天，談談白天所發生的一些趣事，讓孩子定坐在餐桌十五分鐘。

倘若能由生活中培養這種習慣，再要求孩子安靜的坐在書桌前十五分鐘，應該就不會感覺痛苦了，如此亦逐漸養成了每日安靜下來做功課的習慣。

偶而給予孩子看一些較難懂的書籍，測試孩子能力，再由父母講解

當孩子處於幼小年紀，父母親經常閱讀圖畫故事書，或是唸兒童故事書給孩子聽，到了孩子上小學的年紀，父母親就可提供孩子自己能力所及範圍內之書籍，此刻父母親也不需要再唸讀故事書給孩子聽了。

但是，站在孩子不被現在的讀書能力所限制之下，積極尋找有趣味世界的觀點而言，父母親為孩子唸讀孩子看不懂的書籍，是一種相當有效果的學習方法。

即使孩子還不會自行閱讀，而多半看不懂的文字都是那些不認識的漢字，或是一些較難以表示的生字，雖然書本的內容，孩子無法百分之百的瞭解，但是大體之內容，多能獲得相當程度之理解，當父母要唸讀書本、故事給孩子聽時，碰到難以解釋，或困難表達內容意思之時，可以適宜的改變，以普通的說話方式來講解即可。

2 做好情緒調節，培養「做功課的意願」

只要稍微的將道具、場所改變一下，也會改變孩子對做功課之意願

近來由於打高爾夫球的風潮，許多家長們也開始熱衷練習打高爾夫球。在這些家長們當中，某些會自認爲「即使自己再花時間努力的練習，似乎球技也不會進步。我的運動細胞似乎比別人遲鈍」。而逐漸的對自己的球技喪失了自信心。

每當作者聽到某人口口聲聲道出這句自責的話語，就使我聯想到，另外一些父母親感嘆的說道：「我的孩子，即使再怎麼用功讀書，成績也不見進步，是不是孩子的腦袋不靈光啊?!」作者經常爲這些抱怨的家長們啼笑皆非。

當母親們說道：「再怎樣練習……」之類的話語，讓作者懷疑，是否眞如他們所言，經常的練習呢?假設眞如所言，確實有經常練習，然而卻不見球技進步，這絕對不是運動神經遲鈍，可能是練習的方法不正確。

僅僅是爲了要練習才練習，這樣球技是絕對不會進步的。如果轉換一種練習的方式，讓練習的過程中增加樂趣，在愉快的心情之下練習打球，球技必然有所進步。

作者也不例外，是一位熱衷打高爾夫球的球迷，在長時間的練習過程中，亦不見球技有何進步，數度想要放棄，不再打球。某日，一位友人贈送作者整套高爾夫球球具，自此之後，作者好似判若兩人一般，能夠隨心所欲的打出小白球。經由這一機會，作者再度熱衷練習。反覆再三的由失敗的經驗中，練習再練習，作者的球技才稍見進步。

孩子讀書、做功課的情況也是相同，如果孩子每天做功課和讀書的模式和道具都是固定的，當然會令孩子陷入低潮，感覺厭倦。

遇到以上情況時，不妨稍微改變一下做功課的方法，或者給予一些新的文具用品，調節調節孩子做功課的氣氛，讓孩子重新產生「我要好好努力用功讀書」的意願，如此一來，便能夠稍微提高效率，孩子便能由不一樣的氣氛和心情之下，感覺到做功課是非常有樂趣的，如何改變孩子不喜歡做功課之心情，是為人母者重要任務之一。

明確劃分做功課與遊戲之區別，是相當重要的

就調節情緒的觀點而言，能夠將讀書、做功課和遊戲明確的劃分是相當重要的。

常聽人說，孩子的重要工作就是「遊戲」和「做功課」，但是根據作者之經驗，越是會玩的孩子，他的在校成績也越優秀，或許是那些會玩的孩子，在做功課和讀書時，也如同遊戲一般，確實的集中精神，視讀書、做功課為遊戲。

但是「一面遊玩、一面讀書」或是「一面讀書、一面玩耍」的孩子，兩方面都無法集中精神，結果，兩方面都半途而廢，無法獲得圓滿的成果。有些孩子在外表行式上，假裝專心的做功課，其實腦子裡總想到遊玩，平白浪費了很多時間。

如果無法將做功課與遊戲劃分淸楚的母親們，多半認爲做功課，就必須回到書房，端正坐在書桌旁好好認眞地做功課，並且還要按照功課作息時間來做。某些父母親的做法較爲極端，當他們目睹孩子在房間內躺著看書時，會誤以爲孩子在玩耍而加以責駡，有時，孩子確實是躲在書房內看漫畫書，而父母親卻又認爲他們是在看書做功課，而心感安慰。

作者曾前往美國多處學校的圖書館參觀，發現他們的學生所謂的閱讀姿態，極爲自由，隨心所欲。有些學生不但躺著看書，甚至一面與小狗玩耍，一面做功課。當我們這些一本正經的母親們目睹此一情景，都會誤解美國的學生們將玩耍與讀書、做功課分不淸楚，其實，殊不知美國人較重視效率，並不注意形式。

新學期，父母不妨讓孩子的學習用品全部換新

作者的一位寫作朋友，每回要書寫另一套新作品時，一定會再購買一枝新鋼筆。由於如此，這位朋友經年疊積存留下來的鋼筆，已經有好幾百枝了，相信在不久的將來，其鋼筆數量會超過一千枝。

乍看之下，人們會覺得他非常浪費，但是對這位寫作朋友而言，更換全新鋼筆的舉動，正是一種最佳的情緒調劑方式。據說，一枝曾經撰寫過推理小說的鋼筆，當它要撰寫愛情小說時，很容易將前次推理小說的結構，再三浮現腦海，非常難以思考出有趣味性的情節，他之所以養成購買新鋼筆習慣，則是為了要接續一項新的工作，首先要將過去記憶抹消，再造「重新再來的效果」。

就某些不太喜歡讀書、做功課的孩子而言，對自己原有的筆記簿、鉛筆等文具用品，仍然存有「嫌厭」的印象。因為使用舊有的學生文具用品，會受到嫌厭氣的影響，以致於無法專心做功課，為了將先前「嫌厭」的氣氛，全部沖洗掉，換以新鮮的氣氛，向功課挑戰，家長不妨利用下一個新學期的開始，將孩子們需要使用的文具用品，如筆記簿、鉛筆等，全部換新，也是一種轉換心情的好方法。

提供孩子一些備有各類筆記用具

近年來，觀察時下的母親們，都非常懂得裝扮自己，根據當日所感受到的不同氣氛，而轉換不同的服裝和髮型。人們都能清楚理解，如何利用衣著服飾，來調節自身的情緒和氣氛，穿著華麗的服飾，心情也會變得華麗起來，若換穿牛仔裝，自然其動作、姿勢也變得輕鬆、活潑。

為了防備學生厭惡做功課，不妨經常讓孩子感覺滿懷新鮮氣氛，願意自動朝向書桌，坐下來做功課，讓孩子如同母親的穿著一般，改變「裝扮」，也是一種有效果的激勵孩子讀書的方式。我如是比喻的方式，並非意指孩子要改變讀書之科別時，還要再換套衣服。例如家長可以先準備各類筆記用品，在孩子要更換習作課業，或調整習作時間時，可以自行選擇筆記用品，這便是所謂的為作功課而給予「裝扮」。

筆記用品則以不同圖案的鉛筆，以供選擇，如同服裝指定穿著T恤一般。除了上述筆記用品中列舉之鉛筆外，尚可準備簽字筆、原子筆、自動鉛筆等等，各種不同顏色之筆記用品。當孩子看到這些各式圖案、顏色的筆記用品，不僅變化萬千，心情亦格外的新鮮、舒適。

例如「演算算術習題時，使用紅色原子筆書寫」「做自然科練習時，使用藍色鉛筆書寫」等等，讓孩子自行選擇筆記用品，同時也可以防止孩子對做功課起厭惡心。

坐在長凳上或是躺在吊床上，也是一種「與眾不同的書房」

經常耳聞母親們感歎的說：「我特地為孩子設立了一間舒適的書房，但是卻未見孩子積極的留在書房內用功，是不是因為我的孩子原本就不喜歡讀書呢？」許多母親為了想要矯正孩子不喜歡讀書的習慣，卻不理會丈夫要求設置自己的書房，而自行下決定先為孩子備妥書房，事後又無法改正孩子從此喜歡讀書的效果，不禁怨聲四起。

但是，就能夠獲得屬於自己個人書房的孩子而言，對於書房的定義是：要在那兒痛苦的書寫作業，好比「囚犯集中營」一般。如此一來，孩子便會絞盡腦汁思考，當我進入書房之後，該如何來「假裝」自己是多麼的專心、用功做功課和讀書。

有一位著名的經濟評論家，在他新居落成之日，作者前往新屋道賀，並且提議要求參觀他的書房，卻奇怪的發現，這位經濟評論家新屋室內，樣樣皆齊全，唯獨未設置書房。他解釋說道：如果屋內設置了所謂書房的工作空間，將會承受非得做些工作不可的精神壓迫感，反而無法提高工作效率。

這位經濟評論家認爲，屋內的每個房間都可視爲書房。的確，爲了要讓孩子對於做功課隨時存著一份新鮮感，大可不必侷限所謂書房之固定模式。例如公園內的長凳，或者是吊床等等，諸如此類一些與衆不同的場所，皆可視爲書房。

當感覺孩子開始厭惡做功課時，不妨改變當時正在習作的科目

一位能夠在一個月期間閱讀數十本書籍之讀者，多半都是數本書同時並行閱讀。讀厭了一本書，再換另外一本，看煩了這本書，又換那本書，逐一的更換好幾本書籍。由於如此，才能達成比一般普通讀者之讀書量，高出數倍以上。

孩子做功課的情況亦相同，如果對某一科目感覺厭煩時，不妨即時變更一下讀書的時刻表，或是轉換另外科目，這也是一種極佳的改變讀書心情的方法。如果因此而提高了做功課和讀書之效率，相對的，其學業成績亦會正比例的上升、進步。如果家長嚴格要求孩子務必要遵守孩子自行製定的做功課和讀書時刻表，反而會延誤孩子的學業成績進度，助長孩子養成不喜歡讀書的心態。

預先為孩子設定「不需要做功課」的所謂「禁止讀書、做功課時段」

越是熱心於教育孩子的母親們，多會趨向如下之心理傾向——只要看到孩子安靜坐在書桌旁，即可安心。其實，讀書學習的效果，未必與讀書時間的長短成正比，同時，越是懶散慣性做功課，其讀書的時間花費的越長，越是容易降低孩子讀書意願。

爲了要斷絕讀書與做功課之大敵——「懶散心態」，家長必須要爲孩子明確區分「做功課與讀書的時間」和「不需做功課與讀書的時間」，例如設定每星期的某一時段，「星期六下午不必做功課」，亦不失爲良好的「禁止讀書、做功課」方法。

平日總是聽到父母親催促的說道：「趕快回房做功課」的孩子，一旦逢星期六下午，卻反常的接受父母親之交代「不必做功課！」內心必然產生心理上的「對比效果」，順其自然的讓孩子認爲「做功課和讀書的時間」是非常珍貴的時刻了。

在孩子學期結束當日，母親準備一桌豐盛的菜餚來激勵孩子

開學日和結業日，對孩子而言是一個學期之段落，習作課業亦告一段落，自然是一個相當重要的日子，尤其是在老師分發成績單，學期結業當日，孩子的心情會特別緊張。在這一天中，父母對待孩子的態度，將會深刻的影響日後孩子對讀書、做功課之意願。

倘若孩子的結業式完畢之後，帶回家的成績通知單，成績稍微不盡理想，父母不要一味嘮叨的指責孩子，而改以歡欣慶祝的方式，準備一桌豐盛的菜餚，爲孩子之學業告一段落而慶賀。

如此一來，孩子的心頭自然的湧出窩心的感覺，「父母親這麼的關心、愛護我，我應該要更努力用功讀書才對！」讓孩子由衷的產生一種良性的壓力，這一壓力正是激勵孩子努力讀書的力量。

將孩子「熱衷之能量」轉移到做功課的方法

在前一段時期，人們認爲相撲界被封稱爲橫綱、大關的選手，其實力已大不如前了。當我們觀賞代表相撲界的大力士們，勉強的獲得八勝七敗的總成績，內心感慨萬千，並非我要坦護相撲協會之立場，但是卻讓人深刻理解，相撲協會確實賣力的想培養出相撲界的

英雄人物。因此，最近可見若乃花與貴乃花兩兄弟，活躍於相撲協會，尤其貴乃花又被譽為「有史以來最為年少之優勝者」，並且一而再的改變記錄，一時成為時下年輕女性追逐、崇拜的對象。

自第二次世界大戰之後的運動界，隨著英雄人物的出現，連帶著運動亦興隆起來，當然也會因為運動英雄人物的衰退而沒落、喪失名氣成為歷史。例如力道山的摔角，釜本、杉山的足球等，造成國民一時的瘋狂熱潮，但是，隨著這些英雄人物的後繼者接替後，原來的擁護、運動迷，亦隨之減少許多。

至今，職業棒球仍然擁有廣大的球迷群衆，可追溯自長島、王貞治後，出現了山本、原、清原，以及最近的一郎、松井，和活躍於美國職棒的野茂等，促使棒球至今迄立不搖於運動界。

原本不懂得打棒球，甚至根本不喜歡觀賞棒球者，會因為喜歡上某一位棒球明星，而從此變得喜歡觀賞棒球，進而成為一位標準的棒球迷，這種現象眞可謂人人具有之共通心理傾向。

當我們喜歡上某人時，會情不自禁的介意某人之一切動向，最後，進而對這人所做的一切事情都會喜愛。有一句諺語「憎惡和尚，即使只看到袈裟，也會引起恨意」，這一比喻正好與上述之現象相反，但是內心之心理現象卻是相同的，在心理學上稱這種心態為

「轉移」現象，尤其是女性與幼童，對這種心理現象，反應最爲明顯又強烈。孩子喜歡模仿某某名歌手之說話語氣，以及其服飾、髮型，就是因爲這種心理現象演變而來。

倘若就父母親的觀點而言，很容易將孩子熱衷，崇拜某一偶像的心態，視爲服用「鴉片」一般。「這孩子爲什麼那般的熱衷、崇拜某一偶像歌手呢?實在無聊至極！」「這孩子爲什麼每天都做這些無聊的塑膠模型呢？」情不自禁的在一旁取笑孩子，甚至想上前予以阻止。當然父母親上前阻止的用意，是希望孩子能夠將這份熱衷、崇拜偶像的能量，轉移投注於讀書、做功課方面，但是，父母親所使用的取笑或強力禁止方法，是否可以眞正的讓孩子對崇拜偶像的能量，投注於學業方面呢？

不但是不可能做到，甚至還會帶來反效果。因爲從稱爲好奇心之化身的孩子，強行奪取孩子之崇拜對象，好比要讓孩子自此變得「無精打采」一般。

此刻，父母親應該給予相反的方法，擴大孩子熱衷崇拜之對象，才能促進孩子由衷的想要讀書、做功課之意願。

作者一位友人的兒子，一直熱衷於併排戰車塑膠模型玩具，在其走訪調查各式戰爭種類當中，對第二次世界大戰的詳細情況，亦開始調查。最後，這位小朋友比認識戰爭年代的父親，更清楚、詳盡的瞭解戰爭歷史。

隨著這位小朋友的年齡增長，視野擴大，不但對戰爭歷史感興趣，連帶著，舉凡相關歷史方面的事宜，都極具深度興趣，進而學習、研究歷史。

允許孩子在自己的房間內張貼漫畫，讓孩子喜歡待在房間裡做功課

作者熟識的一位工學博士友人之書房，因爲其職業的因素，收藏了許多相關性極爲嚴肅的書籍。但是，在他書櫃旁邊，卻掛著一幅性感女性職業高爾夫球月曆，許多人對作者這位朋友書房內的擺設，其落差甚大而驚訝不已。

但是，作者這位朋友解釋說道：「專心於研究學問當中，偶而也需要調整一下自己的情緒，此刻，若能觀賞這類賞心悅目的月曆，必然獲得調劑心情效果。」他也很喜歡打高爾夫球，每當研空工作告一段落，身心正感覺疲憊不堪時刻，如果腦海中適時的浮現一幅整片綠意盎然的草原，站立著一位揮杆打高爾夫球的美女，如此一幅清心、爽快的情景，隨即讓原本緊張、疲憊的心情，也爲之一振，轉變得輕鬆、愉快了。

當然孩子們的心態亦是如此，不但具有調節情緒的功效，其中可能還存在著更重要的因素。展露親切笑容的偶像歌手與可愛動物的海報、漫畫卡通英雄人物，孩子視其爲自己之化身，或自己的夥伴。能夠與另一個自己進行無言的對話，如果就更極端的說法，如此則具有培養自我之功效。每當孩子做功課感覺厭煩時刻，便與另一位自己快樂的對話，所獲得的正面效果相當卓越。

同時，也會讓孩子感受到，待在書房內之樂趣，如果當孩子進入書房內，到處所見皆是學校所安排的課業作息表、英語單句、化學符號，不但毫無樂趣可言，甚至令人窒息。因此，當父母親要指責孩子於書房內張貼歌手、明星海報等，毫無氣質可言之舉動前，再一次重新思考一下孩子的心態。

家長提供孩子關心的主題，由孩子自行製作簡報、圖表

原本孩子們就喜歡創造屬於自己的獨創世界。例如收集郵票等，對大人而言，那些小東西或許是一些極其無聊的收集品，但是對孩子而言，那些收集品如同與自己的尊嚴一般，視如己出，當孩子擁有一張珍貴的郵票時，好比是自己身上的一部份，會立即熱情的告知父母或朋友。

父母親對孩子那麼廣泛的知識，必然感到驚訝。在這種情況之下，收集郵票的孩子，將自己投影到喜愛的郵票身上，由此而擴大、充實郵票之收集，並且也擴大、充實了自我。

其實，孩子的收集品並不限定於收集郵票，舉凡是能夠擴大、充實孩子知識領域的事物，即使是孩子所喜愛的偶像人物，都可以成為喚起孩子追求新知識慾之收集品。

例如各類新聞報導，乍看之下好像與孩子無緣，但是父母不妨提供可以引起孩子關心

的新聞主題，讓孩子自行製作簡報簿，久而久之這份簡報簿便成爲孩子獨有的收集品了。

爲人家長者，千萬不可輕視這份簡報簿，即使簡報內容不具價值，也要鼓勵孩子持續製作簡報，在其努力不懈的製作過程當中，便能開拓新的領域，如此便獲得大成功了。

不妨經常性帶領孩子購買足以刺激孩子「專業意識」之書籍

被譽爲代表本世紀天才原子物理學家的愛因斯坦，在其孩童時代，學業成績並非理想。

然而愛因斯坦卻特別喜愛數學。他那位擔任技術者的叔父，經常提供愛因斯坦有關數學方面的書籍，以致讓愛因斯坦如魚得水一般，促使其潛在才能開花、發揚光大。

環視在我們四周的情況亦如此，例如一位喜愛鳥類的孩子，給予有關鳥類圖鑑的書籍讓其閱讀，孩子必然在自然學科方面的成績進步神速。這類之實例四處可見。

大人與孩子相同，皆具備了某一方面的「專業意識」。例如，當孩子獲得某方面深奧之知識評價後，爲了不辜負大人的期望，會更爲努力的再深入研究。爲的是不要有損身爲專業者之「顏面」。其實這種心理反應，可以善加利用。當父母親發現孩子對某一方面深感興趣時，可以預先提供相關方面的書籍，讓孩子先行閱讀。

書本是知識的寶庫，在閱讀書本內容之當兒，可不同於觀賞電視那般，茫然的跟著螢幕內的劇情，不需要動腦筋，閱讀的行爲，含蓋著積極之意志，如同讀書、做功課一般，不間斷的持續閱讀下去。結合了孩子所擁有的專業意識與積極意志，必然帶給他們學業方面的正面影響。

得悉孩子對某事物極為擅長，可追根究底的詢問，以培養孩子更深調查習慣

某位青少年，不知因何原因，自小學低年級開始，就對槍械方面的事物深感興趣，尤其熱衷於閱讀有關槍械方面的書籍。這位青少年之所以一直無法擺脫對槍械愛好的原因，不僅於此，圍繞在他四周的大人們，只要一有機會，便追根究底的詢問他有關機械方面的問題，這就是爲什麼這位青少年與他人不相同之處，他能夠持續不斷的擴大有關槍械方面之知識領域。

結果，這位少年的在校成績卻極不理想，但是有關槍械方面的知識，一般成年人根本無法與之相較量，甚至其他有關世界各國機械方面的法律與制度，皆瞭若指掌。

這位青少年爲了能夠廣泛的閱讀槍械方面的資料，還自行學習各國語文，如英語、法語、俄語，隨伴著連各國之社會體制、文化皆詳細研讀。

因爲孩子對某方面的興趣，而帶動其他更廣泛的知識領域，著實不容忽視。因此，不論多麼微小的事物，只要孩子表現出強烈的關心，必然能夠延續到相關學業方面之專注。

孩子們的好奇心是極其旺盛無比的。即使迂迴繞道，仍然可以與學業方面結合。

例如，孩子們喜愛的棒球選手，有關這位棒球選手的一舉一動，各類情報瞭若指掌，齊全到令人驚訝的程度。爲人父母者可千萬不可忽視了孩子們對於這方面之細緻心思。父母親獲悉孩子喜愛某位棒球選手後，不妨試著經常性的追根究底詢問孩子，關於那位棒球選手的一些問題。

孩子在被詢問之後，對於自己知情的問題，便會得意洋洋的詳細告知，而一些無法肯定回答，或不懂的問題，也會躍起再行調查，直到尋獲答案爲止。當孩子在收集有關自己喜愛選手的出生地、打擊率、獲勝率等各項計算方法時，不自覺的在自行查訪、找尋資料當中，自然的學會了調查問題之習慣與思考技術，同時周邊各項相關知識，也一併全部吸收，學習到了。

要讓自己有項擅長的科目，不妨經由崇拜偶像的擅長科目著手

學校所舉辦的母姊會席上，經常聽到母親們抱怨的說道：「我的孩子總是以他崇拜的偶像爲模仿對象，眞讓我困擾不堪！」人們多喜愛模仿演藝人員的穿著服飾，說話語氣，這種現象，自古以來便常有耳聞，當然公衆、演藝人員對本身所造成的流行風潮，是不容質疑的事實。

由於近代廣播電視的普及化，這種情況更是有增無減，反而快速傳遞。對孩子而言，自己喜愛的演藝人員，正如同神一般存在自己的腦海。倘若父母親從中阻擋孩子不要過於崇拜偶像，並不會獲得任何正面的效果。那麼哪些題材方可引導孩子喜愛用功讀書，並且獲得正面效果呢？

例如，父母親可以著手調查孩子所崇拜偶像之最得意科目爲何，之後將所尋獲之解答告知孩子。當孩子獲得這一資訊後，會自我思考著「既然我的偶像是如此，我也應該如此做仿像才對啊！」因此而產生強烈的要讀書和做功課之意願。

倘若孩子所崇拜之偶像最擅長的科目，正巧是孩最不拿手的科目，那麼就再理想不過了。無論如何，讓孩子仿傚偶像所擅長科目，使自己亦擁有「得意科目」頭銜，將有很大助益。

讓孩子飼養寵物或栽植盆景來提高孩子的觀察力

一般小學校內的後院，多數都會設立小鳥屋，飼養小鳥的小學生，會爲每一隻小鳥取一個名字。

負責管理飼育的老師會對學生說道：「在你們爲鳥兒們取了小嗶、小紅等名字之後，回家就要開始提筆書寫飼養日誌了。例如今天小嗶吃食物的情況如何？或是鳥兒眼睛轉動的樣子爲何？都要一一詳盡、充滿愛心的描述，記載下來。」

其實，這也是理所當然的道理，因爲成年人也是如此這般，對於自我意識到屬於自己所有之時，都會格外的珍惜。對孩子而言，能夠眞正屬於自己擁有的東西並不多，一旦擁有，當然會加倍珍惜的。不論是小鳥或是金魚，家長們毋須言名小動物是大家所共有的，給孩子指定一小動物，所獲得的效果更高。當孩子擁有屬於自己的小動物之後，所給與的關心度，必然有極大的轉變。

就孩子的立場而言，當他第一次獲得必須要自行親自保護的對象時，絕對會給與極爲認眞的態度。在這同時，孩子的觀察力會變得更詳盡、敏銳，「地盤意識」亦隨之加強，隨即湧出一股想要更進一步瞭解小鳥、金魚所有一切的欲求。

孩子會將室內的快樂氣氛「全盤吸收」，越見成長

某次學校舉辦的母姊會席中，一位母親說道：「如果孩子書房外的魅力事物太多，是很難強迫孩子進入自己的書房，專心用功讀書的。」

客廳的電視中，播放著快樂、有趣的電視節目和個人電腦。屋外又有滑板和同學們遊樂的聊天聲音，這些都會誘惑著孩子，不想自己一人獨坐書桌前做功課、用功的理由。關於這一點，作者亦有同感，而對孩子而言，這也是理所當然、常有的事。

雖然如是說，但這也不是以構成孩子不想讀書、做功課之理由。家長可以趁此機會，利用孩子的鍾情參與熱鬧的心態，安排孩子能夠認眞去思考，自己將來最需要的學問爲何?運用「戰技」才是父母親應盡之義務。

如果孩子認爲書房以外的地方較有魅力，可以將需要習作的課業，移到書房外來習作。或者將孩子書房內，或者書桌前裝置如書房外一般，具有魅力的東西亦可。

家長安排妥當，孩子會「自然走進書房內」「自願的坐在書桌前」之設備後，再依靠各項道具，以物體來整頓好孩子周圍之「設備」，如此，孩子心目中的設備，便得以自然整頓妥當了。

某位從事裝潢設計者說道：「室內空間，是居住者所嚮往的對象。」講究一切事實，將自己居住的空間，經由裝潢設備之技巧，安排得舒適，又自由奔放。如此便可以辨認，所謂過去的自己與現在的自己。

例如，擺放在書房書桌上的抬燈，或者擺飾一張具有紀念性的相片，皆能夠讓孩子心情愉快，父母親運用一些巧思，爲孩子的書房增加一些新鮮感，孩子也自我激勵自己，努力用功讀書的。

是否養成孩子自動習作課業的「習慣」，在於家庭內的氣氛

如何才能培養我們產生愛好音樂的心態呢？根據專家的調查報告，人類天生並沒有任何專長嗜好，一般而言，若對某一種音樂，多聽數次，或者已經習慣了聽某種音樂，這與其本人之嗜好，大約是一致的。我們再回到有關孩子對於讀書、做功課方面的喜愛嫌惡，若從另一角度來觀察，其中道理大致相同。

例如某個家族，其祖先都是學者、有名望之士，後代子孫除了遺傳了祖先學者之血統外，或許也因為要繼承家族之遺訓，強迫自己或後代必須成為學者，當然其家庭內所具備之環境條件，也就是所謂的家庭氣氛，也是促成其後代子孫成為學者的要件。作者熟識的一位學者，自他懂事以來，書本就成為他的玩具，屋內書本眾多，四處皆是，讀書、做功課如此每日三餐，理所當然，更是習以為常。

另外，目前頗受眾人矚目的一位年輕古典吉他演奏者，他的情況亦如前面所述之學者一般，自其幼兒時期開始，圍繞在他周圍的人，都會彈吉他，因此，在他幼小的印象中便認為，每個人都應該會彈吉他。確實，環境對於孩子的影響甚大，希望家長們能夠做某種程度的刻意安排一個孩子會喜愛讀書、做功課的環境，諸如室內的設備，或者適合的道具等。

經常的對著孩子說：「快回房去用功讀書吧！」強迫性的口氣，命令孩子進入書房，即使到了書房，也不會自動自發眞正的坐下來用功讀書的。

爲人父母者有必要再深一層的研究，如何讓孩子自動自發走進書房，並且在無意識的情況之下，會去做功課，安排一些可以「習慣化」做功課的「設備」和「道具」。

讓房間、書桌、照明、百科字典、參考書等成為喜愛讀書的動機

每當我們購買了一件新衣服，便會想要立即穿上身，買了一部新車，更會想要立即上路試車，這些皆可謂人之常情。

讀書、做功課亦相同。例如將書桌變化一些擺設，當孩子一坐到書桌前，便能感覺樂趣，自然延長了坐在書桌前讀書的時間。又如變化室內的裝潢、照明設備、購買百科全書等，各種方法皆可嘗試。

或許作者的想法較爲單純，在我年輕時期，僅僅只是將書桌上的抬燈換了一具當時新發售的「Z型燈具」，可以自由伸展的燈架，便興奮異常，視坐在書桌前讀書、做功課爲最大樂趣。當然，日子一久，習慣後，這具抬燈的魅力亦遞減。對孩子而言，時而提供一些可以引起孩子興趣，具有新鮮感的契機是相當重要的。只要能夠讓孩子感覺到做功課和讀書是一種樂趣，便可以獲得效果。

允許孩子將其喜愛的收藏品，放在他書桌的抽屜內

我年幼時期，孩子們都會將自己的旋風卡、玻璃彈珠藏在自己知道的隱密地方，例如洞穴等。爲了要顯示屬於自己的寶貝是如何的隱密收藏，經常會帶領玩伴到自己的隱藏穴看視。因爲洞穴內擺放了屬於自己的寶貝，所以需要經常前往察看。我們可以將這類的地方稱之爲「自己能夠確認自己，並且得以眞正發揮自我之所在」。

家長不妨利用孩子的這種心理，讓不喜愛讀書的孩子，積極的想要坐在書桌前看書。例如允許孩子將其最重要的收集品，放置在書桌的抽屜內，讓孩子感覺自己書桌的抽屜，就是他遊玩的地方，自然而然願意坐在書桌前的時間增加了。

允許孩子將其收藏品放置於書桌的抽屜內，是一件極有意義的作法，父母親大可不必一味的阻止、責罵。

首先讓孩子將自己的「寶貝」確保安全的放入書桌抽屜內，讀書、做功課的場所同時也轉變爲經常想去的「遊玩場所」。

孩子讀書時，將書房的照明調得微暗，唯有書桌前的照明光亮

許多爬格子的作家們，爲了要趕赴原稿結稿最後日期，會將自己關在某家旅館的房間

內，絞盡腦汁、專心寫稿交差。爲了是要擺脫日常已習慣了的生活空間，改變另一較爲新鮮感的寫作方式，來提高思路效率。其中最大的不同點在照明設備，一般大飯店內的整體照明設備，多較爲幽暗，而書桌前的照明又特別明亮，並且備有亮度調節鈕，視個人需要，自行調節亮度。這便是讓人集中思緒工作的理由。

因此，當家長察覺自己的孩子似乎不喜歡坐在書桌前讀書，或者稍微坐下一會兒，便又想要離開的舉動，這可能是因爲照明不佳的原故。另外，倘若房間四周皆漆黑，唯獨書桌前照明光亮，也無法讓孩子集中精神，專心讀書、做功課。屋內整體的照明微弱，唯有書桌前的光線明亮，才是最佳集中注意力之讀書、做功課的照明裝置。

僅僅只是這麼一件小問題，對一位總是不想坐在書桌前讀書的孩子而言，確實成爲一樁嚴重的大問題。

為了營造增強孩子記憶力的氣氛，不妨書寫大字貼在書房的牆壁上

作者在唸小學一年級，便能夠牢記漢詩中困難的漢字，讓老師驚訝異常。不過這並非意味著作者自小學時代起，就是一位用功讀書的好學生，其中的祕訣很簡單，就是每日目視懸掛在廳堂內的書畫軸，自然而然的記憶下來。

當時，年幼的我，並不瞭解字畫中的意義，之後，經由學校師長的教導，學習到漢

詩，才回憶起小學時代之情景，讓作者深刻體會，我們可以利用這種方法，來加強孩子的記憶力。

利用屋內牆壁較爲醒目的位置，張貼一些有意義的字畫，養成自然記憶下來的習性，可以促進孩子對讀書、做功課產生興趣。

例如將漢詩中的詩句，以大體字書寫，張貼在廳堂牆壁上，讓孩子每日目睹，亦不失爲一種很好的強記方法，最好儘量避免張貼一些讓孩子感覺厭煩的世界地圖，選擇張貼一些具有變化、創意的圖畫。

孩子們對於具有變化性的事物，極爲敏感，因此，家長若能經常變化張貼圖畫，孩子所獲得的正面效果亦隨之增加。牆壁確實是一處可以盡情發揮、活用的寶貴空間。

屋內的每一個房間，皆擺放各類書籍，讓讀書、閱讀成為理所當然之事

作者曾經拜訪過一位副教授的住家，這位副教授有兩位就讀高中的孩子，當作者登門拜訪期間，深深的感受到他們一家人，彼此之間談論的話題非常遼闊，豐富暢達。歡愉的言談之際，也順便參觀了室內各個房間，結果發現他們家中的每一個房間內，皆擺放了雜誌、各種文學書籍。不論由哪一角來看，這種擺放方式，都無法稱得上整齊。作者對副教授說道：「難怪你們的話題是那麼的豐富！」副教授回答道：「因爲方便家人隨手可拿起

書本閱讀，所以擺放得非常零亂！」

一些學業成績較爲不理想的孩子們之家庭，其家長的心態是，屋內的各樣東西，都要整理妥當，擺放整齊，但是這種情況對孩子而言，多半會造成不想要讀書、做功課的氣氛。如上述那位副教授家中，任何角落都擺放著隨手可拿到書本的氣氛，可以助長孩子，刺激用功讀書之意願，絕對不會造成負面效果。

室內不單僅擺放書本，其他如單字表、漢字表，當孩子在使用廁所或浴室，皆能夠促進孩子學習之情緒。

讓孩子在就寢之前，書寫「三行日記」可以培養做功課的習慣

某位作家在其書寫的一篇散文集中寫著「我小學時代所書寫的日記，促成我日後寫書文章之原點。」據瞭解，這位作家當時所撰寫的日記內容，根本談不上具有「文學」性質，僅只是將當日印象較爲深刻的三件事記述下來，而完成了他的「三行日記」。

類似這種「三行日記」，可以有效的培養孩子靜下心來，坐在書桌前做功課的習慣。

總而言之，孩子是否喜歡讀書做功課，關鍵在於是否讓孩子養成做功課的習慣，每日在一固定的時刻，習慣性的坐在書桌前記錄當日所發生的點點滴滴，自然養成想要做功課的意願，不知不覺當中，就會喜歡讀書和做功課了。

對孩子而言，每日書寫三行日記，並不會增加負擔，也不需要寫所謂最新的內容。即使連續一星期都寫相同的內容也無所謂，如果孩子不喜歡寫字，可以讓孩子以繪圖方式，記錄當天所發生的事情。總之，目的在讓孩子能夠持續每天在固定的時間，坐在書桌前書寫些東西的習慣即可。

母親不再參加社區文化中心所舉辦的諸項活動之理由極為單純

近幾年來，許多母親們經常赴文化活動中心，或是健身俱樂部，已造成一股熱潮。這種現象，不但在大都市內如此，連鄉下地方皆廣爲風行。當孩子上了小學，不需要母親每天伴隨照顧之後，再度走出家庭，出來工作的母親也日漸增加。其他，願意花費大筆金錢，參加社區文化中心所舉辦的活動或才藝教學，至健身房鍛鍊身體，享受閒暇快樂時光的人，持續增加。這種現象正反應出「社會的富裕，人們重現個人的休閒活動」。

我曾經兼任某大學之附屬小學校長一職，基於這層關係，因而有諸多機會接觸到小學生的母親們。我在與這些母親們的閒談之間，發現了一項意外的事實。近來，許多人參與「文化中心熱潮」。在這些地方，母親們可以學習英文會話、書法、游泳、網球……等各種才藝活動，基本上，當然是因爲她們喜歡這些活動項目，因此才樂意付出高額的學費，參加〇〇中心、××教室等等，然而，也有許多人，按時上課了幾次後，便停止不再繼續了。

當這些母親們停止前往各類文化中心上課、學習之後，其原本熱衷學習英語會話、打網球之熱情，亦隨之冷卻下來，甚至有許多人，日後再也不參與任何才藝研習班了。作者仔細聆聽這些母親們敘述，她們爲什麼中途停止參加文化中心所舉辦之研習活動的理由是，「因爲不喜歡某位老師」「老師只爲某些特定學員之質問，給予回答……」等等，好似幼童的語氣，道出其內心之不悅，作者耳聞這一現況，著實驚訝不已。

另外，作者同樣也聆聽至今依然不間斷的赴文化中心研習班上課的母親們，講述她們爲什麼能夠持續下去的理由，「研習班的設備齊全」、「老師教導有方，只要聆聽老師講話，就非常有樂趣……」她們之所以持續不間斷的準時上課，其眞正原因並非自己眞的喜歡英文會話、或是打網球，而是因爲喜愛某某老師，或是喜歡某某學校，而且許多人都是基於這一原因，方能繼續其課程。

由此可見，即使是成年人，都會因爲某一非常單純的理由，而對某人或某項活動，產生喜歡或討厭的感覺，這也正反應了，孩子們會因爲白天在學校內發生的某些事情，或者對某位老師之情緒變化，而致使孩子對原本喜愛的科目轉爲厭惡。

「不喜歡和尚，連和尚穿的袈裟也討厭」孩子的心態也是相同

倘若家長們想要讓孩子喜歡上讀書、做功課，其最重要的前題，不如想出妙法，如何讓孩子先喜歡老師和學校。有句格言說道：「不喜歡和尚，連和尚穿的袈裟也討厭！」將這種心態運用到孩子讀書、做功課方面，確實可以獲得「因為喜歡老師，連同的也喜歡讀書、做功課」之效果。因為喜歡某位老師，而對這位老師所教導的科目產生關心，這種心態在心理學上稱為「置換效用」。

意味著原本朝向於某一特定對象之感情與態度，轉變對與之相關連者，皆與之相同的心態。相信各位母親們都曾發生過與上列相同之經驗，例如之前與男朋友相戀期間，對於男朋友所佩戴的衣飾，以及所有的東西，都會產生喜歡的心理結構。總而言之，將喜歡讀書、做功課之嗜好，「置換」為老師或學校。

換言之，父母親可以經由孩子們日常生活的閒談中，察覺孩子好似討厭某位老師。有時，父母親也會在完全無察覺的情況之下，孩子竟產生「討厭學校」的心態。事實上，這種情況亦極為多見。

前一陣子，作者收到一封來自某城市之讀者來函。這位母親在信中提到，她有一位唸小學六年級的男孩，因為上補習班期間，被班上的同學欺負，造成她的兒子不但不喜歡到

補習班上課，甚至連學校的正常課業也不想上了。其實，類似這種強欺弱的現象，不僅僅是在學校經常發生，補習班亦經常出現相同狀況，確實令人感覺悲哀。這位母親信中提到，她是在最近期間才發現自己的孩子被人欺負。

信中這位母親講述，她的兒子自小學五年級，大約是四月份，開始參加課外的補習班，而且在孩子唸補習班的一年期間，持續被同學欺負，但是孩子卻一直隱瞞，不敢讓父母親知道這一事實。

雖然孩子參加了課外的輔導課程，但是其在校成績不但未見進步，反而日漸退步，因此讓父母親感到疑惑，在詢問之下，孩子才一一道出「實情」，這位母親因爲兒子堅持的說了這麼一句話：「我不想唸小學了，也不想參加中學的入學考試了！」而讓她和丈夫束手無策，不知該如何是好？

一般發生在團體中的強欺弱問題，當事者之所以不願意表明態度的理由有許多種。但就作者所見，其最重要的理由是，孩子也有自尊心，坦誠的說出自己受人欺負，是一件丟臉的事情。因此，回到家裡，就佯裝著若無其事的模樣，然而背地裡，孩子幼小的心靈卻是百般痛苦。

強欺弱，只不過是其中之一例而已。

例如，當第一學期結束之後，孩子就不想要再上學，其理由並非不喜歡上游泳課，而是因爲孩子出現極端的恐水症。又如一位小學一年級新生，不喜歡上學的理由是，不喜歡吃學校安排的營養午餐。

父母親若想要在事前察覺孩子爲什麼討厭上學的理由，就應該平時多注意孩子的日常作息與言行，找機會多與孩子溝通。作者在此特別強調一點，不論孩子是討厭所唸的學校，或者是討厭某位老師，在父母親尚未察覺孩子產生厭惡心態之眞正原因前，孩子心靈深處所承受的痛苦是不會消失的。長久下去，便會在不知不覺中，造就孩子日後不喜歡讀書、做功課的潛在因素。這一重要問題，爲人父母者，需要淸楚瞭解。

孩子不喜歡老師時，不妨利用親子間的秘密關係，替老師取個別緻外號

雖然父母親一心想要讓孩子喜歡學校任課的老師，但是，無論孩子如何努力，就是無法與老師投緣，進而轉變態度喜歡老師。甚至父母親會認爲，孩子還小，怎麼可能瞭解什麼叫投緣，故而忽視了人與人之間的投緣關係，而執意強迫孩子一定要喜歡老師，殊不知如此一來，反而造成孩子強烈的反抗心態，更不見任何改善效果。

當父母親發現孩子不喜歡某位老師時，不妨運用父母親與孩子間的所謂秘密關係，爲老師取一個可愛的外號。

待下次又見孩子提及有關其討厭的老師話題時，父母親可以回答說道：「那隻海狸先

生又交代你們書寫這麼多的課業習題啊?!」等等語句，讓孩子自然的排除掉，他由老師那兒所承受到的壓力，如此也可以減輕孩子因爲要做習題的沈悶、不悅心情。

即使在孩子的內心深處，無法由衷的改變心態去喜歡這位老師，但是至少會因爲給予這位老師的滑稽外號，多少減低了一些對這位老師的討厭意識，父母親不妨嘗試利用這種方法，慢慢來矯正孩子討厭功課和讀書之原由。

利用一家人團聚晚餐時刻，婉轉的讚美孩子之級任老師

當孩子正全神貫注的在觀看自己喜歡的電視節目，或者正專心一意的玩電視遊樂器時，多會將母親所說的話，視爲耳邊風，根本沒聽進去。然而，如果此刻父母親正相互的談論有關家計問題，或者某某親戚如何如何等等，與孩子們毫無相關的話題時，家長們會以爲孩子們似乎沒有專注聆聽，而事實卻不然，多數的孩子此刻正「側耳傾聽」呢！

父母親不妨利用孩子們的這種「習性」，偶而讚美一下孩子敬而遠之的老師。尤其是當全家人聚在一塊兒用晚餐時刻，母親向父親，或父親向母親，婉轉的讚美某某老師優點之處。

無論任何一位老師，皆有其長處。經常忿怒、破口大罵的老師，非常瞭解學生喜歡閱讀的漫畫書，或者經常出一大堆習題、教學練習，而被學生討厭的老師。事實上，這位老

師出自單親家庭，自幼生活便極為勞苦，父母親不妨適時的提及有關這位老師的「正面性質之資訊」話題，也就是孩子平常就不喜歡的那位老師，有如何如何優點，孩子在原有的猜疑心之下，不會坦誠接受父母親對其討厭老師之讚美屬實，但是，當孩子好似在無意間，經由所謂的「大人話題」中，聽到自己始料未及，有關某某老師之長處時，將會表非出很大的關心，甚至會以不同觀點，重新再度給予評估，經由此一動機，孩子原本以為「討厭」某某老師的想法，也得以減輕許多。

讓孩子穿著自己「喜歡的」衣服或者攜帶「喜歡的」用具去上學

最近，某所私立中學公佈，廢除以往學生必須穿戴制服的校規，允許其在校生可以自由穿著上學。自此之後，學校內開始變得生動熱鬧，學生們亦活力倍增。校方允許學生可以自行穿著自己喜歡服飾之自由，讓孩子能夠有機會弦耀自己，確認自己存在感的方式，著實讓該校全體師生活潑、生動許多。的確，在孩子的內心，是存在著這種心理反應。家長們不妨利用孩子們的正常心理狀態，讓不喜歡上學的孩子，因為可以證明孩子的存在感覺，而變得喜歡上學。

例如，讓孩子背戴自行選購的背包，或者讓孩子穿上其他同學都沒有，而且是他所喜歡的衣服上學，讓孩子有機會可以表示自己確實存在的環境。在學校允許的情況之下，讓孩子穿戴印有卡通漫畫人物的裝飾品。

僅僅是一些小東西，便可以讓孩子產生在同學面前炫耀自己是特殊的心態，這麼一來，孩子就會想要上學，也會因爲如此，而獲得愉快的學校生涯。

排除不安感的評價方法

有時，人們會因爲內心的不安感，而陷入對生命的幻想破滅。芥川龍之助說道，人們會因爲自己對將來之前途「漠然不安」，而產生想自殺的念頭。

另一位曾經以一幅「向日葵」畫而聞名於世的荷蘭畫家梵谷，身前曾自行切除自己的耳朵，竟而在其尚未發狂之前，自殺而結束了自己的生命。根據後人調查梵谷自殺的動機是，梵谷認爲自己的才能已枯竭，深感不安，乾脆先行了斷生命。

人們會因爲這種的不安感，而喪失了自信心，進而對未來的工作，也逐漸喪失了繼續做下去的意願，導致對世上所見之物產生厭惡、倦怠的感覺。即使是已經心智成熟，可以明辨是非的成年人，亦會出現這種厭世的心態，更何況是那些心智尚未成熟，還無法確立自我的孩子們呢！由他們心靈深處所產生的不安感，將會更爲嚴重。

無論任何人，問及對將來有何打算？多多少少都會產生一些不安感，人們會因爲這種不安感，而喪失勇往前進的意願的話，其內心深處多半自以爲「只有我一人最差勁」。例如一位學生，其在校學業成績稍微比其他同學低落，那麼這位學生心裡便出現了這麼一種想法：「只有我一人考試成績不良」。因此便開始討厭讀書、做功課了。當自己心裡出現「其他人皆優良，唯獨我一人差勁」的想法時，必然會產生強烈的不安感。如果孩子容易陷入「唯有自己是不行，樣樣都比不上他人」的心理狀態，那麼身爲其父母者，應該擔當的任務就非常重要了。

衆所皆知一項嚴重的社會問題，一位中學生竟然將其一家人全部殺害的慘案，就是因爲這位青少年對於自己的將來產生不安感，導致最後出現絕望的心態。爲了避免孩子產生如此之不安感，以及對於其將來存有不良幻想或期望，父母親給予孩子之評價，所造成的影響力，著實深遠。

例如，當父母親收到學校寄發貴子弟之在校成績單，發現考試成績不理想，此刻，身爲家長者應該如何面對這一問題呢？的確，這是一項相當棘手的問題，以下所言，並非抽象的，毫無根據之例子，而是經由數種具體的技巧來探討的。

避免對於成績還以「一喜一憂」，以「先苦後樂」的態度較為妥當

相信多數的父母，平常對於孩子讀書，教育方面，並沒有投注全數心力，只是等著學校寄發的學期通知表，或者期末的成績單，來評定孩子學習的效果，理所當然，父母親是

關心子女們在校成績的好與壞。但是，一旦閱讀眼前的成績單，立即表現出「一喜一憂」的態度，絕對不是一種理想的回覆反應。

與孩子一同欣喜孩子的成績日漸進步之所謂「一喜」，當然彼此都高興；但是，如果孩子不喜歡讀書，也不用功，容易造成持續憂愁、煩惱的「一憂」反應，這麼一來，孩子的內心亦萎縮，不敢開懷向前，反而造成孩子無法改善不喜歡讀書、做功課的心態。

即使家長發現孩子的成績不盡理想，不妨試著對孩子說道：「其實母親以前也有成績不理想的時期。而且也是時好、時壞呢！」以這種對話方式，來減輕孩子的心理壓力。儘量避免回覆「一喜一憂」的態度，讓孩子明瞭，凡事「有苦就有樂」。幫助孩子紓解因爲眼前不理想之成績，所造成的心理壓力，孩子才能依靠自己的力量，消除心理負擔與自以爲自己屬於劣等的感覺。

在孩子尚未自動拿出成績單給父母親過目前，不要強迫孩子拿出

對於這些不喜歡讀書的孩子而言，每次的在校成績通知單，就變成孩子心頭的最大煩惱。因爲討厭讀書，所以也不喜歡做功課。不讀書、不做功課，當然考試的成績不理想。成績不理想，自然的會被父母親責罵。又因爲每次都是因爲成績不好，而遭受父母親的責罵，越是更不喜歡讀書，這便是典型的「惡循環」模式。

其實，最擔心成績好壞的，就是孩子自己了，對於成績單，所謂分數評定的壓力，遠比讀書、做功課的壓力，來得更嚴重。

爲了要解除孩子本身心理上的這層壓力，當孩子自學校帶回成績通知表之後，在孩子尚未自動拿出來請父母親過目之前，父母親最好不要強迫孩子交出成績通知單，這也是一種很好的解除孩子心理壓力的方法。

如此一來，孩子就會自動、積極的將其成績通知單承上父母親過目。

不論孩子的成績多差，試著選擇可以相比較的對象改變為「讚美」之題材

「讚美與責罵」必須在有其他對象可以相比較之下，方可成立。一般而言，對於不可能成爲「讚美」題材的低劣成績，我們又是以何種措辭，給予評估呢？當然是因爲與其他對象相比較之後，才得到所謂不良的結論。這次成績低劣的結果，可能是與全班的平均分數，或是自己平常之成績相比較之下，而變得不理想之成績。

但是，這些「不理想的分數」，是不是眞的無法轉變爲「讚美」的對象呢？其實，未必如此。例如，上一次的分數相當高，而這次的成績，雖然比上一次較差，但是下一次的分數，未必會比這一次低。

更進一步的說，如果這次的成績獲得滿分，那麼下一次的成績最好也同樣獲得滿分，

否則，就是明顯的分數下降，成績退步。

孩子因爲成績單上顯示的分數，非常「不好」，而神情沮喪，此刻，父母親應該以何種方式來給予孩子適切的讚美呢？可以將以前成績的分數，拿出比這次還低的分數來做比較之對象。「太差！太差了！但是，若拿去年的成績與這次的分數，兩相比較之下，已經進步許多了！」等等之類鼓勵孩子，再接再厲之語句。

孩子遇到挫折時，列舉其他「相類型」的來勉勵，避免孩子因此而沮喪

每年逢各學校之升學測試放榜季節，「幾家歡樂，幾家愁」的序幕隨即展開，常見人們爲此而心痛、苦惱。其中，予人印象深刻的是，那些沒有通過升學測試，而失望、落寞者，如何來排除自己的沮喪心情呢？

有些人會選擇獨自一人，靜下心來，自己承受失敗的考驗。但是，多數的考試落榜者，會與其他相同命運的落榜同學，大夥兒聚在一起，相互鼓勵，再繼續努力、加油，待明年東山再起。

就落榜生之父母親的立場而言，千萬不要向自己落榜的孩子說道：「某某同學考上了，某某同學也考上了，只有你，落榜了！」改以「△△同學也沒考上嘛！」講述其他亦未上榜之例子，來安慰自己的孩子。

一般時日，孩子讀書、做功課時，也會發生類似相同的狀況。孩子在學校的考試成績不理想，或者是失敗了，父母親不需要想盡各式方法來安慰或鼓勵孩子，這樣反而弄巧成拙，倒不如舉出與其相同情況的「同類」，讓孩子來做比較，如此，孩子反而容易接受父母親的善意。

即使成績不盡理想，要鼓勵：「下次加倍努力哦！」引導目光朝向未來

孩子長大成人，踏入社會之後，經常會爲了要獲取某件事情的成功果實，而甘心冒著或許是慘痛、致命的失敗危險，但是對就學的孩子而言，讀書、考試絕對不會產生所謂致命性的失敗。總是還有下一次機會，這一次成績考不好，待下一次，加緊努力就會有好成績了。這便是孩子們所擁有的特權。

但是，對於一些經常因爲功課不好，成績不理想，而被父母親責罵，變得不喜歡讀書、做功課的孩子而言，他們所擔心的，就只有這一次的成績。每當他們由學校帶回老師已批改過的考試卷，心裡就會開始害怕，不知道這次父母親將如何來指責我？內心上下起伏不定，無法放輕鬆地平靜下來。

爲了要改善這些孩子們不喜歡讀書的態度，父母親必須要協助孩子排除，因爲考試成績之好壞，所造成的眼前壓力，試著引導孩子，將目光朝向未來，這才是父母親首要進行

的工作。

某位高中棒球隊的教練，在觀看自己旗下的選手們進行正式比賽時，發覺球員們犯了錯、失誤，雖然其內心極爲憤怒，但是教練絕對不會表現於形色，一定會忍耐著，不露聲色，最具體的作法便是「下一次加倍努力哦！」教練絕對不會提及現在的不理想成績，進而鼓勵球員日後再接再厲，努力奮鬥。

孩子陷入低潮，不妨適時安慰：「為了下次更進步，此刻即是你充電期間。」

原本不喜歡讀書、做功課的孩子，一旦自動自發的下定決心要拚命努力用功，那麼他的學業成績必定進步神速。

當其學業成績進步到某一階段之後，成績上升的曲線也會突然的停頓下來。這表示將面臨另一階段的低潮狀態，尤其是一些略帶神經質的孩子，會自以爲「即使自己再如何努力用功讀書，到頭來成績也僅能達到目前的程度而已！」因此而陷入情緒低潮。如果孩子在此刻無法突破這一低潮狀況，終究又回復到原本不喜歡讀書的模樣。

類似上述的情緒低潮狀態，在心理學上稱爲「Plateau（高原）」，如果能將此一狀態轉變爲是下一階段、飛躍向前的踏腳石，那麼日後將獲得更高的評價。這一階段被認爲是求更進一步發展中，不可或缺的一項過程。

倘若更換一種語句，讓孩子容易理解這句心理名詞「充電期間」的意思。當父母親發現孩子情緒陷入低潮之時，不妨試著安慰孩子說道：「爲了迎接下一階段、更高分數的成績，是無法避免現階段的充電期間！」

萬一孩子內心認爲「只有自己最不行、最差勁！」母親更應該安慰道：「母親在學生時代，也經過這麼一段即使自己如何的用功讀書，但成績卻不見進步的階段。」

3 培養「自信」的心理法則

——如何讓孩子的能力更見增長的方法

1 尊重孩子的人格，讓孩子培養「自信」

無謂的指責即使再努力也無法改善的缺點，例如能力、容貌等，最不明智

作家佐藤愛子女士，是大戰前一位非常著名的幽默作家，已故的佐藤紅綠先生之愛女。佐藤女士曾如是說道：少女時期的她，不但不喜歡文學，幾乎根本不閱讀小說。佐藤女士立志要成為一位作家的契機，在她二十七歲那年，與丈夫離婚，被環境所逼，必須獨立支撐日常起居生活費用，在不得已的情況下，為什麼會選擇她自幼便無緣參與的文化世界，而且是中途加入呢？根據以前佐藤女士的父親紅綠先生閱讀女兒手寫的家書，曾經說道：「我這個女兒的文章，寫得非常好！」佐藤女士在自著的一本書中，曾懷述說明她就因為父親的這一席話，鼓勵了處於逆境時期的她，也因為父親的鼓舞，讓她的才能開花結果，故而獲得日後的直木文學大獎，以及今日如此高名譽作家的地位。只是一句普通鼓勵孩子的話，便能促成孩子才能發揚光大的偉大效果。

我們的能力一旦為他人肯定，必定會產生一股衝動，如何將自己擁有的能力發揮，展現出來。尤其是獲得在自己心目中具有權威性長者之肯定，其願意展現自己能力的效

果，更見廣大，就佐藤女士之實例而言，促使她想要向文學挑戰，與下定決心努力的原動力，即是她的父親，著名作家紅綠先生，其中並參雜了雙重的尊敬感情。

如果我們就上述之例，如何能促進孩子將其能力完全發揮，其原動力何在呢？相信父母親所言之影響力極其重大。與其相反，如果父母親說出一句不能肯定孩子能力的話，那麼所造成的負面效果亦相當嚴重。例如作者平常最為擔心的是，母親平日不經心、容易脫口說的一句話：「你的腦袋怎麼那麼笨呀?!」「你的頭腦眞的好差勁哦！」當孩子經常性的聽到母親如此指責之後，對孩子會產生強烈的暗示效果，孩子的潛意識就認為自己的「頭腦不好」，久而久之，便喪失了努力求進步的意願。

一般而言，日本人指責孩子的方式，其特徵為否定性，而且缺乏理論性，尤其某些長輩，給予孩子一種輕蔑的心態，而且會在無意識的情況之下，表現於形色間的指責方式，眞的令人深感遺憾。例如「你為什麼這麼笨呢？」其實，這只是單純的一句諷刺話。「頭腦不好」，這句話包含了頭腦的好與壞，是與生俱來的，其中帶有「再多麼努力用功，也是沒有用的」暗示涵意。

對孩子的立場而言，父母親是他們絕對性的保護者，當父母親對孩子說出類似的指責話語，孩子的心理立即產生好比全人格都被否定一般的失落感。如果父母親又指責孩子，即使孩子再如何努力，亦無法改善完好的事項，孩子的心靈，隨即陷入對自己能力亦喪失自信的狀態。

其實，不單是批評頭腦的好與壞，其他如「你的鼻子好塌，不夠挺！」「皮膚太黑！」等等有關孩子容貌上的批評，即使孩子再努力，也無法改變其與生俱來的容貌，外表長相，雖然父母親只是一句單純、並沒有惡意的玩笑話，聽到孩子的耳朵，是很容易傷害到他們的自信心的。以前曾擔任NHK婦女少年部經理一職，以身為評論家而活躍一時的江上藤女士，自幼小時代開始，旁人便經常將她與她一位皮膚白皙的姐姐做比較，自小就常聽大人們批評她「這個女孩子的容貌並不漂亮嘛！」小女孩長大以後，對其容貌便相當的在意。

江上藤女士之所以可以擺脫往日的自卑感，重新再建立起自信心的理由，是在長大以後，離開家外出工作，因而許久未曾回到她的故鄉，有一次回家，她的祖父見到她，便對她說道：「這個女孩其實很有魅力，而且又可愛……」聽到這句話的江上藤女士，心靈一時興奮不已，極為欣喜，自此之後便經常刻意努力，留給他人良好印象。

如果當時沒有她祖父這麼一句讚美的話，江上女士就無法擺脫自己容貌不美麗的自卑感，即使其內在的才能如何充沛豐富，亦不可能成為今日在社會上活躍的新時代女性代表。

諸位賢明的家長們，為了貴子女將來前程美好著想，作者亦認為絕對不要將孩子頭腦的優劣，或是天生容貌上的缺點，做爲諷刺孩子的話題。

誠如上述有關佐藤女士與江上女士之實例，爲了促進孩子提高意願發揮其潛在之才能，爲人父母者，千萬不可當著孩子的面，否定他們，而是要不斷的暗示孩子，不論早晚、有朝一日一定能夠出人頭地的，運用這般暗示效果，反覆再三的鼓勵孩子說：「其實你的頭腦非常聰明。只要稍微再努力一些就好了！」孩子聽到父母親的這席話，必然奮發圖強，用功讀書的。

不時的給孩子一些建議，例如：「如果將這部份，改變爲如此，是不是更爲妥當呢？」指示出具體的方向，孩子便可以自行思考問題所在，同時自行克服問題。

相信我們皆瞭解，頭腦的優劣，是與生俱來的，但是，也有許多ＩＱ甚高者，並沒有完全發揮其天生的高能力。如何讓聰明的孩子們完全發揮出其潛在的能力呢？關鍵在父母親，是經常指責孩子「頭腦不聰明」呢？或是經常讚美孩子說道：「你的頭腦眞聰明！」

父母親絕對禁止說出已經識破孩子意圖的話

近來，經常在報章雜誌上看到有關小學生自殺的事件，著實令人心痛。根據新聞報導，發生小學生自殺的主要原因，多半是孩子在家裡「被父母親指責，內心極爲痛苦……」。然而，因為責罵孩子，自己內心亦難過不安的母親也有許多。

當然，孩子的學業成績不理想，或者頑皮、不順從父母親指示者，必然會遭到指責，就父母之立場而言，這只不過是司空見慣，經常會發生的日常小事。作者並不否定，父母親為了要管教子女，需要責罵子女，也是一件很重要的任務。

但是作者卻非常擔憂，父母親對孩子說出的威脅語句，是不是太多了？

例如：「像你這麼不乖、不聽話的孩子，絕不是媽媽的孩子呢！」「你出去！」等等，諸如此類的斥責話語，其實做母親的，並非有意要創傷、刺激孩子。但是話聽到孩子的耳朵內，卻造成極度惡劣的威脅，進而嚴重的刺激了孩子幼小的心靈。

在前面，我亦數度提及，大部份的孩子自出生以後，如果沒有獲得父母親的扶持，是無法自行生存的，缺乏父母親照料的孩子，其潛意識便具有不安感，這種不安感在心理學上稱之為「基礎不安」。

音樂評論家遠山一行先生，在其著作的一冊書內容中回顧自己幼兒時期的點滴，遠山先生說他自幼開始，家庭環境便極為豐裕，未曾感受到任何不幸，或是不滿意的感覺，接著又說：「雖然物質生活方面不虞匱乏，但是我也曾經有一段期間內心感覺極度的不安，好似被一層濃霧籠罩著！」這正是心理學上所謂的基礎不安孩子的典型心理狀態。

孩子的內心總是猜疑著「會不會被父母親拋棄？」、「父母親是不是不再愛自己了？」等等種種心靈上的不安全感。萬一父母親又因此而對孩子說：「你不是媽媽生的孩子！」那麼，孩子的內心深處更是湧上一股強烈的「不安感」，甚至造成孩子日後的成長過程中，無法想像的致命打擊。

孩子一旦感覺到自己好像已被父母親放棄，或者自己已不再是父母親所喜愛的孩子時，精神方面便非常容易陷入不安定狀態。

當孩子的潛意識中已存有這種不安全心態，這極有可能成為日後發生意外事件的導火線，嚴重時，將會釀成無法挽回的悲慘結局。

或許孩子的不安全感覺，不致於到達上述非常嚴重的地步，但是，父母親應該明瞭，一旦孩子們內心產生了不安全心態，便無法集中心思讀書、做功課，性格方面也會轉變得較為暗淡、不活潑。為了避免孩子長大成人後沒有出息，為人父母者絕對禁止對孩子說出如上述之類的刺激語句。

否定了孩子將來的可塑性，親子間的信賴關係也會由根底崩潰

如果父母親與孩子之間已經沒有信賴關係，那麼父母親也無法獲得教育孩子的效果。甚至於因此而毀壞了孩子將來之前途。

會損壞親子之間信賴關係者，在於父母表現於孩子身上的態度，其中以表現出不信賴

孩子爲最代表性之態度，作者在前節內容中會敘述，若父母親不時的批評，即使孩子再努力亦無法改變的容貌、能力等缺點，或是胡亂謾罵，決定性的傷害孩子之人格，如此不但對孩子沒有任何益處，甚至還否定了孩子對於將來之希望。

上述所列舉之指責話語，都會決定性的傷害到孩子。各位父母親千萬要留意，舉凡一些帶有傷害孩子的語句。如「反正將來你也不會有什麼出息！」絕對要避免由父母親口中說出。

當傳播媒體、或是某某輔導單位，在詢問某些被認爲不良少年、不良少女之心聲，他們的內心多半是因爲一股強烈的，自己爲父母親拋棄的挫折感。爲了要反抗父母對自己的批評：「反正你將來也不會有什麼出息！」而造就日後做出犯法行爲的主要原因，類似上述實例，極爲多見。

無論孩子的年齡或長或幼，一旦爲父母所否定其將來沒有希望了，這股內心的撞擊是相當嚴重、慘痛的。尤其對年幼的孩子而言，父母親所言，具有絕對性的權威，即使在被父母親指責的當時，孩子並沒有立即做出具體的犯法行爲，但是其心靈深處所承受的負面效應，必定深遠。

無論我們目前的處境如何的艱難、不如人意，只要內心想著「將來總有一天會有轉機的」，懷著一絲希望思緒，心頭就會湧出要繼續上進、勇往直前的意願。

對將來懷有希望的心理狀態，在前面章節中曾經說過。作者在幼年時期，是一位學業成績不良的劣等生。但是作者的母親從未因爲我的學業成績不良而責罵作者，反而經常的告訴作者：「將來，你一定會成爲一位了不起的人物！」

當時，在我幼小的心靈，總存著懷疑心態，不敢相信這句話是由我母親口中說出。待我完成學業，踏入社會之後，意想不到當時母親的一席話，竟成爲作者在面臨逆境時，最有效的鼓勵原動力。

由父母親所說的任何一句話，不論是好聽的話或是不好聽的話，對聆聽的孩子而言，將終其一生，富有重大意義。

如果我們由這一方向來思考，即使是一句玩笑話，只要參雜了否定性語句，皆最好儘量避免對孩子說出，多多對孩子講述一些例如：「雖然你現在的成績並不十分理想，但是我相信將來的你，一定會有大成就的！」暗示孩子，將來必定有肯定性的希望，傳述父母信賴孩子的訊息，這才是爲人父母者應盡之義務。

父母親不經意的時而諷刺孩子幼稚，孩子將極難以擺脫其幼稚的心態

例如一位唸三年級的孩子，由學校帶回來極爲簡單的算術計算試題，而試卷上諸多計算錯誤，當父母親看到孩子的錯誤試卷後，多數的母親會向孩子說道：「這麼簡單的題

目，你也會算錯！」只是輕微的指責孩子，但是也有些母親，爲了要刺激孩子能夠奮發圖強，故意以諷刺的口氣對孩子說：「你還在唸一年級嗎？」

不僅只有母親會對孩子採取這種諷刺的態度。即使在成人的社會中，甚至上司也會對部屬說：「你擔任課長的職務好像已經好多年了吧！」或是「你在公司已經服務了十多年，這十多年期間，你到底做了些什麼事啊?!」

就成年人的立場，當他們聽到這類諷刺的話，很可能內心會反駁想著：你給我走著瞧，總有一天會讓你刮目相看。暗自的指示自己要發憤圖強，可以有效的激發自己上進。但是對年幼孩子的笨拙失敗，諷刺爲「你以爲自己還是一年級學生嗎？」「難道你還是嬰兒嗎？」對孩子絕對不會發生良好的效果。

我曾聽一位老先生講述這麼一則故事，故事的內容正是典型的舉出孩子是如何容易因爲父母親的一席話，而影響深遠。老先生有兩位公子，長子今年四十八歲，次子今年四十四歲。老先生自幼年時代開始，便非常喜歡下象棋，可能的話，老先生非常希望他的兩個兒子將來成爲專業的象棋士。由此可見老先生對象棋的強烈鍾愛。

長子在唸小學二年級時，老先生便開始指導他如何下象棋。但是，經過了好長一段教導時間，卻未見長子之棋藝進步。就在長子讀四年級的某日，老先生很生氣的對長子說：「你的腦袋大概只有一年級的程度！」長子卻回答老先生說：「我不想再下象棋了！」自此之後，無論老先生再怎麼勸他，他都不願意下象棋。

當時老先生的次子正上幼稚園。老先生對其次子的教導方法完全改變，一開始便對其次子說道：「你好棒啊！」「你眞的是一位下棋天才啊！」孩子聽到這些讚美的話語，心裡非常高興。自此，老先生的次子變得越來越熱衷於象棋，到了小學二年級，其下象棋的實力已經達到可以參加縣級比賽的程度，之後，老先生的次子雖然未能成爲專業象棋手，但是卻在大學擔任象棋社社長，現在擁有象棋五段之實力，因而活躍於象棋界。

這對兄弟的天生資質，並無顯著的差異，卻因爲父親一句無心的話，造成長子的棋藝全無進展而放棄；次子獲得父親一句鼓勵的話，造就他日後於象棋界的崇高聲望。

相信每一位孩子，在他們成長的過程中，都有著相同的願望和欲求，「趕快長大成人」「自己能長得高大」，而且沒有一位孩子是例外的，理所當然，孩子也喜歡和成年人，或年齡較長者相比較。較量之後便會產生，例如自己的體型矮小、力量不足、缺乏知識……等等的劣等意識。

如果父母親忽視了孩子們內心世界的這些成長願望，不經意的當面諷刺孩子如同一年級新生，或是好比嬰兒一般，思想比實際年齡更爲幼稚的話，不僅更加深了孩子的劣等意識，反而讓孩子無法擺脫其幼稚的思想領域。

例如，對著三年級的學生諷刺說道：「你好比一年級的新生！」這好比影射孩子「你退步了」之意，聽到這句話的孩子，心情必定非常沮喪。

接著，又對三年級的學生說道：「你和一年級學生相同！」如同給予孩子貼上了壞的標誌。即使父母親無意的指責孩子說道：「你不優秀！」「你這孩子，將來不會有什麼成就的！」好比暗示孩子，他是不好的，如同給予孩子掛上一個不良的標誌一般。這一道理，我們在前面曾經說明過。

當父母親得知自己的孩子爲師長或他人評論爲「××，你表現得不太好，不優秀哦！」時，應該肯切的鼓勵孩子說：「母親並不認爲你不優秀，只要你肯努力去做，母親絕對相信你的能力。」即使孩子受到十人，甚至二十人之惡言批評，只要父母親給予孩子肯定的高評價，孩子會相信父母親的肯定，繼續奮鬥下去。因此，就算他人給予自己的孩子冠上不良、不優秀的標誌，只要自己的父母親否定了他的評論，那麼他人冠上的不良標誌，會自然而然的擺脫掉。

倘若情況相反，父母親在旁人之前，先給自己的孩子貼上不良的標誌，此刻孩子所承受的衝擊相當大，內心變得矛盾、不知該如何是好！當然對讀書、做功課的意願減低，漸漸的也喪失了自信心。

當孩子屬於這種心理狀態的情況之下，很可能因此而停止進步，停留在思想幼稚的階段，甚至陷入更爲惡劣的狀態。

孩子在外受到他人的不良批評，回到家裡，又受到自己最爲依賴的父母，給與不予肯定的措辭，兩者所造成的雙重負面影響，著實深刻的傷害了孩子的自尊心。

我們常見一些長輩，不經意的逗孩子說道：「你好像還是一個小嬰兒一般！」如果由前面所引述的角度來看，會帶給孩子何種負面影響呢？仔細思量、思量，身爲父母的長者，最好還是儘量不要對孩子說這些話。

當著孩子朋友面前下達命令，孩子被迫屈服，其內心所承受的屈辱感傷害深刻

不單單只有成人的世界裡，注重面子問題。孩子們的世界，也有所謂的面子問題。當大人在毫不在意的情況下，傷害到孩子的面子時，孩子內心所感受的「恥辱」，其實比大人更爲強烈。

例如，父母親當著孩子的朋友面前，訓誡孩子。父母親會認爲這只是無心的舉動，並沒有什麼了不起，但是，孩子卻深深感覺自己的面子受到傷害。其中，最爲嚴重的情況，譬如孩子的朋友來到家中，邀請孩子一道外出遊玩，而母親卻向前代替孩子回答：「某某某正在做功課，以後再來找他玩吧！」這麼一句話，回拒了孩子的朋友。

雖然孩子已經上了小學，所有的行動，仍然受到父母親的支配，但是孩子卻不願意讓他的同伴知道，自己一切的行動，都必須獲得父母親的許可，總是想要在同伴面前隱瞞這

一事實。在孩子的想法中，自認為自己已具有獨立人格，在家庭內亦受到父母的肯定，非常急迫的想要向同伴炫耀。

在孩子們的世界裡，彼此都存著「玩樂比讀書、做功課更為重要」的「暗默原則」。或許在成人的觀點，認為孩子們的這一原則極其無聊，然而在孩子們的思想領域，卻認為此一原則優先於其他任何事情。

例如，一位由都市小學轉至地方小學的男學生，在他轉學後沒多久，便開始討厭穿著以前他很喜歡穿的短褲上學，讓他的母親感覺莫名其妙？之後才經由這小男孩的口中得知：他以前就讀之都市小學的男同學們，多半穿短褲上學，自從他轉到地方小學上學後，發現這所小學的男同學，都不穿著短褲上學，只有他穿短褲上學。當同學們看到他每天穿短褲來上學時，都會取笑的說：「你太神氣了！」根據傳聞，當地的孩子們，彼此之間皆存著「男生不該穿短褲」的暗默規則，當然這位小男孩害怕自己遭受其他同學的冷落，也暗然的順從了這一規則。

如果父母親們當著孩子朋友的面前訓誡孩子，或者指示孩子需順從父母親的指令，擺明的讓朋友發覺，自己仍然要接受父母親的支配，造成讓孩子在朋友面前沒有面子的事實。此刻，孩子會為了要鞏固自己的面子，故意違抗父母親的旨意。萬一父母親偏偏執意要按照自己的判斷，強迫孩子違背孩子之間的暗默規則，不僅讓孩子在朋友面前面子全失，同時，孩子也會被其朋友認定是一位「連同伴之間的規則都無法遵守」的弱者，進而為朋友們烙上這麼一個「不遵守同伴規則」的烙印。

這麼一來，孩子本身不單只是面子上受到傷害的問題。日後，孩子會在其同伴之間，遭受排擠、冷落，甚至影響到孩子社會性之發達，同時，被迫屈服於父母親命令之下的孩子，對其他所有的事情，都變得不熱衷，更無精打采，毫無興趣。因此，除非特別嚴重的情況，請諸位父母親們最好不要當著孩子的朋友面前，訓誡孩子。即使要訓誡，也等到沒有其他人在場的時刻，再訓誡孩子「剛才你為什麼……」這樣，孩子才會願意坦誠聆聽父母親的告誡。

避免以開玩笑的方式刻意的諷刺孩子

有一句俗話說：「即使是簡單的奉承、拍馬屁的話，連豬都能夠爬上樹。」雖然這種比喻，不怎麼文雅，但事實就是如此，當我們獲得旁人大力的讚美，心情極度高興的情況之下，很容易發揮出平常無法表現的高能力。相反的，沒有感受到旁人的讚美言詞，便很難以願意再努力發揮自己之潛能。這即是人類共通的心理狀態。

尤其是對孩子而言，一句簡單的讚美詞句，便可以發揮強大的鼓舞效用。尤其是受到自己平日所信賴的大人所說出的讚美話語，更是激發孩子想要更努力的決心，這裡所謂讓孩子信賴的大人，通常意指孩子的父母親。孩子期待能夠獲得父母親的讚美，卻又不能如願以償，這種心靈受到挫折、失望的心情，要比大人所想像的情況，來得更爲嚴重！

例如，有一位母親，帶著反省的語氣，告訴作者以下一實例。這位母親擁有一間大規模的公司，並擔任這家公司的經理一職，某日下午，這位母親正準備一些公事預備外出之際，她的一位唸小學的孩子正好放學回家，興高采烈的向母親說：「媽媽，今天我在學校的考試獲得一百分吔！」得意洋洋的拿出考卷，要讓母親過目。此刻母親因爲還有更重要的公事待辦，需要趕時間，只是匆忙的看了一下孩子的考卷，簡單的說了一句話：「眞是太好了！」便急忙的走出家門。

自從孩子由母親那兒感受到母親的冷淡回覆態度之後，孩子對於讀書、做功課也變得相當冷淡，完全不在乎起來。母親爲此而感覺非常奇怪，爲什麼孩子讀書的態度轉變了？經過一番回想、思考後，才記憶起數天前孩子高高興興拿出考卷給她看的情景。

「當時，我的腦海中所思考的，全都是該如何來處理公事上的問題，根本沒有注意到孩子在對我說話時的反應，而我回答孩子的那句話『太好了！考一百分』不過是句應付話！」這位母親相當後悔的道出自己當時的態度。其實，孩子的要求相當簡單，只不過是想與母親共享自己獲得一百分的喜悅而已。沒想到孩子這份強烈的願望，卻遭到母親冷漠的回覆，故而讓孩子在心靈上對母親的那份信賴感與要好好用功讀書的意願，全然喪失，孩子內心的失望是可以想像的。

諸如上述例子，漠視孩子努力的成果，對孩子的內心而言，將會造成極大的負面影響。不過作者認爲更嚴重的負面效果，是父母親在諷刺孩子的態度。例如如果沒有父母親的再三催促，就不會自動拿出書本讀書、做功課的孩子，如今卻會自動自發地用功讀書，甚至還會自動的要求幫忙做家事，父母親見狀很是訝異，很可能會無心的開口說道：「好奇怪哦！是不是外面要下雨啦?!」「這會兒外面是吹著什麼風呀?!」根據作者的經驗，會說出類似話的父母親不在少數。

當母親親眼目睹孩子的轉變，開始願意自動努力用功讀書，內心必然深感高興。但是，當孩子所做的努力，比原先父母親所期待的還要好許多時，父母親所感受到的訝異亦相當強烈，於是想要率直的說出自己內心的喜悅感。因此，不自覺中便會以這類諷刺的語句來代替父母與子女之間的尷尬場面。

但是，我們站在聽到這類諷刺語句的孩子之心理狀態，雖然彼此皆瞭解，這類諷刺性質的話完全是玩笑話，沒有什麼深遠用意，但是爲人父母親者，還是儘量少說這類的話。無論孩子是以何種動機，願意自動努力讀書，或者積極的要幫忙做家事，而父母親卻回以否定的態度，或對孩子說些否定性的話語，那麼，孩子自尊心所受到的傷害，比被父母親漠視來得更爲嚴重，當然孩子內心會思忖著：今後我不要再做出這些舉動了！

孩子們是經由自己所做的行為、動作，來觀察父母親給予何種認定的反回饋狀態，而從中學習了許多事物，尤其孩子是否自動發揮幫忙做事的意願，這和父母親的期待程度，有著密切關係。

為了印證這一事實，下面將介紹有關哈洛克的著名實驗。哈洛克將兒童區分為統制群、賞替群、斥責群、無視群等四種類別，並讓這些兒童連續五日，練習做加法作業。實驗結果發現：第一天的分數，四類別的兒童所得之平均分數，大致相同。但是，接下來數日的成績，以被譽為「只要肯認眞習作，便可以成功」的那一類別，其所得之成績越來越上升，而其他類別之平均分數，幾乎都沒有上升，到了第五日，其平均成績的差距，更是顯著。

之所以出現這種絕大差距的原因，不外於賞替群的孩子認為「自己受到很大的期待」，因此而獲得高分數。

當父母親在讚美孩子之時，內心並不會感覺尷尬。假設孩子只是一時幸運，獲得了高分數，父母親就應該讚美孩子說道：「你好棒哦！」坦誠對孩子表示，沒有辜負父母親之期望。滿腹喜悅的告知孩子你的欣慰，孩子也能深刻瞭解，自己受到父母親很大的期許。如果父母親擔心孩子會因此而得意忘形，別忘了加上一句：「這一次是你運氣好，所以從下一次開始，就應該靠自己的實力獲得高分數才對！」

會將孩子的自信與意願扼殺掉的「兇狠罵語」絕對避免使用

作者的一位友人，擔任一所大企業的經理職務。又因爲這位朋友的五音不全，所以他最不喜歡唱卡拉ＯＫ。根據這位友人說道：他之所以會發覺自己五音不全，大概是在他唸小學二年級時，因爲學校要考試唱歌，需要利用課餘時間在家練習，而在一旁聆聽他歌聲的母親卻開口說道：「你唱歌的聲音好奇怪哦?!」就因爲母親無心的一句話，讓他對唱歌完全失去了自信心，甚至好一段時間，視上學爲極其痛苦的一件事。

只因爲母親的一句無心話，導致孩子喪失了自信意願，這類的話語，稱得上是「兇狠罵語」（Killer Phrase）。Killer Phrase這句話的由來，在美國各公司內舉辦新構思會議席上，當上司批評部屬之構想時，會對部屬說：「你可不可以再想一些更好的構想呢？」「這種構想，是不是太無聊了！」聽到上司予以否定批語的部屬，便喪失了想要再繼續思考的意願，因此，才將這類的評語稱爲Killer Phrase。如果是一位賢明的上司，爲了激勵部屬思考出更新的構想，絕對禁止對部屬說這類的話語。也可以說，喪失了自由發言之自信，想將口封閉起來的「Killer Phrase」。

當我們聽到自己所信賴的人說出這類的「扼殺語句」，心中所承受的衝擊也就越爲強烈。因此，作者希望各位母親們仔細思量一下，自己會不會在無意間對孩子說出這類的

Killer Phrase 話語呢？

例如偶而看到孩子畫的圖畫時，問道：「這是長頸鹿嗎？好像不太像吔！」「花朵的顏色不太對哦！」殊不知這些無心的話，都會將孩子的自信心，以及想要繼續畫下去的意願，全然喪失。即使日後再繪圖，也只會畫些母親喜歡的圖畫而已。

一般而言，日本的孩子在他們幼小的時候，會畫出一些較爲獨創性的圖畫，但是，到了孩子進入小學階段，大家都只會畫些相類似的圖畫，這就是因爲「Killer Phrase」所造成的影響之一。

經由一位曾經居住美國，並讓孩子在當地學習彈鋼琴的母親，講述其親身體驗說道：「美國的教彈鋼琴老師聽到學生所彈奏的樂曲不太順暢時，會很激烈的讚美學生說『彈奏的很好！』、『很能夠表達樂中的感情！』。但是，當日本的教彈鋼琴老師聽到這種狀況，卻會以相反的表示方法，而且還會嚴厲的指示『那裡不對！』、『這裡應該要如何如何彈奏！』等等。因此，在美國能熱心練習彈奏鋼琴的孩子，回到日本，繼續學了半年鋼琴後，就不想要再繼續學習彈鋼琴了。」

由此可見，家長適時多多的讚美孩子，可以提高孩子的學習意願。

這裡所指的讚美，並非只是單純的讚美話語，而是需要發揮讚美技術，至少必須避免使用Killer Phrase，來扼殺孩子的意願，方爲明智之舉，尤其是孩子十分熱衷去做事情，父母親見狀，絕對不可以以Killer Phrase的舉動來掃孩子的興緻。

強制孩子「確認親情」，孩子不僅不存感謝，反而感覺討厭

在成人的世界中，我們常聽到這麼一句話「在責備他人時，千萬不可猛烈追擊對方的缺點，而讓對方喪失了逃脫之路」。被逼得走頭無路，喪失逃脫機會的這一方，雖然明知自己爲什麼會陷入如此困境的原因，然而在情緒方面，會出現反抗心態，於是便開始反攻。

「難道你不瞭解母親的心情嗎？」當孩子看到母親以這種語氣來指責自己時，孩子的心理，有如前面所述，被逼得走頭無路一般。

以下，我們來做個分析，例如母親指責孩子說：「你爲什麼要做出這種惡作劇的舉動呢？難道你不知道母親是多麼期待著，你將來能成爲一位了不起的人物嗎？」當孩子聽到母親的這一席話，將會誘發出何種心理呢？說明、分析如下。

的確，惡作劇的舉動是不對的，不論由那一角度來看，孩子皆處於錯誤的一方。另外，渴望孩子日後成爲一位偉大人物，其母親之心情，亦是理所當然。父母親都期望孩子日後成爲一位不違背道德者。

也就是說，先前母親所指責的那句話，沒有任何錯誤，正可謂「正義」之詞。待孩子

唸小學程度，便可以充分瞭解母親講這句話的道理，即使孩子想要頂嘴，也不敢開口反駁。既然這是一句「正義」之詞，當然母親不允許孩子再反抗。

但是，「難道你不瞭解母親的心情嗎？」屬於反問性質之呼籲。既然是反問語，答案只有一個：「我知道!!」雖然孩子內心瞭解父母親的心情，但是如果父母親總是以這種可以稱為「正義之暴力」的語句對孩子說話，會把孩子逼入死胡同。

當孩子到了某一程度之年齡，就能夠充分的瞭解父母親都是為著孩子設想，而且為孩子做很多事情。因此就不需要經常開口問孩子這類的問題了。父母給予孩子的愛心，純為單方向的，也不需要一再確認對方是否瞭解自己的心情。

原本孩子在領受了父母親之情親後，都會回以感謝之意願，但是偶而也會產生厭惡的心理。父母親卻一而再的舉出正義之旗揮動不停，不但逼得孩子走頭無路，甚至連孩子原來感謝之意念也逐漸消退，造成厭煩的心情日漸高漲。因母親不時的以語言來強迫孩子確認親情，久而久之，孩子必然將其解釋為，是父母親要求孩子回報之親情。

其實，孩子並不是很瞭解如此這般的心理狀態，但是，對於父母親給予之強迫式的親情，卻相當敏感。當父母親逼迫得越緊張，孩子所做出的反抗心理，就變得越強烈，俗語說：「以微笑來行正義」必須要深刻理解，親情是不需要獲得回報的。父母親如果能以寬大的胸襟接受孩子，孩子必能坦誠理解父母親之心情。

孩子的失敗或錯誤給予嚴重的指責，其效果越是減弱

由一家小工廠，發展到現在的松下電器公司，已故的松下幸之助先生，是一位擅長培育人材的著名人士。

例如長年在松下旗下任職的前任三洋電器公司副社長後藤清一先生，在松下電器廠擔任廠長那段期間，因爲一場意外的火災，而吞噬了整座工廠。一般工廠碰到這種突發狀況，對於當時責任者之處分，輕則與予貶職，重則強迫辭職。據說，當時獲得後藤先生對發生火災報告的松下先生，只說了簡單的一句話：「好啊！你可以再繼續努力工作了！」沒有追究任何責任。雖然松下先生如此說，但並非意指松下先生是一位縱容部下的經營者。據說，平時後藤先生在打電話時，皆嚴格的接受到松下先生之敎育指導。

這亦即意味著，松下先生對於細微的小錯誤。會給予指責、敎誨，而對於重大的失敗，反而不會嚴厲指責，追究過失，眞不愧爲商界譽稱爲經營之神。松下先生運用巧妙的言語，掌控人性心理，給與犯過失者之斥責方式，著實令人讚佩不已。

當某人自知自己犯了一項嚴重的錯誤，而造成失敗後，卻沒有遭受他人的指責，那麼犯錯者便會自我反省。反觀，既已造成失敗的事實後，上司不但追究，而且好似落井下石一般，再三謾罵、指責，致使犯錯者當場畏懼，其內心所盤算的結論是，反正自己所犯的

錯誤已遭到謾罵和指責，當然失敗的錯誤也淸償完畢，不必再承擔任何責任了。如果謾罵的衝擊太大，原本犯錯者反而因此而產生「怨恨」，產生反抗指責者，進而開始懷恨在心，類似這種情況，亦極爲多見。換言之，一味的嚴厲指責犯大錯誤的失敗者，並不會發生因爲指責而有所正面效果。

由此可見，當家長們指責孩子時，也會出現相同的反應。例如孩子在玩耍間，不愼將一只價格昂貴的花瓶打碎了，母親見狀，極爲忿怒的斥責孩子說：「看看你把這麼貴重的花瓶打碎了，你該怎麼辦呢？」如果這位母親在平時便不停的訓誡孩子，孩子依然經常冒犯，造成過失，尤其碰到這種情況，母親的忿怒心情更是難以抑制，當然高聲叱罵。如此一來，只有增加孩子對母親的恐懼心理，而對於孩子自己所犯下之過失，很容易因爲恐懼而忘記了。

誠如松下先生對待部屬之例子，當他面臨屬下犯了嚴重失敗狀況時，只是默默的承受其屬下錯誤的事實，不再指責，如此方得以有效的促進屬下自行反省之心。當孩子不愼犯錯後，當然可以預想自己會遭到父母親的責罵，然而，孩子內心的「期待」，自知會被罵的心情突然瓦解，父母親並沒有罵他，此刻孩子內心會受不了。

作者在中學時代，亦曾發生過所謂「破壞學校公物」，準備接受學校公佈退學處分的經驗。當我母親獲知這一消息後，並沒有嚴厲的指責我，僅對我說：「或許你有你自己的想法，所以才會做出如此違反校規的舉動，母親並不準備責備你，但是你自己必須考慮清楚，今後該做何打算?!」母親的這席話，至今依然記憶猶新。也因為母親的一席話，讓我深切的感受，日後再也不可以辜負母親的期待了。

有時母親因對孩子的指責過於嚴厲而自責，但事後最好不要向孩子道歉

當讀者研讀至這一項目時，可能某些母親們會開始擔心了。我深信幾乎大多數的母親，或多或少都會對孩子說出一些指責孩子將來會成為沒出息之人的語句。

我亦深信，當母親目睹孩子一錯再錯，那股忿怒情緒一旦爆發時，會情不自禁的高聲謾罵「最討厭你！」、「你不要再回來了！」、「就讓你變成不良少年好了！我再也不想管你了！」等等，完全將孩子否定的斥責語句。諸如此類，否定人格的斥責話語，並不值得讚美。當然作者也並不是完全的反對謾罵，有時也要讓孩子知道，母親確實因為孩子的犯錯而極為忿怒，適時的斥責孩子的過失。

父母親認真的指責孩子，是因為自己尊重孩子為一單一人格者。既然父母親如此認真的忿怒，孩子也會認真的接受父母親之斥責。事過之後，當父母親看到被指責後孩子沮喪的神態，也會於心不忍的產生愧疚之感。如果父母親因為當時自己的情緒過於激動，而說出一些傷害孩子心靈的話語，事後便會開始擔心，會不會因為這些話而帶給孩子一些不良

影響？有些父母親或許會因爲自己的愧疚心情，反過來對孩子道歉：「剛才因爲母親的情緒激動，而謾罵過度，對不起！」

說句坦白話，父母親這種道歉的行動，並不會帶來正面效果。在孩子的心裡反而會認爲，因爲母親向我道歉，所以先前犯錯後受到母親的指責，也不再是自己的錯誤了。如果這種情況反覆的發生，孩子會以爲父母親對於我的指責，只是因爲他們一時的情緒激動而已，以後也就不會在乎父母親的斥責了。

作者曾聆聽一位小學五年級的女生說道：每次當她被母親指責之後，感覺最不愉快的，是母親又補上一句話：「剛才很對不起妳啊！」小女生深切的瞭解，母親之所以嚴厲的指責她，必然有其被責罵的原因，母親沒有道理向女兒道歉。每當她看見母親向她道歉的態度，讓他深深的感覺到，母親的這一舉動不合道理。

最重要的是，父母親必須貫徹因爲眞正的忿怒，所以才會嚴厲斥責的態度，並無必要事後再向孩子道歉。否則，父母親對孩子的訓言便不值得信賴了。

如果父母親擔心自己對孩子的斥責過於嚴厲，不妨在事後對孩子說：「對不起！剛才不應該罵你罵得麼嚴重」，但是，不要忘了再補上一句話：「可是……」說明因爲孩子的過失、犯錯，父母親予與指責，是極其理所當然的一件事，而且要再次確認，父母親絕非無由的指責孩子，否則日後想要管教孩子的效果便全然喪失了。

指責後的後續動作得當，指責效果增加

當孩子做錯事，父母親當然有指責之任務，但並不是讓父母在指責孩子之後，便不再理會孩子了。指責後的後續動作，亦相當重要。後續動作是否得當，可分為高明之指責與非高明之指責。以下來談談有關後續動作之要訣。

前面曾介紹前三洋電機副社長後藤清一先生。後藤清一先生在松下電器創業時代，就任見習生以來一直為松下幸之助先生之部屬，而且活耀多年，後藤先生認為，松下幸之助先生指責部屬的方式極其絕妙！

某日，後藤先生小犯了一些錯誤，不料松下先生卻勃然大怒，順手拿起夾炭火的箝子，往他頭上敲打。當松下先生嚴厲指責結束之後，將那支已經敲打彎曲的火箝，交給後藤先生看，並且說道：「在我非常忿怒，拚命指責當兒，沒注意到火箝被敲打彎曲了。請你拿去修理，修復之後再還給我。」不久，松下先生看到已修復後的火箝，非常高興，微笑的說：「哦！你的技術不錯嘛！修得比原來的樣子還要好看呢！」

目睹這一情況的後藤先生，原來的想法是：「讓我這麼一男子漢蒙羞，這種公司我也不想幹了！」當時的尷尬情緒也完全消失了。

更令後藤先生訝異的是，下班回到家，妻子已備妥酒菜等待著他。原本即沒有飲酒習

慣的後藤先生，好奇的詢問妻子，爲什麼今日特別準備了酒菜呢？妻子告知之後，才恍然大悟，原來松下先生在他尚未抵達家門之前，已事先電話告知妻子說道：「你丈夫今天一定會很生氣的回到家裡，只要爲他準備些酒菜即可！」後藤先生聽到這些話後，先前心中的不悅全然消失，另一股念頭及時湧出：「爲了他，我會不顧一切的繼續奮鬥下去……」，更堅定了他要努力不懈，爲松下先生効勞的決心。

松下先生斥責屬下的方式，清楚的掌握到被其斥責者之事後心理狀態，其心思之細微著實令人訝異。被指責者在被上司指責之後，心中對指責者之怨恨，以及反抗的心理，和害怕日後不爲上司重視，會因此而被冷落等等的不安全感一湧而上。但是松下先生卻深切瞭解屬下之心理反應，運用巧思將其斥責後的妥善後續動作，美妙的解除了部屬心中所產生的緊張感。

如果上屬者只是一味的斥責，事後又回以不予理會的態度，那麼被斥責者心中所產生的反抗心和不安感將越來越增加，最後，這位被斥責者在其人際關係上，恐怕會發生無法挽回之代溝。

有些家長害怕過度的斥責孩子，結果反而過度的放縱孩子。當孩子犯錯，父母親應該予與責罵時，卻沒有責罵，對孩子而言，絕對無法獲得適當管教。松下先生能夠適當的顧慮到指責屬下後的後續動作，即使事前再嚴厲的斥責，也不必擔心會造成屬下的不安，反而增強了與部屬之間的互信關係。當然這一道理，可以適用於親子之間的溝通。

如果父母親在斥責子女過失後，沒有完成後續工作，反而又罵孩子：「你這個孩子，挨了罵後只知道鬧彆扭！」好比火上加油一般。孩子在被指責之後所出現的反抗情緒，亦是人之常情。

如果父母親又當面故意提及這些孩子曾犯的過失，一再批判，反而增長了孩子的反抗心理，容易讓父母親與子女的關係陷入無法挽回的危險狀況。尤其是年齡正逢反抗期的孩子，一旦遭受父母的責罵之後，多半不會自己主動的再親近父母。因此，當父母在責罵孩子之後，又對孩子置之不理，被責罵後的孩子，是不會自行產生反省的意念的。父母在責罵孩子之後，同時也為孩子準備好台階，讓孩子順著台階下來才好。

傳聞前電通公司社長吉田秀雄先生，在嚴厲的指責部屬之後，經過二、三日，必然會親自向部屬說：「前些日子，我罵人的語氣似乎太嚴重了，希望你繼續加油哦！」這與松下先生對待屬下的情況相同，能夠妥善的處理，當被斥責者遭受斥責後而出現的情緒不悅，是一種極有效用的後續動作。

需要責罵孩子之不當時，就應該徹底的責罵。但是，在責罵完畢之後，就必須由父母親這方伸出援手來解救孩子。例如當父母親責罵孩子之後，再對孩子說道：「因為剛才罵了你，所以現在媽媽的肩膀酸痛，替媽媽搥一搥肩膀好不好呢？」發揮一些幽默感，解除孩子因爲挨罵，心中所產生的緊張感，如此孩子便得以冷靜下來，開始反省剛才爲什麼會被母親責罵。

如果父母親只是一味的謾罵犯錯的孩子，之後又不理睬孩子，孩子情緒上的不瞭解，佔了極重要的比重，根本沒有心情去反省爲什麼自己會挨罵。當然，方才父母親的責罵便功虧一簣，完全沒有效果。

由於孩子遭到責罵，確實有心想要順從父母之意，但是父母只是不停的指責，事後不予理會，沒有後續安撫動作，那麼孩子想要順從父母的態度，也絕對不會產生的。

孩子正在神氣的表達其意見時，讓他徹底的表示自己的主張

根據日本當局所進行的「如何教育孩子成爲某種狀況」之調查結果，站在高位的孩子，必然屬於「率直的孩子」。就日本人而言，「率直」被認爲是最理想之個性。不過作者認爲，「率直」是爲了孩子之能力與人性之成長間，不可或缺的性格。

然而，這一想法未免過於極端，一旦孩子沒有順從父母所言時，父母便立即開口罵道：「你應該要個性率直才好！」等等話語。一向將「率直」視爲教養子女在品德之上的父母親，再與歐美的父母親相對照，歐美的父母親教育更重視「健康」「有禮貌」，當然，這些也與日本父母親對子女的要求，有多數共通之處，唯獨「率直」這一項目，並未

列入歐美父母親教育子女的要求項目之中。根據筑波大學教授我妻洋說道：「在英語的字彙中，並沒有任何一個字對『率直』有詳細解釋，即使其他各種語文，亦未見有何解釋。勉強找出，也只是相類似的註解，並未查出任何對『率直』之適當註解。」

正因爲如此，原來就沒有「率直」這一概念，當然率直就不被列入教育子女的目標，亦不足以爲奇了。

爲什麼唯有日本人強調「率直」呢？在日本人的觀念中，「率直」包含了性格柔和、無奇特怪僻、不反抗，總是順從，不會反駁他人言語的性格，最爲理想。

的確，在我們踏入社會後，爲了避免與他人有任何意見上之衝突，而且又不會遭受長輩的嫌棄，唯有「率直」個性者，即可以發揮其處處受人歡迎之威力。尤其是女孩子，結了婚後不反抗丈夫，個性乖順，才會受到丈夫的喜愛，在這種情況之下，理所當然的認爲「女子的個性率直最理想」。

「率直」可以解釋爲抑制自我之個性，進入社會，也不會因爲衝突而發生問題，因爲生活環境的造就，養成一種抑制自我的品德。爲了丈夫、爲了子女、爲了家庭，完全奉獻自己，這就是女子的美德。但是，這種女子之美德，是否還能適應於當今的社會呢？著實令人懷疑。

前段曾提及的我妻洋教授，對率直順從他人之言語的心理狀態，說明如下：「順從對方所言，即使事物發生錯誤，或不慎失敗，也不是自己的責任，而且對方也會解救自己，這是因爲安心感與依賴心所構成的心理狀況」。這也正意謂著將責任推卸到他人身上，迴避責任的心理。如果父母親過度要求自己的子女最好個性能夠「率直」，會造成孩子日後變得無自主性，沒有責任感。

由此可見，當家長們批評孩子「你不夠率直哦！」根本就是一種以個人認爲孩子不夠率直，而抑制了孩子率直一面的暴力行爲。尤其是對年齡尙稚幼，還不能自主性的表達自己意見的孩子，絕對避免對孩子說這句話。倘若父母親不加思索，過度輕率的對孩子說這句話，容易造成孩子日後喪失自由主張之能力與魅力。

假設自己的孩子在平常說話的態度過於神氣，父母親千萬不可毫不重視的直接對孩子說道：「不夠率直！」反而要以從容不迫的態度，肯定的對孩子說：「你有這種想法嗎？」接著再補上一句：「不過，媽媽並不這麼想！」或者「你的意見中，稍微有些錯誤。」直接將孩子所提出意見當中的錯誤所在，給予訂正，如此更可以促進孩子頭腦發達，進而培養孩子的自立精神。相反的，父母親以責罵的口氣對孩子說道：「你說話的態度不要那麼神氣，應該要更率直一些較爲理想！」這意思好像要求孩子：「你不需要過多的思考，只要當一個傻瓜即可！」

人的欲求與感情，各不相同，這也是極爲當然的現象。當有人問某人說道：「你想要吃些什麼東西？」被詢問者回答：「隨便都可以！」只是順從對方的意見，根本沒有自己的主見者，處在現今社會，似乎已不為人們重視了。被詢問者應該要清楚的回答：「我要喝咖啡，不喜歡喝茶！」唯有這般能夠肯定表示自己的意見者，方能在現今的社會上獲得他人的尊重與信用。

誠如以上所言，每個人皆擁有自我之主張，才有必要進行彼此雙方眞正的溝通，能夠正確、清楚的表達自己之希求，並且充分仔細聆聽對方之希求為何，才是最重要的溝通方式。但是，如果父母親忽視了孩子的想法，只是一味的要求孩子要「個性率直」，那麼以上兩種能力，皆無法讓孩子培養出來。

孩子所提出的一些無理要求千萬不可支唔或故意的與孩子對立

經常見到父母親為了擺脫孩子所提出的一些要求，而對孩子支唔著說：「以後再說吧！」「改天再買！」這些話的意思是，現在無法滿足孩子的欲求。

但是，這些話聽在孩子的耳朵，好像給予孩子日後可以獲得滿足要求之期待感，而父母親的用意，卻是想利用這種戰略方式，等待孩子因為時間的過去而忘記，殊不知這種方式是一種「欺騙」的行為，一旦父母親再三反覆的使用這一戰略之後，恐怕會造成日後妨礙孩子培養自立精神所需要之能力。

因撰著『日本第一』而聞名的作者E·保克爾先生，曾叙述有關日本人的親子管教方式，並且主張母親應該與孩子建立一種緊密又絕對的信賴關係，將此設爲保持親子關係的第一目的。根據這一絕對信賴關係立場，父母親在無條件的情況之下，讓孩子順從父母親之意的傾向最爲強烈。

根據保克爾先生的觀察，母親爲了要維持親子之間的信賴關係，對於絕對不可接受孩子要求的情況，幾乎都不會毅然決然的回答「不行！」來直接拒絕孩子，而多以「以後再說吧！」來應付孩子。「以後再說吧！」這句話正表示不願與孩子正面對立，等候孩子會因爲時間的消逝而忘記，尤其是避免因爲反對或拒絕，而造成親子之間的摩擦。

父母親爲了避免與孩子對立，並且相互不傷感情，如果由另一角度來觀察，日本人的這一傳統智慧——可以培養孩子自立心的方式，並非理想方法。如果父母親將孩子們所提出之欲求，僅以「以後再說吧！」來支唔。容易奪取孩子以邏輯性的思考自己所提出之要求是「爲什麼好？」「爲什麼不好？」的機會。

歐美地區的父母親們，對於親子之間亦時而發生對立的場面，但是他們會就邏輯性之層面，徹底告知孩子所要求之事「爲什麼不可以」的原因。然而，就親子之間絕對不可以出現對立場面的日本人，並不願意追究問題的對與錯，反而將問題放在一邊，不想解救問題，凡事以親子之絕對的信賴關係爲第一優先考慮要件。

當孩子提出要求，而父母親又不能以邏輯性的言詞，給予孩子說明，只是支唔避開話題，如此，孩子不僅喪失了思考——父母親爲什麼不能接受自己要求的機會，同時，孩子亦變得以自己的思考模式，來判斷事情對與錯之能力。

「以後再說吧！」乍聽這句話，似乎是迴避親子之間當場發生相互對立的好方法。即使會與孩子產生一時性對立情況時，父母也需要花費時間來說明「不可以」的理由。如何訓練、培養孩子運用自己的頭腦思考與判斷的能力，方能造就孩子的自立精神。

孩子提出問題，不想回答時應該說明「現在不回答」的原因，不可給予拒絕

作者曾拜讀某位作家撰著，回憶其父親的生平點滴，有如下記叙：當那位作家就讀中學時期，曾經有一段時間非常喜愛閱讀屠格涅夫與契訶夫的小說，並且將閱讀後所發生的各種疑問，例如「屠格涅夫是一位什麼樣的作家？」「他的思想方向爲何？」等等類似的問題，一一記錄下來詢問他的父親。

「當時我尚年幼，所提出的各類問題，有些的確非常難以回答，有些問題，甚至問得相當奇怪。然而我的父親，卻高興又肯切的一一給問題之答案。」這位作家如是記叙著。接著他又相信，自己與父母親之間完全沒有代溝的狀況。留在他少年時代心目中最強烈的印象，並非父親所回答各個問題之內容，而是父親樂意接受自己提出疑問時的那種答覆態

度。這即表示了，他獲得父親肯定之後的滿足感，並且因此而強化了他與父親之間的感情溝通。

事實上，在現實生活當中，那位作家之尊翁所表示出對孩子的態度，是其他人難以效仿的。尤其當孩子詢問有關家計方面的問題，或者親戚之間的人際關係方面問題和糾紛等等，根本就是父母親難以回答，也不想回答的問題，多數的父母親，面臨孩子提出類似的問題時，必然感到困擾不已。作者並不十分認為，舉凡孩子所提出的各類問題，父母親都應該坦誠回答。有些事情，還是不應該讓孩子全然清楚瞭解，有關這點，父母親有必要區分清楚。

當孩子提出一些不是孩子應該瞭解的問題時，多數的父母親會這般回答：「小孩子不需要知道這類問題！」進而抑制孩子繼續發問，甚至無視孩子之問題，而不予理會。類似這些拒絕回答的方法，父母親最好避免。當孩子提出某些不恰當的問題，父母親一開始便拒絕回答，孩子會深深感受到自己的人格為父母親否定，容易造成孩子心靈上的創傷。

倘若孩子曾經經歷以上為父母親拒絕回答問題之體驗，在其無意識的狀況下，會害怕再次受到傷害，並且有意迴避類似與前相同之狀況。這亦意味著，孩子不想再提出問題來詢問父母親，甚至否定了自己的父母。之所以會演變到子女否定父母的情況，當然絕對不是因為單純的一次或二次，提出問題被父母親拒絕回答的體驗，而造成如此這般的結果，但是，親子之間會因爲彼此的疏離，而牽絆關係開始減退，接著親子之間的感情溝通亦隨之減退，最後，雙方出現代溝的不融洽狀況。

爲了避免親子之間發生代溝，作者在此特別強調，父母親要接受孩子的重要性。即使面臨了難以回答的問題，用行動和言語來表示對孩子所提出之問題，確實理解與關心。接著再說明：「現在無法回答你們，待你們長大以後，自然有機會再告知原由！」讓孩子明瞭，父母親能夠接受孩子所提出之問題，並且也因爲這句話，孩子的心靈亦獲得了滿足感。如此，親子之間的相互牽絆情緒逐漸日增，自然而然獲得修復的效果。

倘若孩子好似極為浪費，最好不要直接干涉孩子花費金錢的方法

前任松下電器公司社長山下俊彥先生，在任期間，因爲他大膽提拔人材的作風獨特，而榮任社長的地位，更因此而名躁一時。根據傳言，山下俊彥先生的一貫作風，即是大膽的設立權限給部下。例如山下先生交代部下之工作，即使部下在進行之中，發生些許事故或者出錯誤，他不會從中出面干涉，甚至最後的判斷，亦授權給部下，任由部下給予處置，山下先生不會喋喋不休的責怪部下。

山下先生因其優越的經營手腕，而聞名當時各界。作者聽聞山下先生之作風，極爲佩服，山下先生能夠充分的掌握到部下的心理變化。

當我們領受了上司的授權，爲了不辜負上司對部下之信賴感，便會全力以赴的想要達成上司所託付之事。如果在進行所託付之事期間，並沒有獲得其他指示。部下爲了獨立自行解決問題，便會用心盡力的絞盡腦汁。如上述這般「授權」給部下，給予機會，讓部屬能開發其能力的方法，發揮到教育孩子的方面，亦值得大衆參考。

例如，父母親給孩子零用錢，想要觀察孩子對零用錢的使用方法，許多父母或許會因爲希望孩子所購到之物，其價格遠高於商品之價值。碰到保持這種心態之父母，多數對孩子購買回來的物品責罵道：「我給你零用錢，並不是讓你買這些無聊的東西！」在此奉勸各位父母親們，如上述對孩子講話的語氣，儘量避免較好。

孩子在根據自行之判斷，花費了金錢購買回來的物品，或許在大人的角度基準來看，確實是一件無聊的東西，而給予否定，那麼在孩子思維內，即產生一種意識，日後購物只能購買父母親所交代的物品。

原本，父母親給子女零用錢，即意謂著已經授權子女，可以隨自己的意識方式來使用金錢。給孩子零用錢，相當於給予孩子培養其自主性的機會，如果父母親不樂觀其成，又干涉子女使用金錢的方法，不僅喪失了訓練孩子養成自主性的機會，相反的，容易造成日後孩子只會順從父母的意願指向來行動，變成毫無自主性的孩子。

出生於廢棄物批發商的一位電影導演木下惠介先生，在其孩童時代，父母親並沒有定時給木下先生一定數目的零用錢，但是，父母親准許木下先生自由使用店內的金錢。作者曾在某本書中閱讀到以下這則報導：「木下先生是他八位兄弟姐妹當中，排行第四。而他們這種可以自由拿取店內金錢的習慣，一直到他們最小的妹妹長大爲止。」這種父母親允許子女自由取用金錢的家庭習慣，正說明了包括木下先生以及其他兄弟姐妹，都不會隨意浪費金錢，亦不曾發生任何有關亂用金錢的問題。這種狀況同時顯示出，當孩子獲得了自由運用金錢的權限，能夠自發性的自己設定規制。

當然，木下先生之家庭作風，我們不能全盤效仿，但是父母親甚至要教導孩子如何來判斷危險之基準。原則上，屬於孩子的零用錢，如何來使用零用錢，這方面父母親應該授權給子女，才能有效的利用這一機會培養孩子自立性。

孩子自身的行動與安全性，應該讓孩子自行確認

作者曾聽聞某專業滑雪人士說道：「在滑雪場上，經常見到滑雪者不愼摔倒，發生骨折現象。但是滑雪者發生骨折意外的現場，並不是滑雪技術困難的險陡斜坡雪地，而多發生在緩和的斜坡雪地上。消防人員爲了救火，需要爬上高聳的雲梯，但是時有耳聞消防人員踩錯腳踏而墜落事件，都不是發生在高處，反而是發生在快要接近地面的低處，而不愼腳沒踏穩，身體墜落，這正反應了人們緊張思緒鬆懈下來，自認爲處於「安全的環境」，

其注意力隨之散漫，因而容易發生不幸事件，如果換一個角度來看，讓孩子經常處於「安全的環境」，並非父母親給予的一種理想教導方法。

例如當孩子要出門上學之前，母親對孩子說：「等一下！媽媽檢查看看，有沒有忘記帶什麼東西？」進而自行代替孩子檢查，是否攜帶今日上課所需物品，這即是將孩子包圍在「安全環境」的典型範例。父母親提醒孩子、告知孩子，不要忘記自己上課或出門時，所需要攜帶、準備之物品，是相當重要的叮嚀，但是，爲了要避免孩子確實不會忘記攜帶自己當日所需之物品，父母親應該給予孩子某種程度的授權，有時要故意不提醒孩子，讓孩子因爲自己的疏忽、忘記，而冒犯、承受失敗的挫折。

假設父母親是有授權給孩子，讓他自行準備上學所需要攜帶之文具用品，但是，臨出門之前，父母親仍要再行檢查一遍，無形中孩子有安全感，反正父母親會再次檢查，不怕會忘了帶什麼東西。進而產生了「反正父母親會負起最後責任」的依賴性。終至無法擺脫依靠父母親的心態。

有關這一點，作者經常感覺十分疑惑，爲了防止交通事故發生，需讓小學生們集體上下學。近來，有些學校規定小學生戴黃色帽子、黃色雨具等，全校統一、整齊的顏色，集體上下學，殊不知這種預防發生意外之安全措施，到底能夠獲得何等效果?!

確實因爲這項安全預防措施，使交通意外件數減少，但是，就每一位兒童的情況而言，兒童的行動安全，總是爲大人們所設防的區域內受到保護，兒童沒有後顧之憂，但是，萬一不愼發生危機情況，孩子在沒有設防的心態下，根本無法保護自身的安全，這也是因爲平時沒有培養其保護自身安全的判斷力。因此，我認爲各小學設定的保護兒童安全方式，反而脫離了原來目的，僅僅做到防止兒童發生交通意外事故而已。

前面，我曾數度提及有關如何促進孩童成長之要素，重點在讓孩子遭受失敗之親身體驗，方能有效助其成長。如果孩子經常忘記攜帶自己必須用品，不如教導孩子製作一份「遺忘檢查表」，重要的是在提醒孩子要自己去判斷，對自己負責任。如果父母親總是在一旁協助孩子，對孩子而言，只有百害而無一利。

倘若父母親或學校的師長，是以重視孩童安全的名目，干涉孩童的行動，那麼更是無法培養孩子的自立精神。

不讓孩子面臨危險的挑戰，日後便無法克服大危險

近來，教育當局經常爲人們所指摘的問題在，當今的孩童，其手邊能夠活用的各種用具，其使用方法越來越退步。例如小朋友已不知使用刀片削鉛筆，上版畫課時，學生們經常會因爲不會使用雕刻刀，受傷流血的情形發生，相信大家時有耳聞。

之所以會出現這些情況，作者在此不需再加說明。因爲除了在學校以外的地方，家長

們從未給孩子使用刀片或雕刻刀的機會。電動削鉛筆機，既安全、又快速將鉛筆削好。孩童們所把玩的玩具，都是塑膠製完成品，似乎沒有那種玩具是需要利用刀片，自行製作完成的。作者並非說明，現今社會的生活方式「方便」，是不好的。但是，僅僅讓孩子獲知這般的方便生活方式，將會帶給孩子日後極大的負面效果。

確實，「不方便」的生活方式，會帶來某種程度的危險性。但是，如果沒有讓孩子體驗某程度之危險，就無法學習到如何來迴避危險之智慧。或許這一說法過於極端，但是翻閱人類進化史，不就是人類與危險搏鬥，經年累積而造就了人類當今的輝煌成就。

例如在我們幼年時代，經常攀爬到樹上。如果看在父母親的眼裡，這絕對是一件危險性極高的動作，但是，對喜歡爬樹的孩子而言，確實是富有極高的冒險性。孩子在要攀爬上樹之前，必先在樹下觀察整棵樹的枝幹生長狀況，然後自行判斷，自己是否有能力攀登上樹。認爲自己可以攀登上樹，便開始思考具體的上樹戰略法，如何得以成功登上樹枝。在攀爬的期間，腳應該踏穩那一樹枝，或者如何判斷某樹枝是否可以承受自身的體重等等，在登上樹前和攀爬當中，需要確認的項目很多。

在自行想像進行攀爬上樹當中，判斷自己可以爬上這棵樹的最高點之後，便開始付諸實行。當然，有時也會不愼由樹上摔落樹下，受傷的情況發生。這即是當初自己估計錯誤，造成攀爬失敗的原因，這也就是將來能夠成功攀爬到樹頂的最好反省要件。

然而時下的孩童們，根本很難獲得如上述能夠自己試行錯誤的機會。簡言之，最主要因素在父母親的過度保護，造成孩子根本沒有機會嘗試冒險。當然，這也是因爲現今的家庭多屬小家庭，幼兒出生率低下，子女人數減少，父母親都將注意力放在小孩子身上所致。如果各位父母親只爲了重視子女的「安全」問題，造成孩子遲延磨練其自立性，自然亦無法培養孩子自行處理自己事物之能力。

例如觀察幼兒開始學習站立、走路，剛開始要站起來時，一定總是摔倒，但是在幼兒經過了數次的疼痛經驗之後，自然而然的學會了如何保持身體平衡，進而漸漸的舉起腳、學會走路。如果母親在幼兒學著自己站起來時，一直守候在幼兒身旁，只要幼兒一跌倒，母親便立即用手扶起幼兒站起來，母親如此反覆的協助幼兒，結果將會是何狀況呢？幼兒不但延遲學會自行走路，稍微長大之後，每當自己跌倒，都不想自己站起來。反而是哭泣的等待著其他人給予協助，扶他站起來。

其實，確實有必要讓孩子貿然的向危險挑戰，這也是訓練孩子，當有一天孩子離開父母親的保護翼，沒有父母親的從旁協助，曾經面臨某程度危險之體驗，才能在日後再逢危險時克服危險，進而從克服危險的經驗中逐漸成長。有時，各位父母親們應該適時的效仿母獅子，將自己的小獅子推落至山谷下。

我們從這一角度來觀察，著名的插圖畫家眞鍋先生，提倡一項極具盛況的「單獨一人旅行之教育」，著實值得模仿和學習。眞鍋先生想要阻擋走到外面的三歲兒子，最後還是放棄自己的阻止行動，任兒子自行走動。因爲眞鍋先生想要觀察兒子是否學會了如何保護自己的安全，到底到何種程度。結果，他那三歲的兒子，確認安全之後，才啓步穿越馬路，走到馬路的另一端。

自此之後，眞鍋先生即開始讓他的兒子實行他所謂的「單獨一人旅行之教育」。在他兒子小學一年級，眞鍋並沒有詳細說明地址，便交代兒子說道：「你到東京郵局發一封電報到國外。」接著又告訴兒子：「你想去哪裡，就可以去那裡。如果需要問路時，去問那些穿著制服的人，比較安全。」又鼓勵兒子說道：「要回家時，再走不同的路線回來！」他的兒子果眞依著眞鍋先生的教育方式，長成至小學四年級時，已經可以自己安排買火車票，打電話預約飯店訂房事宜，自己一人赴四國旅行。

眞鍋式的教育方式，家長們若想模仿跟進，恐怕還是相當困難。如果某日孩子提出要求：「我想要和同學一起到動物園！」家長可以提供孩子某程度上應該注意的事項，讓孩子自行與同學出遊。但是，在出門前必須和孩子約定好，「到達目的地之後，立即打電話回家！」採用一種稱爲「搖控操作」的方式，允許孩子出遊，如此，孩子一定會遵守約定，快樂出門，平安回家的。

我在任職於千葉大學附屬中學期間，曾帶領學生赴京都旅遊。當時我並未與學生一道出發，僅告知京都的住宿旅館地址，讓全體同學於傍晚時間在旅館內集合，於是學生們便自行開始擬定計畫。結果，某些學生因爲乘錯了電車，而擔誤了整個行程，但是，這卻是一種良好的自立精神測驗，同時也讓學生獲得一次印象深刻的親身體驗。

我們無法保證能夠提供子女終其一生的安泰生活環境。因此，更應該儘量的提供孩子各種生活的體驗，讓孩子有機會從中培養其適應力，這即是爲人父母者之首要任務。

諸如「火柴體驗」之類的生活基礎經驗不足，孩子的反應也變得較遲鈍

以前，曾經發生過一件某小學六年級男生，在學校內玩火事件。當時萬幸，並沒有因爲起火而造成嚴重火災。這位男生玩火，惡作劇的理由是，當他在上學校的自然科實驗課程時，生平第一次利用火柴點火，覺得非常有趣，故而開始玩火柴。這正明顯表示，這位小男生在他過去的六年學校生活中，完全沒有所謂的「火柴體驗」。

作者曾擔任千葉大學附屬小學校長一職，當時亦曾提供二年級的學生火柴、新聞報紙、枯樹枝葉等用具，放置於操場上，教導學生利用這些用具起火，以飯盒煮酒釀的實驗教學。結果不出所料，許多學生無法點燃火苗。

這或許是因爲孩子害怕點火柴，甚至有些學生還戴上手套來點火柴，折斷了好多枝火柴棒之後，也不見點燃火。最後，整包火柴都點完了，仍不見點著火苗。其他的學生，雖

然是以火柴點著了火，卻是將新聞報紙平鋪在地面上，根本無法讓報紙燃燒。其中還有些學生，將點燃的火柴，直接去燒枯樹枝。

的確，在我們的生活上所使用的瓦斯爐和洗澡用熱水器，皆設有自動點火裝置，帶給我們日常生活上許多方便。但是，在這種生活環境之下，孩子們當然缺乏「點火柴」的生活體驗。更不巧的是，父母親總是勸告孩子：「火柴非常危險，若是需要請爸爸爲你點火！」當孩子要把玩煙火時，父母親也會先點好蠟燭，讓孩子拿著蠟燭去點煙火，無形中造就了過度「顧慮」的方式。

現代的孩童，不僅如上述所提及之「點火柴體驗」不足，在現實生活中各種的「基礎體驗」亦有不足的現象，而且還有日漸增多的傾向。這些所謂基礎生活體驗不足孩童之共通點，一般都會出現「反應」較爲遲鈍的現象。如果孩子曾經有過因爲爬樹而由樹上跌落而下的經驗，那麼下次想要再爬上樹之前，必定能夠先判斷好哪一樹枝可以以手抓扶，哪枝樹枝在手抓扶後不會斷裂。但是，反應較遲鈍的孩童，便無法事先準確判斷了。

家長們給予機會，訓練孩子如上述之類的各種「反應」，如此孩子方得以對自己將來的生活產生自信。生活環境過度便利的現代社會，最重要的是要積極的提供，能讓孩子獲取訓練基礎生活體驗的機會。例如，鼓勵孩子多參加各種露營活動，這即是一種如何訓練生活的最佳方法。

近來，時有耳聞，因爲孩子不瞭解打架的方法，而不愼造成對方孩子受重傷，或者是因爲不知如何防身，稍微一跌倒，便發生骨折的現象。這些都是因爲父母親忽視了「基礎生活體驗」的重要性，沒有在平時利用機會訓練孩子經由「基礎體驗」中的親身經歷，來培養「反應」所導致的結果。

孩子講粗話時不要怒責，以平常的說話語氣告知較能獲得效果

當父母親聽到自己的孩子口出「笨蛋！」這句話時，多半會縐著眉頭，對著孩子，勸導說道：「以後不要再說這類的不雅字句。」我們參閱一般雜誌上所記載的教育輔導專欄，多數的標題是：如何讓孩子停止使用不雅字句的方法。

但是作者認爲，孩子口出的粗話，某些不雅字句，並非如父母親想像那般，到了極爲嚴重的程度。

有些父母會憂慮過甚，而強制孩子停止說粗話，並且指責說道：「不准再說這些粗話了！」如此反而更容易給孩子惡劣的影響。

當孩子在無意間脫口而出了粗話，而這句粗話，在他似乎日常家庭生活上，並不經常耳聞，這表示孩子的人際關係擴大了，更見成長的狀況。相信多數的母親會認爲，教導孩子說「文雅」字句，亦是一項重要的教育重點。但是，語言是不容忽視的，判斷何謂「文

雅」字句，何謂「粗俗」字句，應該就當時的人際關係和現場交談的狀況而定，並非惟有「文雅言語」才是應該之用語。

我以前的一位學生，目前任職某小學教師。他經常觀賞的一個電視節目，因爲在那節目進行當中，可以經常聽到一些最不文雅的詞句，之後，他會在第一節課的開始，便當衆說給學生聽。根據這位老師的傳述，當學生們聽到老師口中說出不文雅詞句的同時，都會將注意力集中在聽老師下句話會說什麼，結果使整個課程順利進行。學生們都注意聆聽的理由非常簡單，這位老師將自己原本是高高在上的老師地位，降低到和學生們一樣的位置，讓學生們深刻的感覺到，老師上課的程序並非一般所謂強制性教導模式。

由上述例子，我們可以全然瞭解，孩子們的世界中，存在著孩子與孩子之間相互溝通的話語，而且孩子們也非常重視他們的世界。如果大人們不瞭解孩子們的心理，而予以否定，不允許孩子講出粗俗字句，表示大人介入了孩子的世界，同時也侷限了孩子的世界，讓他們的世界變得越來越窄小。

有位正就讀幼稚園的小朋友，因爲平常在他的家庭生活環境當中，大人們皆徹底的貫輸他說出成人風格的文雅語言，造成這位小朋友無法與幼稚園其他的小朋友一起遊玩。

雖然情況如此，但是大人們亦不必要特別教導孩子學習講一些粗語，或者告訴一些不雅的字句。試著如前述老師一般，父親有時也可以故意的使用這類粗話，和孩子對話，當孩子聽到父親講這些話時，會感覺更爲親密，因此，也增進了父子之間的融洽效果。

待孩子成長到某個階段以後，會自然的矯正自己的說話語氣。因此，當家長聽到孩子口出俗話時，不需要太過神經質的立即阻止、矯正，只要還以普通的語氣告知孩子即可。讓孩子瞭解，孩子有屬於孩子的世界，大人有大人的世界。如此，孩子也能夠逐漸的接近大人的世界。

孩子自己造成的失敗，可以協助善後，但仍要讓孩子自動的表示道歉

很久以前，發生一件某位赴巴黎讀書的日本留學生，殺害法國女學生的意外事件。這位遠赴巴黎留學生的父親，是日本一流企業的社長。他父親也因爲這一意外事件，辭退社長職位，以示負責。

其實，已經成年的孩子，在外做出違法行爲，父母親還要出面、背負其子女犯錯的責任，的確是件相當奇怪的事。經營者對自己設立之企業負責任，都是因爲業績的成長不振，或是因爲自己的經營能力範圍不良等原因，讓自己出面負責。但是家族內之成員所做出之任何事情，與當事者之經營能力並無關係，然而在日本社會中，深根蒂固的觀念是「孩子所做出之不當言行，是父母親的責任」。

在社會上有名望家族的子弟，一旦發生問題，必定會出現其父母親爲了向社會交代，

表示負起責任，而召開公開道歉之記者會的場面。

諸如此類的風潮，或許有許多父母親認爲沒有必要，因爲自己的子女犯錯，而召開記者會，當衆向社會道歉。由於子女處事失敗，父母代表孩子向對方道歉，並且責備子女說：「母親這次爲你出面道歉，希望你日後多加注意，不要再犯錯誤了！」以這種方式，來爲子女做善後處理的家庭，確實不少。

這可能是因爲「孩子尚未具備了執行責任之能力，凡事依然需要家長出面負責」的傳統觀念所造成，然而也就基於這層觀念，導致孩子即使已長大成人，擁有執行責任之能力後，父母親仍然因爲孩子犯錯造成之失敗，挺身出面向社會道歉。然而，諸如此類嚴厲斥責孩子，再三交代孩子「今後凡事要多加注意」的責罵方式，對鍛鍊孩子擁責任感而言，只有百害而無一利。

爲了避免與他人發生衝突、引起爭執，希望大夥兒能夠融洽相處，這即是一般社會中，父母親對子女第一優先之期待。在這種社會情況下，一旦子女犯錯，父母親出面向社會道歉的例子，當然時而常見。雖然社會環境是如此，但是除了尚未具備言語表達能力的嬰兒外，至少對已經能夠理解自己言行正確與否的孩子，父母親需要協助孩子，要對自己的言行舉止負責，父母親有責任指導孩子，如何來爲自己所做所爲負起責任。

如果從這一角度來觀察，當子女於社會環境中，爲人處事方面遭遇挫折，而發生某些失敗的情況，此刻正是培養子女擔負起責任的最好機會了。但是，正當子女犯錯，站在一旁的母親卻對子女說道：「母親會出面代替你向他人道歉！」如此只會將子女剛萌生幼芽的責任感摘除，養成孩子日後成為一個缺乏自立、無責任感的人。

我旅居美國期間，曾發生如下事件。某日，居住於作者住家附近的一位四歲小女孩到作者住處玩耍，一不小心將一杯盛滿紅茶的茶杯翻倒落地，茶杯因此而破碎滿地。在刹那間，小女孩的母親立即拿出手帕擦抹飛濺滿地的紅茶，先整理善後，再轉身對自己的女兒說：「妳到多湖太太那兒借一只盤子，先收拾起散落滿地的茶杯碎屑。待收拾清潔後，再去找多湖太太，向多湖太太說：『對不起！是我不小心打破了茶杯！』」出以嚴厲的口氣責備小女孩的母親，並未代替孩子出面向內人道歉。

如果是一般的日本母親們遇到這一狀況，又將如何處置呢？可能不會讓孩子自己清理善後，而是親自迅速清理破碎滿地的茶杯，並向對方家長道歉說道：「眞的非常對不起，孩子不小心失禮了！」

殊不知，父母親的這一善意舉動，反而阻止了訓練子女養成負責任的機會。

雖然父母親出面，為子女向社會或向某人道歉，然而做出道歉動作者，是子女的父母親，非犯下錯誤者本人。

一片善意的父母親們，為著培養子女富有責任感與自立心之前，不妨先教育子女，要對自己負起責任。例如前段內容所舉之範例——一位美國母親如何教導孩子犯下錯誤之後，必須自行處理善後，即是一個具體的教導方式，時下的父母親們，不妨親自實行才對。如果父母親沒有原則的出面，代替孩子來擔負起孩子所犯下過失之責任，只會造成孩子日後成爲一位沒有責任感，亦毫無魄力之人。父母親應該教導子女，讓子女們明瞭自身之責任，需要自行負責。

曾榮獲直木大獎而名躁一時的藤本義一先生，敘述其少年時代，根本稱得上是一個難以對付的不良少年。根據藤本先生描繪他的過去說道：他之所以能夠改過自新，重新再振作的主要原因，是在某次藤本先生犯下錯誤爲警察捉捕，將他留置於警察局，當時藤本尙未成年，故需要由家長出面保釋。

在藤本先生的父親到達警察局後，面對著警察說道：「這些皆是我的兒子所做所爲，請讓我兒子自行徹底負責吧！」當藤本先生聽完父親這席話之後，立即頓悟，而下定決心，立誓改過自新，重新向善。

試想時下的父母親們一旦得知自己的女子犯錯，爲警察拘捕，通知父母前往警察局保釋的情況之下，相信多數的父母親會以懷疑、慌張的口氣問道：「我不相信我的孩子會……？」「既然我的孩子犯錯，應該由我來代替……」。殊不知，家長們的這些舉動，著實是過份的疼愛孩子，反而寵壞子女，連子女難得可以改過自新的機會，父母親都不願給與。但是反觀藤本先生父親的斷然想法：「孩子所言所行，應該由孩子自行負責任。」而讓原本是一位不良少年的藤本，因此而擺脫了黑暗泥沼，再度喚醒他的自立心。

稱讚的詞句過於抽象，反而讓孩子喪失了對母親慣有的信賴感

曾經聆聽一位母親說道：「當我在責罵孩子的時候，會情不自禁，自然而然順口說出許多話語，但是相反的，需要讚美孩子時，會因爲諸多顧慮，卻莫名的說不出話來。

讚美與責罵兩者相較之下，會說出讚美孩子之言詞，意味著要肯定孩子之言行舉止。其實並不需要講許多話，也不需要高超的技術。但是，對孩子繪製之圖畫，父母親需要特別注意讚美之詞句了。

相信諸位父母親們看過孩子之繪圖後，都會給予孩子一些讚美的話，無可厚非的，父母親之讚美舉動，對孩子而言，是相當有助益的。但是，父母親的讚美方式，僅僅是外表形式的回應，很可能適得其反，轉變成批評孩子的繪圖內容。

例如父母親在看過孩子的圖畫之後，稱讚道：「你畫的圖畫好似畢卡索啊！如果參加畫展，一定可以得獎！」殊不知類似這種讚美話語，反而掃了孩子做畫的興緻。因爲諸如此類的讚美詞句，不僅是父母親會說出，任何人都可以脫口而出，顯然是一句過份露骨的奉承話，很容易讓孩子誤認爲「其實你繪製的圖畫，並沒什麼了不起！」至於對孩子講出

的讚美詞句，過於抽象也不理想，因爲長輩隨便漠然的下評價，對孩子而言，並不是具體的評價，不具任何鼓勵意義，如同沒有一般。

我某次與電影評論家淀川長治先生聊天之際，淀川長治先生說道：「無論哪一部電影，其中必然具備著某些優點，身爲電影評論者，必定會就其電影優點，給了適當之讚美。」這也正說明了，讚美孩子之繪圖，也有與評論電影優點的相同要訣。母親只要具體的說出整張圖畫中的某一部份，深受母親感動即是。例如：「你所畫的天空顏色好特別哦！眞的很有趣吧！」「這個人的臉，畫得好像你爸爸哦！」等等，重要的是以肯定的字句，對這張圖畫的優點做出評價。

給予孩子圖畫之評價，不僅只爲這幅畫打分數，同時要將以前的繪圖兩相比較，告知目前的繪圖是否有進步，如果有，那麼進步到什麼程度呢？當然不要忘記指摘孩子努力改進之處。如此方能促進孩子發揮其學習意願。

例如：「這幅圖畫，比前些時畫的進步許多哦！」「連樹葉都非常仔細的畫出來，眞的太棒了！」唯有母親方可做得到、說得出，極爲細緻的讚美語句，才能加強孩子對母親的信賴感，更是有效的達成讚美效果。

如果母親只是隨口幾句的讚美字句，應付了事，不但對孩子之作畫沒有任何助益，反而傷害了孩子心靈，這一點尙請各位賢明的父母親們多加留意。

因一時犯錯造成失敗，如做出強制判斷，將導致孩子喪失自立精神

倘若孩子經常犯錯，或做事失敗，很容易變得反覆犯相同的錯誤，一再做相同失敗的事情，即使叮嚀告知千萬注意，不要再犯相同失敗，但卻仍然未見改善。這就是因爲在孩子犯錯、失敗之後，母親之指責方式是否正確所造成。

例如，擔任新日鐵會長的武田豊先生，在其著作的回憶錄內容中，如是記叙：「自從我就讀小學以後，從來未曾因爲在校成績不理想，而被母親責罵，或是聽到母親對我有何怨言。如果因爲我過於貪玩，導致這學期的成績比上學期低落。當我將退步的成績單交給母親過目，母親在看過成績單之後，便轉身過來看看我的臉，不說一句話。母親的這種態度，反而讓我害怕。也因爲如此，我下學期的成績，一定比上學期進步。」

另外，已故的政治家藤山愛一郎先生，在其幼年時代經常被其母親指派，外出到各地購物。當時的藤山，年齡很小，自然偶而會買錯東西回來，雖然錯買了東西回來，但是並未因此而受到母親的指責，母親反而又再次交代「明天你再去買一次」。因爲母親的這句話，不但不責罵，而且還再給他一次機會，讓藤山幼小的心靈，更是難過萬分，之後，只要母親交代要他外出購物，必定將母親之交付記錄下來，隨身攜帶。

根據以上例子，我們得知武田、藤山兩位先生，在他們稚齡時代開始，就知道、也不

願意自己冒犯同樣的錯誤，也努力用心的研究，避免再犯相同錯誤，或再次失敗的方法。以上二位學者的母親們，所持有之共同特徵，當他們的孩子不愼犯錯，或做事失敗時，不會喋喋不休的責罵孩子的不是。讓孩子自己瞭解爲何原因犯錯。也就是因爲母親沒有開口謾罵，所以他們二位才會自行努力，避免下次再犯錯。

在前段內容中，曾數次提及，倘若父母親一再的責備子女所犯下錯誤或失敗之事，容易導致子女對錯誤之事出現反抗心態，反而忘記自己因何而犯下錯誤，造成事後的失敗。事實上最爲作者擔心的問題是，一旦發生如上述相同狀況時，身爲母親的很容易不加思索，開口對著孩子說道：「你看！如我所料吧！」

當子女不聽從長輩的訓誡，因此而遭逢失敗時，母親會理直氣壯的想要對子女說道：「你看，還是我的判斷較爲正確吧！」以這種表達方式來確認自己的正當性心態，我們可以理解。

但是相反情況，子女已經飽嚐失敗後果，而父母又如落井下石般的，連孩子本身的判斷力亦予否定，孩子很容易因此而喪失自信，甚至喪失了根據自己之判斷，自行研究解救之道的意願，最後變成一位凡事只會聽從父母親交代，完全依賴父母親的心態。當父母親發現孩子好像在自我反省爲何造成失敗的原因時，不妨就站在一旁靜觀，總比對著孩子直接斥責更有效用。不必要的斥責語句，對子女而言，只會造成負面效用。

孩子正講述某件事情，母親從中插嘴，孩子將無法明確表達自己的意見

曾經和一位教導各國人說英文為其職業的美國人聊天。這位美國人指出，從他教導外國人說英文的經歷中得知，最不擅長英語會話，又無法淸楚表達自己意見的就是日本人。追問為何原因？他回答道：「其實英文的單句和文法，日本人都瞭解！」接著又說明：「不僅沒有表達明確的個人意見，在人際關係方面，多數會出現緊張的情緒。尤其是面對著我們，也就是你們所謂的外國人面前，尤其特別緊張。」繼續又說：「其實語句講錯了，大可不必太在乎，重要的是要能夠積極的表達出自己的意思，方能進步快速！」「我會一面點頭，很有耐性的一直聆聽，直到最後產生自信心來。如果碰到較為膽小、怯場的學生，我會不時的催促對方趕快講出自己想要表達的意思，或者從中插嘴，再不就是對這位學生說：『你講的眞的是太差勁了，為什麼不能講得好一點呢？』如此一來，被詢問的學生更是無法表達他們想要表達的意思。」

聽到這位美國友人如此這般的表明他個人之指導理念，著實令作者非常佩服這位美國教師的教導方式。

為什麼在此提及有關這位美國人例子呢？當然並非著重在言明日本人不擅長說英文。我認為那位美國人的指導理念，可以給予一些經常抱怨：「我的孩子總是講話不淸楚，不

知道他到底想要表達些什麼意思？」的母親們，不失爲理想答案。

正開始學習講話的幼兒，當然會講話不清楚，但是，有些已經上小學低年級的幼童，也會出現講話不清楚的情況。不過家長不必爲此而擔心，多半的幼童會隨著朋友的增加，慢慢習慣與人對話，自然而然的改善了說話不清楚的現象。確實有些父母親會因爲個人之情緒不穩定，又面對口齒不清的子女，很容易煩躁而不自覺的對孩子斥責：「你到底想要說些什麼呢？爲什麼不說清楚一點呢？」父母親之所以會斥責孩子，完全是想要催促孩子「說得清楚一點！」然而，往往這種「催促」行爲，對孩子而言，卻造成反效果。

孩子說話不清楚的原因，並不是說話的內容不清楚，多半是因爲人際關係方面發生緊張的情況。這種現象和學習英語會話的日本人，情況完全相似。

相信諸位已經能夠體會，面對上述情況時，明明父母親的內心是想要鼓勵孩子，試著說明白一點，而口中卻說：「要講清楚一點！」如此反而如美國教師所言那般，讓正在發言者膽怯、萎縮，更是無法明確的表達出自己的意見。

因此，當家長們面對這類孩子時，不妨參考性的應用那位美國教師的教導方式，「耐性的聆聽對方講完至最後」。這位美國教師的指導理念，就人們的心理學上而言，是相當有效果的，故而作者極爲佩服這位美國教師所言。

當孩子想要說話時，家長應該回以很有興趣，想要聆聽的態度。如果父母親確實認眞聆聽講述某件事，孩子可以感應得到，越發激起孩子對父母親的親密感。雖然孩子的表達言詞，不是很清楚，但是孩子卻依賴這份對父母親的親密感，得知「如何能讓父母親瞭解自己在說些什麼」的方法。

父母親在聆聽孩子講述事件時，一面點頭，一面刻意感歎的說：「噢！眞的嗎？」或者表示「我知道你的意思了！」殊不知父母親的這些表情和回答語句，都是相當重要的。孩子可以深切的感覺到，自己所說出的話父母親能夠接受，因此，對自己的說話和表達能力，產生了自信心。

「嗯！今天……很生氣哦！老師」——聽到這一些話，剛開始眞的不知道孩子到底在說些什麼？但是父母親還是要回答孩子：「是嗎？」表示很有興趣的聆聽下去。「上體育課時，李慧找不到她的鞋子，嗯！雖然不是我，老師卻在第二玄關處，找到了鞋子！」「哦！鞋子已經找到了嗎？」「嗯！找到了。但是叫大家排隊，詢問是誰做的。沒有人回答。又問，誰沒有做？大家都舉起手來，這時佐藤就哭了！」「哦！哭泣嗎？」「嗯！老師生氣了！好可怕啊!!」「嗯！發生這種事啊!!」「嗯！但是佐藤好可憐哦!!」「是嗎？」「對！佐藤被老師罵了！」講述到這，整件事情的內容就清楚多了。

如上述，母親一面聆聽孩子講述整件事之過程，一面給予回答的方法，在心理輔導工作上，亦經常使用這套方法，稱爲接納療法（Accptance Therapy）。家長在聆聽孩子說話時，確實的回應，讓孩子能夠選擇語句，使得雙方的談話更爲順暢的「契機」，由此可見，前面介紹的美國教師，必定是根據自己之體驗，而瞭解到這套方法。

原本孩子們模仿父母親說話的語氣之技術，遠比父母親想像更爲高明，再加上已經聽到了許多語句，當然孩子所擁有的字彙，也就越來越豐富了。

表達能力較不明確的孩子，只不過是他講述整件事情的過程，無法很有系統的表現出來，如果此刻又遭到父母親的指責，反而讓孩子喪失了自信心。

當家長面對孩子講話不夠明確時，首先採用前段內容中曾介紹的接納方法，引導孩子放心大膽的開口說話，即使孩子說錯了字句，也不要當場矯正，繼續耐心聆聽。如此，孩子會因爲可以依靠自己想要說的話，表達出自己想要表達的意思，而產生了自信，並自然學會了表達方法。

父母認為某些字句不夠文雅，孩子們也會認為那些字句是不文雅的

舉凡只要一提到有關性教育方面的問題，相信許多母親們必定回以嚴肅的態度來閱讀相關書籍，學習如何以恰當的方式來教導孩子。處於現代的社會環境當中，確實有許多性方面的問題，是難以啓口的回答的。

一般而言，如何來教導孩子認識有關性教育之內容，並非最重要問題，當孩子對性方

面產生興趣時，家長是否能趁機稍微指導，對孩子日後健全成長，關係重大。

例如陪同孩子一起觀賞電視節目，而電視螢幕中出現了性方面的影片，當母親看到這一畫面，一定會感覺尷尬。此刻，如果孩子著迷電視畫面，或者提出一些奇怪、好奇的問題，而母親正處於難爲情，不知如何回答的情況，會不自覺的對孩子說道：「你這孩子眞討厭！」「小孩子不應該問這些問題！」

也有些較頑皮的孩子，想要捉弄、困擾母親，而故意提出一些有關性方面的問題，不過多半都是孩子單方面對性方面的興趣與好奇心，如果此時卻聽到母親回答說：「你這孩子眞討厭！」很可能造成孩子對性方面的問題，就是一樁討厭之事的印象。

過去各種有關性教育方面的書本，內容中指摘，當家長教導孩子認識性方面的知識時不要誤導，讓孩子感覺性問題處於「下流」，確實有理。家長爲了希望孩子對性方面的問題有正確的認識，很可能花費上百萬字句來解釋，然而往往忽略了無意中的一句話「下流」，而造成孩子對性問題之形象，帶來極大的負面影響，誤導孩子對性產生不正確的好奇心。大人們無意間的一句話，卻造成孩子對性的錯誤認識。

因此，諸如「討厭」、「下流」等等語句，絕對禁止對孩子說出，雖然家長面臨這類問題時，會感覺難爲情，但是，當孩子對有關性方面的問題，表示有興趣時，家長千萬不要迴避，或吱唔不清的回答不出來。

作家藤本義一先生有兩個女兒，在她們上小學二年級和幼稚園時，對男性的身體產生興趣，於是藤本先生便當著女兒的面前，脫掉自己身上穿的衣服，讓女兒們觀看自己的身體。碰到類似相關情況時，只要家長能夠確實大方對應，那麼孩子對性方面的問題，也就不會大驚小怪，另眼看待了。

前段內容中曾說明，教導孩子有關性方面內容，並不是極重要的問題，但是，家長將性神秘化的說謊方式，也不正確。然而瑞典開放式、露骨的性教育，也不很理想。只要說明到孩子可以理解的範圍，並不需要露骨的表達眞實情況。孩子表現出來的好奇心，家長又能適當的回以答案，孩子就能獲得滿足了。

2 培養孩子自主性，便能增強其「自信」

當家長需要正顏厲色的訓斥子女時，必須清楚告知原因

當我們在觀賞電視劇，而劇情中出現父子對立，兩人正在爭吵的畫面，此刻飾演父親者必然會道出一句：「父親所言，你不接受是嗎？」現實情況亦如此，當孩子年齡還雖小，又不聽從父母親所言時，多數的父母親會說出這句話，當成最後的解決方法。

諸不知，這是一種威脅的方式。如果孩子尙値小學生的年齡，爲了要讓孩子屈服，家長對孩子說這句話，可以發生相當大的效果。但是，站在如何促進孩子頭腦發達的觀點而言，使用這套屈服方法，只會帶來負面效果。

「母親說的話，你都不願聽從嗎？」這句話暗示著：「母親所言，是絕對性的，你必須無條件的順從?!」持著身爲母親的權威性，來壓迫孩子屈服，換言之，好似告訴孩子，你不需要花時間運用你的思考力了。

總而言之，母親的這一句話，即是向孩子表示，你不必要思考了，但是，也因爲母親的這句話，連帶的也妨礙了孩子思考力之發展。如果長期處於這種環境下成長的孩子，當然是一位順從父母所言的「乖孩子」，但是日後要升大學，選科系等都需經由父母親代爲選擇，變成一位沒有判斷力，也沒有自主性的人。

告訴孩子「現在不行」，「以後就可以」，屆時一定要確實施行

經常聽到家長們說的一句話，小學生時期的成績好與壞，是不可靠的。的確，有許多孩子在其小學時代成績優異，到了國中、高中，成績卻越來越退步。但是有些孩子正好相反，讀小學時成績並不理想，到了國中、高中，成績卻突飛猛進，非常優秀。

爲什麼會出現這種情況？最主要的原因在孩子智能方面的好奇心是否旺盛。讀小學的

功課並不是很困難，母親又再三交代孩子要「好好努力用功讀書」，聽話乖順的孩子，自然能夠獲得好成績，到了國中、高中時期，學校的課業變得較爲深奧、困難，孩子本身學習意願的高低，會直接的影響到他的成績。

此刻，孩子若對學習沒有興趣，當然學習的意願便無法提高。其實，學習意願的泉源，在於對知性之好奇心。

如果此刻又因爲家長們工作忙碌，沒有時間回答孩子之問題，或者嫌回答問題太麻煩，而不覺的回答孩子：「我現在正忙著，待會兒再告訴你！」或「不要再嚕嗦了！不要再問了！」直覺的只是想要讓孩子閉口、安靜下來。殊不知這種封閉孩子發出疑問的舉動，只會讓孩子剛萌新芽的知性好奇心，瞬間枯萎了。如果孩子反覆的聽到家長們給予這般回答，原先才啓萌的知性好奇心，便全然喪失了。

諸位賢明的母親們，當您正爲著準備晚餐而忙碌時刻，孩子又朝向你說話，不妨先放下手邊的工作，停下來聆聽孩子講話的內容。「孩子說話的時間，最多不過是五到十分鐘。即使晚了十分鐘大家共進晚餐，也不會造成任何阻礙！」某位母親如是說道。

當然家長凡事都以子女爲優先，也是不對的。如果像上述之例「以孩子爲優先」，便值得向各位推薦。若家長們確實正忙碌著，而對孩子說道：「下次再說吧！」那麼家長就一定要遵守自己先前給予孩子之約定。如此，孩子對知性的好奇心，便得以自然發展，同時親子之間的溝通基礎，亦建立良好。

孩子提出一些嚕嗦的「為什麼」，可表示自己也感覺好奇怪

孩子所提出的「為什麼？」家長答以「不知道」，或是乾脆閉口不理會、不回答，對孩子有關知性好奇心之發展，有著極大的負面影響力。作者在前段內容中曾數度提及，同樣是回答問題，但是回答的方式不同，所造成的影響亦不相同。

例如前些日子，我於路上行走時，與一對母子擦身而過，聽到母親對孩子說：「到了春天，當然櫻花就開花了！」聽到母親的一段話，自然可以判斷孩子提出什麼樣的問題——「爲什麼到了春天櫻花就開花呢？」其實那位母親的回答方式，好比將孩子之疑問封鎖爲「住口！」不要再問了一般。

即使孩子提出一個很簡單的問題，但有許多情況是父母親確實不知如何回答。我們常收聽廣播，有關小孩子電話Call in的問答節目，常見被邀請的專家學者，都無法現場回答小朋友之質詢。這即意味著，對大人們而言，是理所當然，完全不爲感動的應對方式，但換由孩子的眼光來看，就不是理所當然了，反而帶來感動和驚訝，因此，孩子才會提出連大人都感覺困擾的「爲什麼」之疑問。

這一句「爲什麼？」之疑問，正表示著孩子想要學習以邏輯性方向思考事物之心態。

然而父母親卻以「這是當然的」非邏輯性之結論給予回答，孩子興緻勃勃的好奇心，亦隨之爲其阻擋，當然孩子的邏輯理論思考之萌芽，亦隨之拆棄。

這種情況如果父母回答：「你的發現，眞的很了不起吔！」和孩子一同表示不可思議的驚訝，那麼孩子所獲得之效果，與先前父母回答之效果，其中的差別就相當明顯了。

其實，對於子女所提出的各項疑問，家長們並不需要對每一疑問回以正確答案。例如「到了春天，天氣變得暖和起來，原本樹木也是害怕寒冷，因爲寒冷而樹木枯萎，一旦天氣轉暖，就會長出新芽。」如此，只要孩子可以理解的程度即可。

當然家長的解釋內容中，避免說謊或非科學性的回答，如果怎麼也想不出恰當的答案時，例如：「你要是能再加緊用功讀書，到了可以閱讀書本之後，便自然得以瞭解爲什麼了！」能夠顧慮到孩子對他自己的將來產生期待，以這種方式來回覆孩子才是最恰當的。

瓦特在其年少時代，發現水蒸氣可以掀起茶壺蓋的力量，感覺相當驚訝，後來因而發明了蒸氣機，這是一則家喻戶曉的著名偉大發現家的故事。

如這般，將內心的疑問一直持續下去，讓孩子有思考的機會，對於日後智能的發展，是相當有效用的。

如果母親率直回答：「母親也不知道！」並非不正確，只要母親立即當著孩子的面，翻閱相關的書籍，找出正確答案，那麼孩子便自然效仿，學會了努力用功的方法。

想要孩子停止看漫畫書，不妨先讓他看漫畫書看個過癮

「我的孩子一天到晚只想要看漫畫書，學校的功課都不想做。」相信許多母親都會發出相同的抱怨聲音。

一般而言，人們都有一刻板的形象：「看漫畫是一種消遣，讀書才是眞正的用功正事。」而事實上，只要是閱讀書籍的種類越多，其理解能力也越高。關於理解能力，不單指語文方面而已，同時還包括了算術、數學，以及其他相關科目的基礎力。缺乏理解能力的孩子，容易落於人後。最近，受到多位教育學者如是指摘。因此，當家長們目睹自己的孩子不想讀書時，便開始擔心了。

因爲孩子不想讀書，母親在情急之下，便不自覺的對著孩子斥責說道：「不要整天只是看漫畫書，應該溫習學校所教的課業才對啊！」一般而言，母親所道出的這類斥責話語，只會造成孩子更不想讀書的負面效果。

在一座沒有任何特殊裝飾的圍牆上，打了一個小洞，並在小洞旁貼上一紙條，寫明「請勿偷看」，路過的行人看到這一標示，必然引起一股衝動，想要看看小洞內之究竟。這項心理實驗正明白表示，人類對被禁止之事物，反而引起更大的好奇心與興趣。

因此，當家長禁止孩子看漫畫書，孩子很可能會在父母親看不見的地方自行偷看。即

使家長禁止孩子看漫畫，但亦無法得證孩子就會因此而對學校的課本發生興趣。

尤其會出現相反效果的，是強制孩子「回房間去讀書！」這句話。如果父母親把持著「讀書是有益處」的想法，容易產生強制執行的心態。除了課本，其他書本都不可閱讀，孩子在被迫的情況之下，閱讀自己毫無興趣的書本。很多孩子因而視讀書是一件極為痛苦之事，變得討厭讀書。

因此，當收到諸多母親提出「我的小孩整天只是看漫畫書，眞叫人困擾不已。」之類的諮詢時，都會給予相同的回答：「不要過於介意孩子喜歡閱讀漫畫，再觀察一陣子好不好！」乍聽之下，我的回答似乎不太負責任，但是想要讓孩子減少閱讀漫畫書，不可過於心急氣躁。就一般的情況而言，小孩子不可能只是對某一對象持續的發生興趣，即使是一時的熱衷，不久之後，便自然而然的將先前的興趣轉移到另一新對象了。

就這一觀點而言，對只喜歡閱讀漫畫，不喜歡讀書的孩子說道：「有時你也不妨看看其他種類的書籍，也不錯吧！」或者誘導孩子「這本書也很有趣！」讓孩子對其他的書籍產生興趣，亦是一種好方法。然而在前面曾提及，如果超過限度的使用這種方法，將變為強制性的舉動，也是不正確的。

另外，在此需要提出一項問題，請各位不必將漫畫書視為不良刊物。母親不喜歡孩子看漫畫書的理由，多半是認為漫畫書的內容無聊。但是，針對這一觀點，一位自稱喜歡閱讀漫畫，並且撰作過一本書名為『漫畫之戰後思想』的評論家鶴見俊輔先生，對孩子說道：「漫畫是自學自習文學的一種好方法。」

就鶴見先生的例子，他並沒有特別教導他的兒子，如何學習書寫文字，然而他兒子卻是經由閱讀漫畫，而學會了認識許多文字。不但如此，鶴見先生還認為，漫畫讓孩子思考親子之間的關係，同時亦趁閱讀的機會，瞭解各種人生的生活模式。根據鶴見先生之見解，認為「漫畫能夠使人類的靈魂躍動」。他的這番理論，的確讓人給予肯定和贊同。

雖然如此，漫畫也有醜陋、不具教育意義的內容，當然父母親會擔心，當孩子閱讀到這類不良漫畫，對孩子造成不良影響。

然而，在孩子看過所謂醜陋的漫畫之後，反而給予孩子機會，讓孩子思考什麼才屬於眞正美好的事物。如果只是一心想要讓孩子接觸健全、美好的事物，給予孩子「溫室養成」教育方式，恐怕容易形成孩子日後之人格偏差。因此，賢明的父母親們，在教育上有時也需要製造機會，讓孩子認知當他碰到「不良」狀況時，如何表示抵抗能力。

清楚瞭解漫畫內容所講述之功與過，對喜愛閱讀漫畫的孩子而言，比起父母親的明辨能力更是高旺。其實父母親不必擔心孩子由漫畫中之內容，學會了使用不文雅之文句，或者恥笑別人做事失敗，反而在孩子的認知領域，學會了瀟灑又幽默的感性思想。

當然並非積極的獎勵孩子要多多閱讀漫畫，但是我也不贊成，家長以強制性的方法，奪取孩子看漫畫的權利。這亦表示，想要勸孩子多用功習讀課業書本，或者勸孩子不要閱讀漫畫，兩者都不需要過於心急。如果父母親過於心急的想矯正孩子之一時興趣——看漫畫書，反而容易造成孩子認爲「看漫畫比讀書更有趣」！

孩子的舉動依然幼稚，有時要肯定的告訴孩子是在逞強

腿還不夠長，踩不到自行車的腳踏板，孩子卻不喜歡騎兒童專用的腳踏車，偏偏要騎大人的腳踏車，或者孩子在和自己的同伴一起外出遊玩時，總是喜歡炫耀自己已經長大，喜歡做自己能力尚不及的事情。理由是，孩子與大人兩相比較下，孩子之能力差距尚遠，對大人經常產生劣等意識。

反之，因爲擁有這種劣等意識，而成爲刺激孩子，要努力趕上大人、超越大人，趕快成長的方向。乍看之下，孩子就這一舉止既衝動又逞強。但是，我們身爲家長，絕不可以一概給予否定。明知孩子的舉動是在逞強，但是仍然要對孩子說：「怎麼樣你也是無法辦到的！」諸如此類的批判，是不正確的。

大人們自以爲是隨心所欲的判斷，抑制了孩子行爲舉止，亦極易傷害了孩子的自尊心。這好似在孩子自行努力、求進步的成長過程中，潑了一桶冷水，減低了孩子往上成長之意願。假設孩子日常言行舉止，尚未到達大人們所要求水準。但是孩子自己眞的是全

力以赴，想要達成大人們所要求之意願，此刻一旁的大人必須適切的給予孩子肯定。

因此，家長雖然瞭解孩子某些行爲舉止，著實帶著逞強之意味，但是就孩子之成長過程而言，這些皆是必要且必須經過之過程。雖然孩子已經全力以赴的做某件事情，但是最後之成果，並不見得理想，做家長的在此刻仍然需要適切的給予讚美：「你做的很好！」如此，孩子想要再繼續做下去之意願，隨即提高。如此這般，讓孩子對自己之能力進行挑戰，方能培養孩子的頭腦與思維，飛躍高遠。

最近這一代的年輕人，自大學畢業進入社會，成爲社會之一員後，許多人對事物之觀察力與看法，仍然還嫌幼稚，這或許是因爲家長們的心目中，一直視已成年的子女爲孩子所造成的現象。

「不能失敗」改說「即使失敗也無所謂」，能使孩子失敗率減低

本田技研院之創業者，本田宗一郎先生曾經說過如下一句話：「不要害怕失敗。眞正需要擔心害怕的，是因爲害怕失敗，導致什麼事情都不敢做。」坦白的說，當我們要開始著手進行一件事情時，是否將會造成失敗的結果呢？誰也不知道，更是無人可以事前預測結果。話雖如此，倘若當初本田宗一郎先生沒有放手嘗試看看，就不會擁有今日的本田技研院。也就是憑藉著本田先生的一股強烈向新事物開發、技術挑戰的意願，造就今日之成

就，而口出這套至理名言。

本田宗一郎先生的這句至理名言，值得為人父母者在教育子女時刻參考。當孩子有意願朝新的事物開發，進行挑戰時刻，即使父母親判斷孩子可能會遭遇失敗，便於一旁試著協助，防範孩子犯錯，但是在這時期，父母親會毫不留意的開口向孩子說道：「不能失敗哦！」「不能做錯事哦！」殊不知家長所說的這些提醒孩子注意的言辭，不但不會給予孩子任何鼓勵作用，反而增加孩子心理的壓力，造成孩子害怕、萎縮而裹足不前。

又因為這席話，孩子接受了「可能會失敗」的暗示性訊息，反而容易失敗。

由於孩子過度害怕犯錯而失敗，認為只要不做，就不會有失敗的錯誤，而喪失了向新事物進行挑戰的意願，陷入對任何事物皆無精打采的心理狀態。

孩子因為害怕失敗，而不敢勇往直前，將造成孩子日後極大的負面效果。下文將介紹一則緘默兒童的故事，故事內容令人深思。

這位孩童嚴重到陷入拒絕上學的地步，偶而才到學校上課，完全不開口講話，疑似患有精神薄弱症，需要接受專業醫術治療。意料未及的是，這位全然不開口說話的孩子，某日竟突然開口說話。

「其實，我什麼事情都可以做，頭腦也很清楚。但是，當我來到學校上課，只要稍一犯錯，大家便開始齊聲恥笑我。因此，我不想做任何事，也不想開口說話。」

當治療人員聽到這位孩子道出這一席言辭，頓時驚訝異常。

事實上，這位不開口講話的孩子，並未罹患精神薄弱症，只是因爲他本身不擅長表達，過度害怕失敗、犯錯，害怕因爲自己犯錯而遭到同學的恥笑故而「緘默」，將自己封鎖在倉庫內，不敢外出。

如果一位正値成長階段的孩子，整日不做事，也不開口說話，周圍的人必定認爲「那個孩子好像傻瓜一般?!」孩子內心的眞實想法，是沒有遭遇失敗、挫折的情況之下，自尊心不會受到傷害。但是如果自己在無意間說了些不中意，或是無聊的話語，反而遭到他人的嘲笑「某人講話眞的很無聊！」導致自尊心受挫，認爲自己確實無藥可救了——因爲心存想要保護自己的心理狀態，而讓這個孩子不再開口講話，保持緘默。

以上是一則情況較爲極端的例子，孩子因爲害怕犯錯、害怕因犯錯而失敗，導致凡事都裹足不前，不敢嘗試、不想行動，如此一來，即使長大成人，對其日後的作爲，也沒有什麼大期望了。

原本孩子的成長過程，就是不斷的疊積失敗的經驗，才得以進步成長。孩子在成長的過程中，經過了許多失敗的「痛楚體驗」，方能學習到更新奇的事物。

根據圍棋初代名人大竹英雄所說，他的師父木谷實先生，平日常掛在嘴邊一句話：「如果沒有嘗試，又如何得知會不會呢?」舉凡木谷先生之門徒，包括大竹先生，皆是接受木谷先生之教導、薰陶成為圍棋界優秀的棋士眾多，木谷先生指導圍棋棋技之原則，在教授門徒不要害怕輸棋，要積極的接受失敗的挑戰，一而再的嘗試，如此方能造就年輕門徒們之潛能發揚光大，成為當今圍棋界俊秀。

如果我們由這一觀點來觀察，當孩子以自發性的想法，想要對新奇事物進行挑戰意願時，即使大人的觀點認為孩子之所為，一定會失敗，也不要給予失敗的暗示，讓孩子勇往向前接受挑戰，這才是家長明智之舉。換言之，家長不妨故意讓孩子經歷可能會面臨失敗結果之機會，有必要讓孩子嘗試失敗的苦果。

其實，孩子的思維中，經常出現連大人們都始料未及的新奇想法，甚至做出不為常識所束縛的自由構想。如果在此刻，家長表現出為了防範孩子犯錯、遭受失敗，讓孩子產生負面性抑制其行動之構想，甚至害怕家長斷然「不能去做」，造成孩子內心無限的潛在能力無法發揮，無形中為外力所抑制而萎縮下去了。

雖然家長會擔憂孩子遭受失敗的打擊，但是懇請家長注意，當孩子突發其想，出於自願的向新事物進行嘗試與挑戰時，不要給予多餘的干涉與協助，如果家長依然執意想要從中干涉或給予協助，不但奪取了孩子積極求新、求進的構想，更是妨礙了孩子成長。父母親應該讓孩子感受到，即使犯錯、數度承受失敗亦無所謂。賢明的家長們，懷抱著寬容心與雅量才是最重要的。

灌輸孩子「男人要像個男人，女人要像個女人」，深刻注入這套鑄型

根據總理府青少年對策本部，先前發表的「青少年與家庭」調查報告，日本的父母親們，其潛意識中認爲對於子女的管教方式，延至現今，依然如舊的想法——「男人要像個男人，女人要像個女人」，其中受訪者贊同以上想法之比率，高達百分之八四·六。

言下之意，子女自幼，便根深蒂固的獲知，男女兩性之區別，劃分非常清楚。但是作者卻持不同看法，「當孩子尚值小學低年級時期，不需要讓孩子意識到所謂的男女有別以自然的方式，慢慢的教育孩子認識男女之別最爲理想。」

話雖如此，並非袒護倡導女權主義者。作者只是認爲，因爲孩子自小就聽從大人們的規定，「男孩子怎麼好玩起洋娃娃呢？這不是太奇怪了嗎？」「女孩子要像個女孩子的樣子，不適做出一些三八、不雅的舉止。」「男孩子應該如何、如何！女孩子應該如何、如何！」等等，害怕子女對性別的區分、不夠清楚，反而摘取了孩子發揮潛能之萌芽。實際上，也有某些女孩子確實對機械方面的事物相當喜歡，而且有興趣。

根據某位學者言稱，男性是經由百分之五十一的男性精神與百分之四十九的女性精神組合而成。當然女性的組合，剛好相反。換而言之，男女之間的精神構造，其中的差距，僅僅只有分毫之差而已，故而男女雙方才能相互瞭解其心理狀態。

但是，話說回來，作者眞確的以爲，孩子一個人所表現出來的各種不同人格角色，日後方能讓孩子理解個別不同人之立場。例如美國國內的幼稚園，在國中的教室內，皆設置了稱爲Domesticaria（摸擬家事、家庭空間），其中必定設置眞正的電冰箱等廚房用具、睡床，以及日常大家熟悉的各種角色之人形玩偶。

園方爲了要加深孩子對社會環境之認識，在Domesticaria的家庭區域內，讓孩子扮演父親的角色，進而理解身爲父親者之立場。

家長自子女幼小時期，便教導他們如何判斷男女性別，這種先入爲主的觀念是不正確的。如此這般，孩子自幼便套入「是男孩」「是女孩」的鑄型，反而將孩子的興趣與關心限制性，甚至連頭腦的思維亦套入這套鑄型之中。

不如讓孩子自由發展，不必再三提示男女性別、區分，待孩子唸到小學中年級，便自然而然的意識出性別之分，因此，發現小男孩對玩偶很有興趣，也不需要太過於介意。如何正確的教育子女，最重要的問題，不要限定了孩子發揮潛力的能力，儘量讓孩子嘗試積極更廣泛的生活體驗，培養孩子富有彈性的思考頭腦。

教導孩子做些簡易的家事，比置留於書桌前讀書，更具有教育的實效

當我年幼的那個時代，子女需要協助父母做家事，同時也要做好家庭作業，這些都是

極爲當然的。幫助家人提洗澡水、生火、砍柴、清掃庭院，這些都是每位子女每日必定分配的工作。甚至有些孩子一放學回家，便開始協助家人送店內的商品至客戶處。

屬於我們那個年代的家事，不如現代這般輕鬆，父母親整日都忙於工作，當然非常需要子女的協助，站在作者的想法，子女幫助父母親做些家庭方面的工作，與其說父母親可以減輕了工作量，不妨說子女也經由做家事當中，獲得了諸多益處。因爲子女在做家事當中，不僅是分擔了父母親的工作量，也猶如扮家家酒一般，由眞正的生活中體驗了「實際的生活」，在認眞的習作間，自然而然學會了如何與做功課的時間不衝突。預先知曉如何來計劃做事的程序，同時也瞭解自己不可以懶惰，因而培養了忍耐力。

然而現今的家庭，家庭的事物較爲輕鬆，許多家長都認爲，諸如此類的簡單家事，不需要子女幫忙。但是家長們往往忽略了讓子女協助家務工作，不僅存在著如前所述之效用外，在心理學方面，同樣具備了促進孩子成長之助益。當子女被分配在其家庭中，擔任某一角色，而且又能完成所托，獲得家人肯定的喜悅過程，讓子女心目中尋找出自我存在的最好機會。

曾經有這麼一則例子。一位天生弱智兒童，在其父母親的心目中，長期以來就被認爲「這孩子什麼也不會做」。然而，某日家中有客來訪，家人忙著接待來訪貴客，而不得空閒外出購物，家長不得不讓這位弱智的孩子，帶著自己書寫妥需要購買物品的紙條，外出購物了。萬萬沒想到，弱智的孩子完成任務，將所需物品，購買齊全。母親非常高興，連忙讚美孩子說道：「你眞的好棒哦！」自此以後，那位弱智的孩子，不再是什麼都不會做的孩子，例如外出購物、淸潔掃除等等，一些家務事，都可以幫忙做好。

如此這般，爲他人發現自己的存在價值，孩子內心所感受到的那份喜悅，比大人所想像得到的喜悅，更爲之過及，同時也因爲如此，更形提高了孩子幫助家務事的意願。

如果我們從這一觀點來看，當孩子自動提議，想要替父母分擔家務事，此刻父母親卻阻擋說道：「不要你做！」「這裡不需要你幫忙，回房去讀書吧！」這些皆不是理想的教育方式。確實，當孩子做了一些不需要做的事情，反而增加了父母親的麻煩。然而，孩子自發性的願意幫忙做家事，卻被父母親指責道：「不需要你來做一些多餘的事！」賢明的家長們，千萬不可以如此性急的角度來對應有心想要協助的孩子。

讓孩子有機會做一些比呆坐在書桌前，更有益頭腦發達的工作，卻因爲父母親的一句話，不自覺的奪取了孩子學習的機會，豈不是太可惜了嗎？

孩子提出反對意見時，不妨先接受其意見，事後再慢慢矯正是與非

有一位就讀小學一年級學童的母親，於授業參觀日之際，告知作者有關她在參觀學生

上課情況，其間所發生的糗事體驗。

當天，課堂正上著算術課，老師以玻璃珠來敎導小朋友練習減法。臺上的老師問道：「七減五，是多少？」小朋友利用手邊的玻璃珠算出了答案，並且大聲回答「二」。

然而，這位母親的兒子卻舉手說道：「老師！」「我的答案是三！」同學們齊聲叫道：「嗯？」在坐參觀的其他母親們開始笑聲四起，唯獨這位母親滿臉通紅，不知如何是好?!

幸好台上敎課的老師經驗豐富，立即開口說道：「答案到底是二或三呢？如果大家沒有驗算，怎麼知道那一個答案才是正確的呢？」隨即指導同學減法的驗算方法，確認了正確答案之後，以解開尷尬場面的語氣向在場的同學家長說道：「因爲某某同學的答案，讓我們瞭解做算術題時，驗算的過程是非常重要的！」而說錯答案的同學，因爲自感難爲情，不敢抬起頭來看大家。

聽完這段情節，非常佩服那位敎師的敎導方法，同時也感覺這位母親的兒子很了不起，便啓口向那位母親表達我的感想。言詞中絕對沒有諷刺之意。

當周圍的人皆齊聲說「右」，唯獨自己認爲是「左」，這需要鼓起極大的勇氣，方能說出自己的意見。大家都認爲是右，當然我也不例外，這種人云亦云的現象，相信多數的人都會存有這種心理狀況。然而這位同學卻有不同的答案，著實例外。當大夥兒都講出了正確答案，唯一答案不一樣者又是錯誤的答案，在考試分數上是要扣分的，但是，他卻能勇敢的提出自己反對意見，我們應該給予這位同學勇於表達的態度，予以肯定。

是否能夠堂而皇之的表達自己的主張，與本身是否具備創造性，有極密切的關係。例如發現萬有引力法則而聞名於世的牛頓，在他少年時代，就很少與同年齡的小朋友一起遊玩，在旁人看來，牛頓似乎缺少了孩子們天眞無邪的活力，多半的時間都是一人獨處，玩他那些機械方面的遊戲。據說孩童時代的牛頓，在學校時同學們都叫他「鄉下人」，而且爲同學所冷落。

另外，因發明相對性理論而聞名於世的愛因斯坦，其生活座右銘是「對於他人之意見，不予理會，擁有自己獨立的意見」。也就因爲愛因斯坦的獨自觀念，日後無論他所發明或發現的各種創造性事物、工作，皆與一般人認爲的常識，或多數人同意的見解相反。無論是一個公司或一個團體中，被衆人舉爲有才能者，都能夠發現旁人無法發現的問題點，並且淸楚的指摘出來。

擁有自己的主張與意見者，必然備有強烈的自我意識，這對個人而言，只會帶來正面效果，絕對不會產生負面效果。然而，當我們一提及某某人自我意識強烈，多半會認爲，這是一項缺點。因此，一群小朋友當中，那位總是唱反調的孩子，很容易就被其他小朋友標示爲「性格乖僻」「不合群」。

例如，父母親興高采烈的買了玩具回家，在父母親眼裡認為不乖，或做事不為父母親所期待那般理想的孩子，便會直接受到父母親的訓誡「你這孩子實在太怪僻了！」如果碰到經常與父母親意見不合、唱反調者，又會被指責說道：「你這孩子一點都不乖，更是不孝順！」

當然，有許多父母認為以這種方式來指責孩子，確實不妥。但是，當父母親知曉自己的孩子與他的朋友意見不合時，立即會擔心，而訓誡孩子說：「如果只有你一人持反對意見，很容易引起其他同學的嫌棄。」在父母親的觀念中認為，孩子無法順從多數人意見，是不對的，故而執意強迫孩子要接受多數人意見，進而指責孩子說道：「你這孩子，性格太怪僻！」

父母親這種不認同子女自我主張的態度，強迫孩子順應多數人之意見，反而妨礙了孩子的自我發展，結果造成孩子多數人說右，我也附和右是對的，人云亦云的性格。

法國人的觀點卻截然不同，在日本人的觀念中，認為「怪僻性格者」是不受人們歡迎的，而法國人卻認為，凡事處處順從他人意見者，不為人們認同是具備正常人格者，更為他人所瞧不起。因此，一個家庭中，無論自己孩子的意見多麼幼稚，依然要仔細聆聽，有時父母親也可以故意持相反理論，促進親子之間相互議論的方式來教育孩子。

雖然各國國情不同，作者卻認為法國式的教育方法值得效仿。如果我們從這一角度來看，當孩子正在反駁父母親的意思時，千萬別執意的批判孩子「不乖順」，反而應該要慶幸，孩子也有不同的看法，說不定眞的是父母親的觀念錯誤，經由孩子的提醒得以改變觀念。但是，如果孩子的反駁論調，父母親明知是錯誤的，也得先仔細聆聽完孩子之意見後，再予以訂立，倘若父母親能夠以這種態度來教導子女，日後必定能夠培養孩子自我主張，與富有創造性發達的頭腦。

孩子說出自己的夢想雖然過於單純，但最好靜坐一旁仔細聆聽

曾經有一段時間，相關電腦方面的書籍，流行於各個上班族，大家爭先恐後的閱讀，與電腦相關的就是我們的右腦。簡而言之，人類的右腦支配著靈感、思想等，相關於創造性的部份。

雖然電腦普及各地，但是機械並不代表創造力，反而相關創造性之能力，更爲人們迫切需求。同時這種趨勢會一天比一天更爲強烈。由此亦意味著，今後對於孩子的教育，是要著重於具備個人個性化的看法，當然這項教育後代的重責大任，就落在父母親的肩膀上了。話雖如此，但是作者並不主張一定要給予子女特殊之教育，重點在避免扼殺了孩子獨立的個性。

尤其是某些特別場所，父母親更是不要干涉孩子的意見。

許多父母親會在無意間對於子女之夢想與獨創性的想法予以否定，還以不重視的口氣說：「你的想法太單純了！」「不要太過衝動哦！」如果將這些與作者過去親身的經歷相比較，父母親總是不願意讓子女行走多危險、失敗機率高的道路，當然這是人之常情，我們不予否定。但是，凡事父母親都以安全考量來判斷對與錯，強迫子女勿嘗試可能會遭遇危險、失敗的事物，反而會在不自覺當中，抹殺了孩子原有的個性與創造能力。

誠如意識調查報告顯示，最近的年輕人非常的現實。當局並且實際詢問了各小學的學生，有關將來之願望，多數的小朋友回答：「要讀好的學校，畢業後要任職好的公司，居住在有草坪，屬於自己的房子。」這些回答，不論是好是壞，卻完全反射出大人的價值判斷，唯有如此才是理想，也才會感覺幸福。

的確，平凡就是幸福、就是好的，這句話如果由某一角度來衡量，著實具有其言下之意的眞理，但是正値孩童的年代，大家都身處於安全又平凡環境當中，倘若如此，孩子本身的獨創性與創造性能力，便很難得以發揚光大。

創造性是經由個人本身個性的差異，對事物所持之看法，而產生了創造力。換言之，創造性就是以個人之不同看法爲前題，而造就出來的創作。因此，創造性必須要擁有自己的目的意識，爲了要達成目的而努力的意識，與自發性要努力的意識，兩相比較之下，前者較爲稀薄。

這也就意味著，創造者為了要提高學習效果，首先必備條件，就是要有能力。如果由大人的觀念來看，孩子過於牽強的夢想，父母親並不需要勉強獎勵，但至少要坐下來仔細聆聽，避免孩子的思想固定在平凡的模式之內。

將孩子的遊戲場所明確劃分「好與壞」，不能培養日後的社會性

我的孩童時代，男孩子玩的遊戲多半是拍打紙牌、打陀螺等。其實，在當時幼小的心靈中，並未設想到玩這些遊戲有任何益處，總是幾個小朋友一夥兒在巷子內遊玩著。

如果自己喜愛的陀螺轉速緩慢下來，快要被其他小朋友趕上搶走時，內心更著急萬分，玩耍當中確實有一股強烈的刺激感。其實，玩陀螺等類型的遊戲並非如大人擔憂那般，屬於不良的遊戲，玩這種遊戲不是奪取了對方的陀螺，就是自己的陀螺為對方所奪取，但是認眞的思考一下，在大夥緊張的遊戲當中，無意間卻學習到了許多事物。

假設這項遊戲屬於「賭博性質」，那麼必定存在著諸多規則。遵守既定規則，才是進行遊戲的絕對條件。這種遊戲規則，無論是大人社會，或者是孩子的社會，都是相同重要的。雖然陀螺是自己最愛不釋手的玩具，但是被對方彈出圈外，自己輸了，也只有忍痛割愛，將自己最珍愛的陀螺交與對方，為對方所擁有。

如果此刻輸的一方不服從遊戲規則，將被其他玩伴不具資格再繼續參加遊戲。而遭受

「由夥伴中剔除」的制裁。這位被同伴制裁的小朋友，在自己家中即使是一個非常任性，無理取鬧的孩子，碰到這種被剔除處分的結局時，多半會毫無怨言、默默承受制裁的。這即是社會性的規則。意味者，孩子在參加這類遊戲期間，不自覺的學習到社會性。

的確，玩陀螺和拍打紙牌，具有「賭博性質」的意味，相信許多父母會擔心自己的子女從小就學會了玩這類帶有賭博性質的遊戲，將來長大後，容易變成嗜賭如命的賭徒。但是，把玩手槍、刀箭，仍然具有危險暴力性，難道都需要禁止孩子遊玩嗎？

然而對孩子而言，大人眼中所謂「不良的遊戲」，也是一種很好的學習方式，在遊戲當中，孩子可以學習到許多我們無法立即見到的事物。如果父母親硬要斷然禁止孩子繼續玩這類遊戲，有如要讓孩子的成長停止一般。

其實，孩子的遊戲種類，也有所謂的流行。只要一提及流行兩個字，人們很容易聯想到輕薄。但是，在孩子的世界中，如果只有自己一人未加入流行的行列，會立即為同伴所冷落。因此，是否參與流行行列，對孩子而言，是一項極為重大的關心事。

如果此刻家長無視孩子的想法，一意孤行的要禁止孩子跟從流行，使孩子為其同伴所冷落，如此孩子的身心將受到極為嚴重的挫折與傷害，進而讓孩子喪失了原來具備的活力。

家長們最要注意的是，不要以大人的眼光和價值判斷，來判定孩子遊戲的「好與壞」，要尊重孩子與孩子之間的人際關係，讓孩子遵從屬於他們的遊戲規範（社會性）。

孩子自行學習新事物與被迫學習之記憶，對其頭腦成長有顯著的差距

前些時日，與學生們閒話家常，發現在過半數以上的學生，在他們幼兒時代便學習過彈鋼琴，作者對日本家庭購買鋼琴的高普及率深感訝異，閒談之間，詢問學生們諸多有趣的事情，其中最讓人深感興趣的是，學生對自己學鋼琴的親身體驗，大夥都回答：「被迫學習鋼琴。」

這正意味著，並非因爲自己的意志，想要學彈鋼琴，而是被強制、不得不學習。經由同學們各自發表自己學琴的經過，便可以瞭解學習彈鋼琴的體驗，便成爲他們過去一段不愉快的記憶。其中，有一位男同學說道：「我學彈鋼琴學了二年，練習彈鋼琴的時間，比我去死更痛苦。學琴那段時間，幾乎每天都是母親強迫抱我坐在鋼琴面前，而我總是哭泣著拒絕，只見我們母子倆拉扯爭戰！」

其實不僅是在學習彈琴的情況相同，即使讓孩子學習其他方面的技藝，亦發生如前相同的狀況，反而很少見到沒有學習其他技藝的孩子。

家長熱衷讓孩子學習技藝的理由，因人而異，但是站在增進孩子頭腦發育健全的層面而言，學習技藝有兩項主要的效用：第一，多學會了一項技藝，在能力方面，便可以勝過

他人。孩子在擁有自己擅長技藝後，進而增加了自信。當孩子擁有一項自認爲有信心的技藝後，連帶著其他方面的能力也隨之發達，這在心理學上屬於一般常識。

第二，按照上述的方式，培育孩子一項能力後，對於如何讀書、做功課的方法，也自然而然瞭解。或許諸位感覺疑惑，學習技藝與做功課有什麼關連呢？當我們想要學習新的事物時，會表現出諸多共通的特徵。

孩子對某項技藝已經缺乏興趣時，家長卻要硬性強制孩子繼續學習，將造成負面效果。家長希望孩子學習某項技藝之前，應該詢問孩子是否有學習的意願？能夠讓孩子對某項技藝發生想要學習的意願，才是父母親們首先要注意的問題。前段內容中，某位同學的一句話「被迫學習鋼琴」，即可明瞭家長並未事先考慮子女的學習意願。關於這一點，很遺憾的是，多數的家長皆未曾考慮到。

如何來增進孩子表示其學習意願呢？也就是如何給予充分的激勵作用呢？例如孩子開始學習技藝，多半是因爲孩子本身「想要學習」，再加上母親的觀念認爲「孩子已經四、五歲了，應該是學習鋼琴的時機了！」「我自己也很想學彈琴，但是爲時已晚，無法如願了！」類似這種以母親主導孩子來學習的例子，極爲多見。如果家長以強制的方式，讓孩子學習一些自己不很關心的事物，當然不久便感覺厭煩了。

如果家長見孩子學習技藝的態度並不熱衷，而一旁鼓勵孩子說：「既然已經開始練習了，就應該多花點心思，努力學習吧！」殊不知，這套鼓勵的話語並未見得有何效果。假設母親又換一種方式說：「這項技藝的學費好貴哦！一定要好好認眞學習。」只考慮到母親的立場之鼓勵方式，只有增加孩子的壓力，結果更是減弱了孩子學習的意願

關於這方面，曾經獨創開發小提琴教育，揚名海外，並獲得極高評價的——鈴木指導法，創辦人鈴木鎮一先生之理論，値得各位參考。鈴木先生說，如何讓孩子喜愛音樂呢？秘訣在孩子尚値幼兒時期，便不斷反覆的讓孩子欣賞音樂。在這種充滿音樂氣氛家庭中成長的孩子，當他拿起小提琴，也不會感覺練習小提琴是一件痛苦的事，反而會愉悅的想要學習，因此，進步也快速。

讓孩子自幼便接近美好的音樂，孩子自然而然瞭解音樂的喜悅與樂趣。相對的，對音樂之關心度亦隨之提高，在需要學習其他方面之樂器時，其學習意願必然有所差距。

希望孩子學習某項技藝之前，先考量如何讓孩子對這方面的技藝，提高其關心度，不妨先帶領孩子參觀其他小朋友的上課練習情況，或者告訴孩子，學習某種技藝是如何如何的富有樂趣。

當孩子要求家長，眞的想要學習時，不要立即允許孩子學習，不妨再觀察一段時間較爲妥當，因爲有些孩子只是隨意說：「想要學習」而已。當孩子眞正賦予對某項技藝的關心度後，再等待一段時間，讓孩子的關心度再提高一些，如此對學習才可獲得效果。

孩子在開始學習某項事物級，或許到了中途，就會心感厭倦，碰到這種情況時，家長是需要施加一些強制手段，但是仍然還需要告訴孩子，因爲對這方面有興趣，所以才要從基本開始學習。

夫妻對子女教育方式不一致時，絕對避免當著孩子面前責備對方的錯誤

常耳聞母親們事前已做了決定，於子女過生日當天，或者聖誕節慶，買份價位較高的玩具，送給子女做爲特別日子之禮物，然而父親卻持相反見解，不忍心見孩子長時間的等待，盼望這特別的節慶快點來臨，因此先前購買玩具送給子女。如此一來便演變成只要孩子一想要買什麼東西，隨即去找父親代爲購買。

誠如上述，夫妻對子女的管教方式發生分岐意見的實例，極爲常見。由於父親會順從孩子的要求，因此常見母親們對著孩子埋怨說道：「你父親眞的過度寵愛你了！」

當然母親這段怨言的背後，還附帶著另一份無奈的情緒：「雖然我一心一意的想要正確，妥當的管教孩子，但是父親卻過度寵愛他們，造成孩子越來越不聽話！」

按照原理來判斷，父母雙方管教子女的方式與意見，需要持相同的方向較爲妥當，否則子女便沒有一個正確的指標，不知道到底要相信誰說的話，而心存困擾。尤其是子女年齡尙幼，還無法分辨是非，根本不瞭解什麼是對？什麼是錯？這時候父母親的管教方

式，更要注意彼此意見的一致。例如在西歐各地區，小朋友在戶外玩耍，如果隨意侵入了花壇或花圃，此刻，不只是父母親會責罵孩子，連其他在旁看到的大人，都會齊聲責備孩子的行爲不當，像這種的管教子女原理，社會全體皆一致。

然而以上情況，若轉換到日本，就有人會持不同意見，「孩子年紀還小嘛！」一句話帶過去，就原諒或容忍孩子的過失。其實父母親對於子女的管教方式，絕對不可以將就某一方，善與惡一定要淸楚指正。如果由這角度來分析，令母親極爲困擾的聲音：「父親過於寵愛孩子」，是可以理解，它具有實際的意味。

待子女長到能夠明辨是非，大約小學低年級的年紀，父母親除了基礎方面的管教之外，最是要避免發生雙方教育方式的不一致。

如果孩子在這時期見到父母親之意見相違，應該讓孩子瞭解，任何事情都會因人而異，出現意見不合的狀況。

例如，歐美國家的家長們發給子女零用錢時，母親會對孩子說：「儘量要節省花用哦！」然而父親卻會對孩子說：「金錢要用的很瀟灑！」殊不知，孩子的想法非常聰明，靈活得讓父母親料想不到。孩子的心裡如此盤算著：「金錢是不能隨便花用，但是爲了要買這樣東西，父母親可能會同意讓我購買！」孩子會視當時的狀況，按照自己的價值判斷，自行下決定。

孩子會自行理出數種選擇的方向，再配合當時發生之狀況，再自行決定選擇其中之一，當然孩子具有判斷的能力，知道如何選擇最正確的方向，並且還能夠臨機應變。孩子具有這般的判斷力，也是由「父母親意見不一致」的情況中，培育出來的。最是要避免的，切勿在孩子面前責備父親的不是，這樣會損害孩子對父親的形象。如果父母親雙方不時的在孩子面前，相互扯對方後腿，會讓孩子出現強烈的不安感。

有時旁人一句責備的話，遠比母親百句責備話，對孩子更有效用

一位母親無奈的說道：「我的孩子很會吵鬧，所以我都不敢帶著孩子到別人家裡去玩！」的確，帶著孩子到親朋好友府上拜訪，偏偏自己的孩子又不聽話、不守規矩，這時母親必定感到難爲情。「來到別人家裡，爲什麼不能稍微安靜一點呢？」即使母親直言責備孩子，但是卻不見任何效用。因爲孩子清楚的瞭解，目前是在別人家裡，母親絕對不會像在自己家裡一般，嚴厲管教。

有時，當母親正在責備孩子時，對方的家人會排解窘境的說道：「不要緊啦！我們一點都不介意！」反而袒護被母親責罵的孩子。結果，孩子趁機利用大人不便過度嚴厲責罵的心理狀態，反而越是更加搗蛋。

當母親遇到這種情況，最好不要直接責備孩子，不妨利用對方的家人出面說話，這也

不失爲一種理想的教育孩子方法。例如當著不聽指揮、頑皮的孩子面前，對對方身爲主人地位者說道：「你們家裡會原諒孩子如此胡鬧嗎？」

其實，並非每個人都可以明白表示「不允許」，但是會根據對方當時表示出來的態度，而瞭解自己已不受歡迎了。此刻母親便可以直言：「在這裡，不允許玩這種遊戲！」透過對方家中的規矩，來管教孩子。如此比較可以簡單的指導孩子遵守禮節。

這是因爲孩子對他比對自己的父母親，更強烈的感覺到所謂的「社會」。如果是經由母親的口說出，這表示是他人的想法，容易讓孩子內心緊張，而必須要聽從母親所言。如果從這一角度來觀察，父母親帶領著子女到友人家拜訪，反而成爲教育孩子遵守禮節的大好時機。

倘若父母親能夠善加利用孩子不得不聽從他人所言的心理狀況，積極的活用在友人家中的機會教育，教導孩子學習禮節。當然能夠預先與對方家人商量妥當，做好事前的默契最爲重要。例如讓對方主人決定他們的家庭規矩，並且要求每個人都要確實遵守。如此一來，對孩子最具威嚴效果。例如孩子喜歡在沙發上跳躍，由對方家人來判斷這種動作是好或是壞，規定那些活動或動作，是孩子在室內允許範圍內的行動。一般而言，孩子對他人所謂的課餘之限制，都能夠一一順從的。

但是，管教孩子之主導，並非他人，而是孩子的父母親，爲了要擺脫親子之間過於親喔，反而他人的一句話，比父母親的百句話，更有效用。

公共場所內，故意冷落孩子

某位女性編輯告訴作者一則有關她的經歷，某日在清晨的上班通勤電車上，眼見前面有一個空位，正要向前坐下，突然聽到身邊傳來一句話：「孩子，這裡有個位子！」只見一位身穿幼稚園制服的兒童，立即搶先坐上那個空位。那位幼童的動作實在太快了，讓她驚訝異常，連生氣都忘記了。

電聯車算得上是孩子經常出入的公共場所，當然電車亦可成爲母親管教孩子最容易表達的地方。但事實上，卻經常爲人們指摘，歐美人與日本人的管教方式，有極大的差別。在日本，人們認爲「孩子太小，叫孩子站著，實在太可憐了！」就因爲這種根深蒂固的觀念，所以常見在電聯車內，父母親站立者，子女優先坐著的情景。

因此，乘坐電聯車，經常可見乘客爭先恐後的朝向空位，搶坐位的情景。曾經遠赴澳洲，在當地一所日本學校教學數年的日本籍老師說道，當他剛自澳洲返回日本初期，見到一群至戶外遠足的學生，在電車內搶位子的情形，讓他感到非常驚訝。

不僅是在澳洲，其他歐美地區，除非是車內有非常多的空位子，很少見到一個健康的孩子，在巴士或是電聯車內坐在位子上。許久以前，作者遠赴歐洲旅遊，曾耳聞瑞典王室的子女，搭乘巴士亦是站立在車內的情況。作者對於歐美人士的徹底教育方式，深感佩服。

作者同樣認爲，孩子在上小學之前，原則上搭乘大衆運輸車輛，是可以站立的。這年紀的孩童，除非是長距離的乘車，否則在車內站立二十、三十分鐘，是絕對具有充足的體力。同時，電聯車內是教導孩子如何在公共場所內遵守禮節的最適當場所。

例如告訴孩子，因爲你是兒童，所以購買半票，當然乘車要站立。那麼孩子就瞭解自己的立場，會忍耐著乘車站立於車內。如果能夠培養孩子乘車站立的習慣，看他見到車內身體虛弱、年長者，自然會表現讓座的行爲。

無形中也順其自然的培養了孩子社會性之效果。同時，孩子在乘車時站立，還可以訓練其身體之平衡感，增進腰部、腿部的強外效果。

要培養孩子乘車站立之習慣，首先父母親本身要表現出，對於車內之空位不表關心。這正應用了，父母親對有座位坐下表示關心，孩子也想要坐下來的心理反效果。父母親需要擁有這種態度，方能指導孩子搭乘大衆運輸車輛，應該要站立的習慣。

4 解除「不滿」的心理法則

——讓孩子坦誠接受父母親的勸告

1 以緩和對方排斥感的說話方式來解除「不滿」

先建立「容易被接納的條件」才是進行說服的最大原則

最近曾聽人說：「過去在大雜院中具有權威的長者，至今仍存在著」。在東京某商圈的社區內，雖已無大雜院，但鄰居們的感情相當深厚，往往將鄰家的孩子視如己出，互相照顧。其中也有一位善於勸誡孩子的長者，十足像是現代版的「大雜院長者」。不擅長管教孩子的父母，總是會委託長者代爲勸導自己的孩子，結果據說向來頂嘴的孩子，在長者的勸告後皆變得很乖順。

當有人好奇這種神奇的勸導方式，而問長者：「爲何您的勸導總能教人心服口服地接受」時，他總是以謙虛的態度回答：「其實並沒有什麼秘訣，我不過是以容易使他人接受的口氣勸告而已」。這正表示孩子是否願意聽從父母的勸告，關鍵在於父母能否遵守此原則。

用對方容易接受的口氣勸告，即先建立「容易被接納的條件」，才是說服他人的最大原則。我並不清楚這位長者是採取什麼具體的方式，但一般而言，做法有如下幾種：

第一，在勸告之前，先預測對方可能反彈或排斥的重點，再下些功夫避開或是巧妙的利用。爲避免「正面衝突」，可藉由第三者、信函、日記、自己的失敗經驗等來緩和衝擊，並控制說話的聲調，使情緒緩和後，再向對方表示：「我很了解你的心情，但是……」以搏得對方的好感，或是裝著若無其事的態度。

第二，首先應尊重對方，營造自己已接受對方，對方也必須接受自己的氣氛。不要直接以警告或是命令的形式表態，而應採取提案或商量的說話方式。當對方反駁時，也應誠懇聆聽對方所說的話。

第三，表示願意減輕對方的負擔，讓對方容易接受自己。例如以：「請聽我說三分鐘」，或是「可不可以對你說一句話」等用詞，先造成對方容易接受的心態，即使是較嚴重的勸戒，對方也較容易接受。除此之外，以表示期待或是信賴對方的語句，如「我相信你一定做得到」等，也能達到此效果。總之，避免說出容易造成對方壓力的語句，而採用可以鼓勵對方的正面語句，或是配合對方犯錯的程度，衡量勸告的時機等皆是良好的方式。

藉由第三者來傳達母親所擔心的事，可排除小孩的排斥感

曾經轟動一時的美國電視連續劇『神探可倫坡』，故事中的嫌犯都定位爲社會地位高

的人，倘若嫌犯是位演員，可倫坡最初接觸嫌犯時，通常會說：「我的妻子是你的影迷……」。這時，嫌犯雖有警戒心，但心中卻會產生一股喜悅感，而使可倫坡更容易深入對方的內心。如果那時可倫坡說自己是對方的影迷，情況會變得如何？這可能會讓對方覺得可倫坡有所企圖，因而奉承，結果反而引起反感。可倫坡巧妙利用第三者來讚美，更能打動對方的心。

基於此道理，無論是何種資訊，只要以第三者的想法、意見來表達，往往可提高公信力。在報紙或電視報導新聞時，也常會利用這種第三者的資訊來源之手法，例如：「依某某消息靈通的人士指出」，此可提高群衆的接受程度。

當父母欲傳達意見給孩子時，這種方法也成爲有效的手段。例如母親想過孩子表達自己所擔心的事時，可藉由伯父、叔母等第三者來傳達「你母親可能有這種想法」，此方法比母子正面接觸更能提高孩子的接受度，亦較不會讓孩子產生反感。

感情上與孩子相互對立時，可利用信函、日記等來傳達自己的想法

在我的求學生涯中，曾有位朋友因爲父親管教過嚴，所以經常反抗。結果在彼此不能容忍對方的情況下，他的父親去世了。某日，當他在整理父親的遺物時，發現一本日記。閱讀其內容才發現，平時嚴厲待他的父親，也有慈祥關懷的一面，這使得他悵然淚下，懊

悔地表示：「其實我也有不是之處。現在我終於了解父親的心情了。爲何父親在世時不讓我看這本日記啊！」

像這樣面對面容易引起衝突的父子，只是一本日記就可化解彼此的心結，由人類的心理層面來看，這的確是很有可能的事。

本來我們在說話時，總是直覺的、衝動的，很容易受到情感的左右。但寫文章時，會過濾直覺的、衝動的想法，更冷靜地面對事物，理性地將情感傳達給對方。

父母與孩子相處時，容易以高高在上的姿態壓迫孩子，倘若所面臨的是已經有自我想法與主張的孩子，那麼其在成長的過程中，必定會反抗父母。

由於如此，父母應該利用信函或日記等可緩衝情感的工具，來避免親子之間的「正面衝突」，總之，請多利用一些在不知不覺中可讓孩子坦誠接受的暗示性道具吧！

當可能引起爭執時，說話的聲調反而要降低

我曾在電視的單口相聲節目中，聽過一則怪談。當會場的燈光漸暗時，故事則進入愈精彩的階段，在場的聽衆也都投入故事的情節中。然而有趣的是，當故事最精彩的時候，說故事者的聲音反而會愈放愈低。「突然間燈光熄滅了……」，這時候，說故事者的聲音似有似無，結果反而將在場聽衆的情緒帶到最高點，使得人人都屏息豎耳聆聽。如果這時

說故事者以宏亮的聲音說：「突然間燈光熄滅了……」，不曉得在場聽衆的反應會如何？其實，聲量放低比聲量粗大更能夠提高聽者的接受度。當孩子唸小學高年級至國中的階段，自我意識愈來愈強烈，因此，喜歡辯駁或頂嘴，倘若這時候父母還以歇斯底里的尖銳聲音破口大罵時，反而會鬧到不可收拾的地步。

依據心理學者荷普蘭特針對學生對講課方式的理解程度之研究報告中發現，溫和的說話口氣比善辯型或是演說型的說話口氣更容易使對方接受。因爲一般人認爲聲音低沈較富有理性，而且覺得「那並不是在向其他人說話，而是只同自己說話」，所以很容易就可使對方接納。爲人父母者若能將說話的聲音降低，以較沈穩的語氣與孩子交談，則孩子必定能夠坦誠的接受。

先談失敗的經驗再進入主題，孩子會更坦誠接受父母的勸告

「你又做錯了」，正當被母親斥責，心中感到不悅時，父親或兄長來到自己的身邊安慰道：「我也犯過同樣的錯誤……」，因而放寬心情的經驗，相信任何人都有過。而且，因爲如此，並不會興起想再犯同樣錯誤的念頭。

父母不應該以十全十美的態度來勸誡孩子，若能以曾經也犯過相同錯誤的立場來勸導孩子，反而能打動孩子的內心使其接受。這正表示，先談父母的失敗經驗，再進入主題的

勸告法，乃是最有效果的暗示術。

想命令時，採取提議或是商量的形態表示，使孩子覺得是由自己所下的決定

有位新聞記者，在奧運尚未開幕之前，曾到美國游泳集訓中心進行採訪，結果見到一幕情景令他相當吃驚。還是高中生的選手們與教練有說有笑地游泳，其情形好像是遊戲一般。這與絕對服從教練的命令，行動一致的日本隊相比較，在練習的效果上簡直有天壤之別，因此得到一個結論，在教育上若能採用此方法，或許可帶來正面的效果。

理由之一是，美國式的教育方法，讓大家都能夠愉悅的練習，並非強制執行。因此，可讓學員覺得自己掌握決定權。

對孩子而言，最討厭聽到的莫過於「快去做功課」等這類命令的口氣。受到他人強制時，不管是大人或小孩，都會感到厭惡。可是如果能由自己決定必須做的事，那麼情況就大不相同了。如此一來，必能夠萌生想積極去做事的心態。

因此，當父母想命令孩子做事時，不應以直接命令的口氣交待，而可採取提議或是商量的形式，例如問孩子「這樣做是否比較好」等等，讓孩子覺得選擇權掌控在自己的手中，如此孩子較能坦誠地接受。

最重要的是，應讓孩子了解父母的關懷，以及尊重其自主性的態度。

當勸告的事有好幾項時，先選擇「一項」提出較理想

在結婚典禮的致詞中，許多人的講詞都相當冗長，不管其內容的精彩，日後聽衆一定不會留下深刻的印象。如果表明「我只說一件事」，而以具體的內容只說一件事情，雖講話的技術不甚高明，聽者依然會留下深刻的印象。

演講的話題衆多，不管講得多精彩都會使效果擴散，而無法使人留下深刻的印象。

既然如此，當父母要警告孩子時，一開始就提出好幾個事項，的確並非明智的做法。無論講得多有道理，孩子也會露出厭煩的表情，而不易接受勸導。所要提出的勸告愈多，愈應該採取孩子容易接受及願意聽的表達方式，否則只會造成「馬耳東風」的反效果。

此時，可先表示「有一件事要告訴你」，以減輕孩子的負擔，讓孩子產生接受的態度後，勸告方能奏效。通常孩子會認爲只談一件事的話，很快就能結束，因此，比較能以接受的態度去聆聽勸導。其餘的事項視以後的狀況再一一提出勸導；或者在初次勸導時，孩子頗能虛心接受，則可再順便提及其他項目。

避免說「不能做什麼」，而改說「去做什麼」孩子比較能夠接受

勸誡孩子時，分爲「不能做什麼」，以及「去做什麼」的二種說法。

乍看之下，這兩者似乎相同，其實卻有頗大的差距。前者屬「限制性的勸告」，後者屬「要求性的勸告」。通常採用限制性勸告易使孩子陷入這樣做不行，那樣做也不行的閉塞狀態中，也就是說，父母雖勸誡不可做的事，但卻無具體的指示應該怎麼做，因此，才會使孩子陷入困境。

反之，要求性的勸告是採用指示孩子「去做什麼」的方法，有具體的指示，孩子可依自己來判斷其用意。亦就是說，不談孩子的缺點而盡量發揮其長處，是較富有教育意義的勸誡方法。

由此可知，具體的指示「去做什麼」的要求性勸告，比較能夠讓孩子坦誠接受。曾有某一實驗證明，以限制性的勸告所管教的幼兒，因其行動受到限制，於是導致欲求不滿，最後終於喪失活動的意願。爲人父母者首先應了解欲勸誡的目的，避免使用「不能做什麼」，而以「去做什麼」的方式來勸誡，如此才可說服孩子。

當孩子做錯事時，不要只是勸誡，更應該教導其正確的做法

曾有位母親來詢問我如下的事：「我爲孩子請了一位家庭教師，卻對他的教法不太信任，實在不知如何是好！」我問她不太信任的理由爲何，她表示那位家庭教師不太愛說話，即使孩子做錯事，也只是交待孩子重做一遍的方法，卻不加以勸誡。

我勸這位母親：「或許那位敎師有他自己的想法，您不妨再觀察一陣子看看。」

不久後，果然接到這位母親的來電，她說：「成績確實提升許多，想不到此敎法這麼有效。」

我的想法其實與這位敎師相同，當孩子無法解答問題時，先不要施以責罵，而敎導其再做一次就好。站在母親的觀點而言，當然希望老師能夠嚴厲一點，明白的指出孩子的錯誤，但是在勸誡之前，不妨先讓孩子重做一遍，直到其徹底了解為止，這樣一來，反而更能有效矯正孩子的錯誤。

以爲會遭到責罵的孩子卻意外地不用受責，於是便解除了內心的緊張和警戒，而能更安心地去解答問題或做自我反省。

小問題可當場勸誡，大問題則隔一段時日再勸誡

不良的行爲始於細微的過錯。由於大人默許小孩所犯的細微過錯，或是說粗話等等，遂導致日後孩子的行爲乖戾。以爲偶而默許孩子說粗話無所謂，但其情形勢必會愈來愈嚴重。或許有些父母認爲說話用詞無關緊要，不須如此重視，只要發生大問題時再加以勸誡就好。其實這種想法根本大錯特錯。

依據心理學者麥克華生針對單純作業之錯誤的研究統計資料顯示，一面告訴對方結

果，一面進行作業時，比不告訴對方錯誤的結果更能提高正確度。在這類單純的作業中，由於作業者不了解狀況，因此才會發生錯誤，所以若能「即時確認」，才能夠獲得正確的效果。

說話用詞或是天天必須做的課業都算是一種單純的作業，所以能夠「即時確認」最理想。反之，面對較大的問題，孩子本身都會有自尊心。但若父母趁機施以嚴厲的責罵或是警告，則本來已有悔改之意的孩子，反而會因此變本加厲，使問題愈鬧愈嚴重。遇到較大的問題時，可先等待孩子自己思考過一陣子後再提出，因爲經過反省之後的孩子，會比較容易接受父母的意見。

「做得不錯，但可以做得更好」，以「比較級」說話，孩子更容易接受

ＮＨＫ教育電視節目的講師之一，女吉他手小原聖子女士，她是一流的演奏家，擁有好幾位門徒，也是音樂大賽的得獎者，更是一位優秀的教育家。採訪過她上課情形的一位新聞記者曾告訴我，她每次聽初學者演奏，即使對方演奏得相當笨拙，她也能舉出一項優點，加以讚美。而且並非以口敷衍地讚美，而是以認眞的表情由衷地讚美。

當然只是讚美並無法矯正缺點。到底她是如何解決這問題？據說她在認眞讚美之後，還會補充「這部分應怎麼做會更好」，即使是困難的要求，也是以平常的口氣指導對方。

的確，大家已普遍應用讚美的功效。但是小原女士的方法不僅發揮「讚美的效用」，還能獲得更好的效果，理由在於：第一，讚美時態度誠懇自然更能夠增加讚美的眞實性；第二，以「怎麼做更好」的「比較級」語句指導，會使學習者淡化這種勸誡的方式，因爲指示「會更好」，表示「目前已經很優秀了」。加上又先表讚美後再指導勸誡，因此，不論多困難的要求，學習者也會樂於接受挑戰。

「你實在太邋遢了……」，這種責備的語句只會造成負面的效果

當父母警告孩子時，通常會下定論或抱怨不斷，例如責罵：「你實在太邋遢了」、「爲何總是粗心大意」或是「爲何那麼沒耐心」等等。當孩子的書本散落一地，衣服脫了隨便亂扔等等，對母親而言，一定不只警告這些行爲，最後可能還會順帶斥責：「你這孩子實在太邋遢了」。這種心態相信每個人都能理解。

然而，孩子是否對每件事都如此邋遢呢？他們是否嘗試過想把一切東西都整理乾淨呢？

「你實在太邋遢……」這句話表示完全否定孩子曾做過的努力。當父母想矯正孩子的邋遢，卻使用「你爲何總是這麼邋遢」的語句指責，反而會產生負面的效果，而孩子可能會因此受負面效果的影響，眞正成爲一個邋遢的小孩。

所以當父母覺得孩子有邋遢的傾向，先不要直接以「責備的語句」去指責，而只是針對個別事項加以警告。假使非得要使用「邋遢」這句話，也應以相反的口氣表示：「你的本性並不邋遢，所以應該不會成為邋遢的小孩才對呀！」

讓孩子自己排除不平、不滿

隨著成長而自我意識高漲的小孩，容易產生不平不滿。且因成長會經常發生對自我的要求與父母的規範不相容的情況，唯有累積克服衝突的經驗，孩子才能成長為成熟的大人。

由於如此，忽視或壓抑孩子的不平、不滿，或是認為太煩不想管教而完全默許等隨便敷衍的態度，皆無法使孩子順利成長。雖然孩子的不平、不滿難以令人接受，但為避免使孩子受到更大的傷害，應該更委婉的處理，才能使孩子健全地成長。

至於如何處理孩子的不平、不滿呢？可略分為兩大原則。心理學上有所謂的挫折——攻擊理論，是指人類的欲求不滿，有可能轉為攻擊的心理。當孩子有不平、不滿時，其不滿的心情會轉為反抗、反駁的態度。而對應的第一個原則即是避免產生此能量，或是提高此能量，再由根本徹底消滅。第二個原則即選擇避免與此能量正面衝突的方法。

第一個原則是，當所決定的事使孩子產生不滿時，可讓孩子參與決定的過程，讓其覺得是由自己所下的決定，或是預先替孩子擬定幾個方法，再讓孩子自己去選擇。我經常使用的方法即是讓孩子們不會產生不平的果汁分配法。

也就是由其中一個孩子先以自己滿意的方法將果汁倒在二個茶杯中，再讓另一個孩子自由選擇其中一杯，分配果汁的孩子會覺得無論哪杯都一樣，而自由選擇的那方也會覺得自己選擇的比較有利，所以不會產生不平的爭執。這個例子正說明了父母只要稍下些功夫，就可輕易克服孩子們不平、不滿的能量。

第二個原則是避免與孩們不平、不滿的能量正面衝突。亦即讓孩子說出想說的話；或是全面接受孩子的意見，引導孩子釋放出全部能量的方法；或是刻意誇大問題，而將其能量轉移到其他領域；或表示「現在不行，必須等到○○時候才可以」，先轉移時間再接著「轉移目標」；或是以「說不行就是不行」的方式，毫無理由的拒絕，孩子自己去思考理由；或是刺激孩子的情感，讓孩子體會父母關懷的立場等等，可採用的方法很多種。

一開始父母可設定幾個選擇條件，讓孩子自己選擇可提高其參與意識

曾經盛行於美國、英國的中、小學之開放式教育制度（open plan school），亦即讓每個學生自己設定讀書的時間表，按此時間表念書，以培養孩子的自主性、積極性。雖此方式孩子可自己安排自己的活動時間，對自己的行為負責，但對於習慣日本上課方式的父母

而言，見到前者上課時，學生各自做個人之事的情景，仍免不了擔心在此教育的狀況下，孩子是否眞能趕得上旣定的進度。

有關其教學成果無法一概而論，但與日本的孩子相較，接受開放式系統教學的孩子們，似乎與高采烈地按自己設定的計畫學習。然而，孩子畢竟尚未完全成熟，所以不會全盤交由孩子來擬定計畫，而是先由老師們設定幾個選擇的方式，讓學生自己選擇喜歡的學習課程，此種做法讓孩子覺得參與了最後的決定，所以在無形中可提高其責任感。

這種參與意識不僅可培養孩子的自主性、責任感，又可排除其內心的不平、不滿。另外還可客觀地分析自己的欲求。

並非參加奧運才有意義，其實在家庭教育中，參與也相當重要。通常孩子對於自己所決定的事，大多數會順從，絕對不會產生不平、不滿。

人類的心理相當微妙，有時自己的要求或願望被大方接受時，反而會覺得不安。爲了解除這種不安，將自己的要求降低或取消自己的要求者不少。

我所認識的經營者中，有一位即很巧妙地運用了這種人類的心理，使其員工更賣力地工作，卻不會有所怨言。

當父母欲杜絕孩子不當的要求時即可運用此法，有時假裝大方地接受孩子的要求，說不定反而能得到意外的效果。

聆聽孩子訴求其不滿，有助於孩子發洩欲求不滿的能量

最近，心理療法及諮詢輔導，經常採用鼓勵前來諮詢者暢所欲言的治療方式。精神科醫生或是輔導老師可依對方的談話找出其煩惱或不安的原因，而且大多數的人在傾吐的過程中，就可解除大部分的煩惱與不安，即使沒有施以特別的治療，患者臉上也會露出安心的笑容。

正如「徒然草」一書中兼好法師所言，「吞下想說的話會使腹部鼓脹」，人若沒有用其他的方法向外發洩內心的不悅，逐日累積心中欲求不滿的能量，則遲早不滿之情會爆發。目前嚴重的社會問題、強欺弱、家庭暴力、少年不良的行為等等，皆是不滿的能量爆發所引起。

爲釋放孩子不滿的能量，可採用輔導的方式，讓孩子盡情傾吐心中的不平、不滿。一般而言，母親常會強制壓抑孩子的不當要求及不滿的抗議，此種強硬的作風根本無法減低孩子欲求不滿的能量。

由此可見，父母應暫時接受孩子的要求，當然這仍會引起孩子其他的不滿，但只要父母肯熱心去聆聽孩子的訴求，相信再大的不滿都可迎刃而解。

過於微不足道的不平、不滿，故意加以重視誇大

聽說大飯店、計程車、餐廳、百貨公司等需要直接與顧客接洽的業種，爲了妥善處理顧客的申訴事件或是不滿的情緒，常會派遣經驗豐富的員工充當申訴調解者。爲了要讓顧客產生好印象，信用相當重要，倘若調解的方式有所閃失，勢必對生意造成很大的影響，因此頗讓調解者費心。

更聽說有些顧客會誇大店員的服務態度不周到，而將所有責任推給業者，想趁機撈一筆賠償費用，面臨此申訴事件，則必須以顧及對方情面的方式做妥善的處理。

明知對方不是，或是其不滿根本微不足道，但若因此與對方交口，很容易落入其所設下的陷阱。此時必須運用各種心理技巧，才能圓滿的解決，而方法之一即是誇大顧客微不足道的申訴事件。

例如，可對顧客表示：「這並非是單純的個人問題，而是整個公司的問題，請您到負責該問題的高級幹部辦公室重新描述您的申訴事件。」由於誇大重視，反而會使對方卻步，而希望問題趕快解決。

其實母親偶而可扮演調解申訴者的角色，而孩子即爲顧客，當發生這類事件時，即可利用此方式解決孩子微不足道的抱怨與不滿。

雖事情無聊也應以「認真的表情」去聆聽

有句俗話說：「好聽衆勝於擅辯者。」我也經常向許多母親們說：「好聽衆才是養育子女的高手。」一直爲親子關係惡劣而煩惱的母親，多半欠缺能耐心聆聽子女說話的態度。

的確，在許多父母的眼中，孩子的不平、不滿確實是微不足道。可是這些問題對孩子來說，都令他們相當困擾。最近常聽到中、小學生自殺的事件，每次發生此事時，許多父母總是表示「我竟沒發覺孩子爲這個問題那麼苦惱」。

在針對孩子不滿這方面的問卷調查中，發現居首位者竟是父母不肯認眞聽自己的話。對於渴望擁有自己讀書房間的孩子，母親總是以諷刺的口氣說：「連父親都沒有自己的書房了，你要求什麼。」加以拒絕，如此的回答只會增加孩子的不滿。其實孩子眞正的不滿不在於沒有自己的書房，而是對於父母敷衍他的態度而感到不滿。

所以爲了排除孩子的不滿，認眞聆聽孩子的心聲乃是先決的條件。有位高僧曾說過，煩惱無長幼之分，雖是孩子的心聲也應該加以重視，以認眞的態度去聆聽，如此才可解除孩子的不滿。

對孩子不合理的要求，可附帶「在什麼時候就可以」的條件

常在電車中看到要求吃點心而哭鬧的幼兒，倘若在家中，母親爲了矯正孩子任性的行爲，多半會等到其哭泣時才給點心，或是打屁股處罰等等，但在衆目睽睽的電車中，母親不太可能這麼做，又怕斷然拒絕使孩子哭泣而干擾到其他乘客，因此在這種狀況下，母親多半會順從孩子的要求。

但其中也有母親不曉得使用什麼方法讓孩子不哭鬧。仔細觀察之後，發現母親的說服方式有二種。其一是對小孩說「媽媽現在沒有點心」，聲音雖小，可是卻以怒目威嚇小孩。另一種方法是說「下電車之後馬上給你」，先接受孩子的要求，但另有附帶條件。前者雖可暫時壓抑孩子的要求，但孩子不曉得何時又會再度哭鬧。但後者是接受孩子的要求，可是以更高的附帶條件來杜絕孩子的哭鬧，此方法比較不會遭到孩子的反彈，而且也達成母親的目的。

附帶比要求更高的條件來杜絕孩子任性的方法，也可運用在自我意識強烈的孩子身上。這可說是以增加的條件來交換孩子的要求。

教育專家學者認爲，直接拒絕小孩無理的要求，或是以父母的權威壓抑孩子的不滿等等，都是漠視孩子個人人格的封建式做法，因而強力反對。的確，能夠在講理的情況下互

相了解接受，確實是最理想的做法。但實際情形並非如此單純，因此，仍有許多父母大感困擾。

家母出生於明治時代，可是其想法相當先進，總是很有耐心地與孩子討論事情，直到孩子接受為止；但有時卻只說一句「不行」之後，就不再詳說理由，也不聽我的說辭。

在我尚小的時候，總覺得母親太不講道理，可是又想母親既然堅定地拒絕，是否表示自己的要求或不滿太過分，於是便開始去想母親拒絕的理由。即使不甚明瞭其理由，仍是覺得母親的拒絕必然有其道理，所以自己說服自己去接受，這時，母親排除孩子不平、不滿的目的即已達成。

我不知道母親是否經過深思後才說「不行」，但母親以斷然的口氣說「不行就是不行」的同時，也給孩子自我思考的動機。太過於強調說理，反而會讓孩子覺得父母以權威壓抑。

為杜絕孩子的任性，不要以善惡主張去勸導，而應刺激其「利害感情」

其實孩子的態度比母親所想的還要強硬。通常人們在判斷事物或是欲採取行動時，多半會將善惡主張及利害關係兩相權衡後，才會討諸行動。有時人們會忽視善惡的主張而只評估利害關係，可是這些人終將因社會的規範而被社會大眾所排斥。

有關這點，孩子們多半不會依善惡的主張，而是依利害關係來行動。尤其在親子關係方面，這種感情更強烈，完全採取當不利於自己時則不聽話，對自己有好處時則順從的行動基準。但是一般父母欲杜絕孩子的不平、不滿時，容易以善惡的主張去說服。這種方法使其眞意與主張相衝突，因此不可能使孩子接受。

想杜絕孩子任性的心態，可利用其強烈的利害關係之心態去刺激其「利害感情」。例如可暗示孩子聽父母的話對自己才有好處。如何賞罰孩子在於是否能掌握刺激「利害感情」的方法，而運用的技巧端賴母親的智慧。

不要完全否定孩子的不平、不滿，有些部分可加以肯定

常聽人說，孩子的心理與女性的心理相似。深諳女性心理的男性，亦能掌握孩子的心理。反之，同屬於女性的母親，不僅對自己的心態不太了解，且亦有疏忽孩子微妙心理的傾向。

如果男性不重視女性的不平、不滿，而只是說「女性都是如此……」，則女性的不滿情緒勢必大增，而抱怨男性輕蔑的態度。通常以女性或孩子的立場而言，他們並不在乎自己的主張是否正確，而較重視別人是否能夠肯定他們的主張。

當自己的主張被否定時，好像連自己的全體也被否定一般，而加強與對方對立的感

情。在此情況下，可以肯定不影響大局的細節部分，如此即可使對方覺得其爲人受到肯定，而坦誠地接受要求。

受到女職員歡迎的上司，必定非常了解這層心理，只是部分性肯定女職員的不平、不滿，就可做好妥善的管理。

孩子表示「為什麼別人都有」時，母親可反駁「有些孩子並沒有」

精神官能症的治療方法之一是讓患者了解並非整體皆如此，而只是一部分而已。例如對於面對他人時經常會臉紅，想說的話卻說不出口的赧顏恐懼症患者，可說服其並非至每個人面前都會臉紅，只是有時才會臉紅而已。譬如可反問他在自己的妻子面前會臉紅嗎？而讓患者自己說服自己並沒有罹患赧顏恐懼症。

對於孩子經常抱怨「爲什麼大家都有，唯獨我沒有」時，父母可以「並不是每個孩子都有」來反駁，如此可打消孩子念頭。

製造發散孩子能量的其他形式即可解除孩子的不滿

爲矯正孩子的依賴心、任性及不平、不滿，父母有時必須使用威脅的手段。但孩子的反抗心極強，有時父母愈加禁止的事，反而愈想去做。這正符合心理學所說的「欲求不滿攻擊理論」。當父母威脅或禁止的行爲，孩子爲了克服受禁令產生欲求不滿的心理，於是會引發攻擊的態度，故意去做禁止的行爲。

爲杜絕禁止→反抗的惡性循環，必須找機會使孩子發散熱能。因此，要製造其他場合提供孩子發洩。例如家有喜歡亂塗鴉的孩子，父母可在牆壁上貼一大張壁報紙等，讓孩子有「塗鴉」的場所。

某大企業爲緩和員工對上司的不滿，特地製作與經理或社長相似的人形，擺在特別室中提供員工以竹刀揮打。以高姿態斥責員工不應批評上司的做法非常容易，但這麼做只會使員工的欲求不滿更高漲，而有可能再度發生「用金屬球棒揮打上司的事件」。

前面提到的特別室，是提供員工發洩攻擊情緒的場所，這種方式亦可運用在解除小孩的不平、不滿心態，讓孩子在不知不覺中發洩心中的不滿。「塗鴉的場所」即是一例。

讓孩子自然默許父母的威嚴

「最近的孩子愈來愈不尊重父母」，這是目前一部分父母的心聲，最近教育上的各種問題與父母權威漸失有相當密切的關係。話雖如此，要孩子完全服從「父母的權威」之獨斷心態，本來就不是眞正的權威，自然會受到孩子的嘲笑及反抗。因此，不要讓孩子覺得父母以權威壓迫，而讓其自然默許父母的權威最理想。通常愈施以權威孩子的反抗其抗拒心愈強，所以父母應淡化權威或是假託其他事項來暗示孩子。

父母能夠淡化權威，表示父母承認自己也有部分不是或缺點，當然另一方面仍要堅持毅然的態度；或是與孩子站在同一立場，將自己也視爲「迷途羔羊」，而強化彼此的感情。通常，一般父母總以爲權威是萬能的。然而父母若能轉換一下心態，比如表示「父親最初沒有交待清楚，也有不是之處」等承認一部分的錯失，則可淡化權威的「神格化」，使孩子不會對權威產生反感。

爲了與孩子站在相同的立場，可以告訴孩子父母年幼時之失敗經驗，藉此勸誡孩子。若孩子尚小，說話時應保持與孩子同樣的高度，才能達到效果。

另外，假託其他事項來表達父母權威的方法，譬如利用儀式、神佛、嚴肅、沈默、沈重的場面所營造之氣氛，來代替父母的權威。互相端坐說話即爲一例。或者是「不要以父母的立場，而以社會上某人或某前輩的立場來表明」，假借社會、人物等更高之權威也是方法之一。德國人指責孩子時，常使用「凡是人都不會這麼做的」，這正是巧妙利用社會、人物等一般論之權威的最佳例證。

在恢復父母的權威後，當實行此書中其他各項方法時，暗示的效果會更大。本來擁有絕對權威或獲得完全信賴之後，愈容易發揮暗示的效果。由此看來，先達成這個項目的方法，再實行其他各項效果會更大。

對孩子的要求，故意等一段時間後再實現，能夠提高孩子感激的心情

以「啤酒免費無限暢飲」之手法招攬顧客的消暑船公司社長感嘆地表示，最近年輕的顧客常因啤酒不冰，就立刻倒掉又重新添新的啤酒。通常付一次費用就可無限暢飲的消費形式，顧客常在剛喝不久後就覺得啤酒淡而無味，更何況是免費提供的啤酒！所謂「物以稀爲貴」，當人們覺得東西不易獲得的時候，才會有滿足感和感激的心情。

最近的日本可說是一個飽食的社會，幾乎不費心力就有收穫，慾望輕易就能滿足，於是滿足感和感激的心情愈來愈淡薄。這點在孩子的身上也可明顯地發現。

對於孩子的要求，父母立刻實現其願望，不僅會破壞孩子原本等待的期待感及如願以償的喜悅感，同時父母的威嚴也會降低。假定非得接受孩子的要求，可製造適當的「等待」時間，讓孩子覺得願望並非輕易就可達成。

讓孩子等待，不只可培養孩子的耐心，也可讓其學習尊重父母，久而久之，孩子自然能夠認同父母的威嚴。

故意製造讚美的機會，讓孩子覺得父母是評估者

中世紀的歐洲正處於「黑暗的時代」，在日本也是屬於封建的社會，因此這段時期總

給人一種晦暗的感覺。可是事實上，中世紀封建制度之特徵的武士或騎士的主從關係，並非像我們所想的那麼獨裁。例如在鎌倉時代武士的主從關係，低階層者並非完全無條件地順從上位者，而是配合工作程度，合理給予褒賞的契約關係。

在當時的社會，評定這句話相當盛行，即講求是爲是、非爲非，一切事物皆公平評論，如此才能保持主人的威嚴及與屬下的關係。這種現象亦可運用在親子關係上。

爲使小孩重視親子關係，可以父母的權威無條件壓抑小孩。但另一方面，也有些父母會尊重孩子的自主性，表示親子之間是平等的，但這類型的父母往往最重視本身的權威。爲了讓孩子在無形中了解父母擁有正確評估孩子的能力，必須經常製造讚美或指責的機會，以明白表示父母是評估者。久而久之，孩子自然習慣父母的威嚴而坦誠地順從。

欲交待重要的事情時，可誇張地表達「形式」

當老師交待「等一下來辦公室」時，那一瞬間緊張害怕的感覺，相信任何人都有過。只是聽到這麼一句話，就開始在心裡盤算，不知道又發生什麼事了。

當老師要求到辦公室一趟的用意，表示不會在其他同學面前責罵自己，而且也意謂著可能要交待重要的事項。

由於如此，孩子會產生緊張感而先有準備，接受度亦會隨之提高。因此，父母偶而可採用誇大的形式，例如，要指責孩子時可將其叫到父親的書房，讓孩子深刻地感受父母的威嚴。

要使父親的話有威力，母親必須扮黑臉

在我中學時代曾有位朋友，他的父親是船長，每次出航三個月左右才回家，但待不到十天又得出航，因此，我的朋友幾乎過著「單親家庭」的生活。雖父親經常不在家，但他並沒有因此變得任性、放縱，在我看來，他非常尊重他的雙親。他常對我說，每當他快忘了父親的存在時，父親總會歸來，而每次與父親交談時，才覺得甚少見面的父親居然還這麼關心自己，只要一想起這些情景，他總會感動得流下眼淚。

關於這件事，到現在我仍記憶猶新。

據說，現在的父親連細微的小事也要干預，如同母親一樣地嘮叨。其實，在不久的將來，有可能正式規定父親的育兒假，屆時每個家庭將猶如有二位母親掌管。可是對孩子而言，則需要有一位能夠毅然做出正確判斷的父親。

在我朋友的家庭中，父親自然地保持著應有的尊嚴，可是家中的小事則由母親來料理，因此，即使父親經常「出航」也無所謂。這種現象正好鞏固了父親的威嚴，而且也提高母親存在的重要性。雖然父親偶而才同孩子說話，但每句話都有分量，一樣能獲得孩子

的尊重。

原本總是嘮叨照顧孩子的母親，倘若某日不再叮嚀「好好用功」而沈默地對待孩子，則孩子心中一定會忐忑不安。本來人們以為會遭罵時，依照預期所想受到指責，反而會安心而排除緊張感。假如不按預期所想那樣受責，父母皆保持沈默時，孩子反而會覺得更緊張，如此才能獲得比責罵更大的效果。所謂沈默勝於雄辯，不要一味指責孩子，讓其獲得解放，而且沈默一段時間讓孩子持續維持緊張感，反而更能提高父母的威嚴。

母親應刻意避開部分與孩子相處的時間，安排「屬於自己的時間」

普通上班族的家庭，通常孩子接觸母親的時間比父親長，據說有不少的中年父親，平常見到孩子的機會只有在星期日。曾經在某個小學做過調查，調查員問一位學生「平常你的父親都做些什麼？」那位學生答說：「經常在睡覺」，而令在場人士啼笑皆非。

那位經常睡覺的父親，是否能夠得到孩子的尊重？或許孩子能夠體諒父親的辛勞。可是反過來說，孩子對於經常相處在一起的母親，則容易產生依賴心及信任感。聽說最近有不少孩子日常只對母親說三句話：吃飯、洗澡、睡覺，儼然一家之主。而母親則完全順從孩子，深怕惹孩子不悅而費心地服侍。

或許這個例子太過極端，但為了提高母親的存在感，杜絕孩子過於依賴的心理，有時母親應讓孩子自己一個人行動，而安排屬於自己的活動。聽說最近主婦們也開始流行打高爾夫球，像此不以孩子們爲重心，安排自己與朋友一起去打高爾夫球是相當好的活動。太過於擔心孩子的種種，反而會阻礙孩子自立，且喪失父母的威嚴。

坐在孩子面前說教可自然地表達父母的威嚴

過去我在美國生活時，發現一件有趣的事。不過所提的內容比較不雅，是有關西式便器擺設方向的問題。最近日本已有許多車站的廁所採用西式便器，可是其擺設方向各不相同，有些朝側邊，有些朝門等等。以日式廁所而言，多半是背朝門較多。可是在美國幾乎無例外，都是面朝門的方向。

我向友人問其理由，他覺得這是理所當然的，因爲背朝門的方向，倘若有人突然開門，根本毫無防備的能力。由此可知，當人爲了保衛自己時，都是與他人面對面的。當然與敵人作戰時，也是面對著敵方。

可是相反的，與要好的男女朋友在一起時，多半是側邊並坐。因爲早已認同對方，毋須防備。

由此看來，與對方面對面則表示採取一種攻擊的姿態。人類雖無長角，可是當眼睛、嘴巴朝向對方時，則在無形中展現一股威力。試想面朝側邊向孩子說教，怎麼能達到斥責的效果?想要表示父母的威嚴,就應該與孩子面對面交談。

為避免讓孩子覺得有壓迫感,應該採取與孩子的目光同高之位置說話

所謂的「輕視」,英文稱爲「look down on」,是指從高的位置看較低的對方,有輕蔑的意味。正如日文所說的目上、目下那樣,由眼睛的位置可決定與對方的優劣、上下之分,這在心理層面應能充分理解。當高個子的人向較矮的人說話時,較矮的那方一定會有壓迫感。像此在物理條件的差距下,也會影響到心理層面的優位、劣位之心態。

在日本料理店的廚房中,穿木屐的廚師地位最高,顯而易見是木屐所造成的效果。或者是駕駛大型卡車的司機,因物理性提高其目光的位置,故心理層面則居於優位。平常性格溫和的人,一旦久開大卡車後,則容易變成性情暴戾的司機。

由上看下會產生優越感,可是由下看上則容易產生壓迫感,然而小孩卻經常受到此壓迫。所以當小孩面對父母時,早已喪失對等優勢。

只是採取與小孩目光同高的姿勢說話,就可達成緩和孩子「心態」的效果。

責備孩子後,翌日仍故意裝著嚴肅的表情

雖然現在的孩子「不把父母看在眼裡」,但另一方面他們也會察言觀色,想討好父

母。雖說是察言觀色，但並非由衷敬畏父母，他們以爲表示敬畏的態度，就可以操縱父母的想法，這其實也是「不把父母看在眼裡」的另一種變相形式。

前些日子，我在無意中聽到一群中學生的談話內容，令我十分驚訝。其中一位女學生表示她以被父母責罵爲樂。她說：「我的父母罵過我之後就會想討好我，而買許多我想吃或我想要的東西……」說時還得意地笑著。

這類型的孩子認爲，只要父母沒有斥責，做什麼都無所謂；可是當父母責備的時候，必須表示順從的態度，待風暴過去後一切都會恢復平靜。

父母不應爲了展現權威而表現其威嚴，其實「父母的威嚴應用於當孩子違反做人，或是做一個社會人的時候」，尤其在斥責之後，仍必須維持其威嚴性，不可輕易妥協。

當孩子做錯時，應找機會分項提出才能持續孩子的緊張感

有關前項，對於將父母的警告視爲「只要忍耐，待風暴吹過就沒事」的孩子而言，如果這時父母心想：「趁此機會把該說的話順便提一提」，而在同一時間將應該警告孩子的事全部說完，那麼，容易使孩子認爲只要稍微忍耐，一切都會過去；有些孩子甚至認爲這種斥責的方法可以減少挨罵的次數，反而更喜歡父母這麼做，因此，這種斥責的方式其實並不理想。

對於孩子這種逞強、自大的態度應如何對應？其實道理與前項相同，即必須使孩子重視父母，認同父母的威嚴性。所以即使父母心中已累積許多想教訓的話，仍不應貪圖一時之方便而全部指責。

總之，要抑制一併指責的心情，找機會分項勸誡，易使孩子意識父母的存在。當孩子知道父母隨時注意自己的所作所爲，才不會產生輕忽的心態，而矯正自己的生活態度。

2 重新檢討長處與短處，以解除「不滿」

使孩子產生自信的暗示性方法

有個母親曾向我表示：「我的孩子回家對我說，老師告訴他們要先有自信才能夠提高讀書的意願；其實我也深知提高讀書意願的重要性，但沒有一科有自信的科目，如何提高讀書意願。」其實，爭論先提高讀書意願，或是先擁有自信的問題是沒有意義的，深入探討後，會發現母親對待孩子的方式是否正確，才是影響孩子自信的重要關鍵。

正如這位母親的想法，以爲孩子的自信是建立在特別得意的科目者相當多。坦白地說，這種想法根本大錯特錯，其實人類的自信並非基於此條件。凡是人皆有長處及短處，只留意短處，或是將長處誤以為短處，把自己矮化之後，自然便喪失自信。了解這層道理後，父母才可掌握提高孩子自信的暗示性關鍵。

首先來探討孩子失敗的體驗。不管是初犯或是已犯過好幾次，父母總是擔心孩子日後還會犯同樣的過錯，因而將偶而才發生的過錯，錯覺為經常性發生的過錯。

這即是將「偶而」錯覺為「經常」的問題，但並非單純只是頻率上的問題而已，通常父母還會將子女的失敗，亦就是不擅長的事，擴大到其他領域，認為這方面不行，其他方面也不可能優秀，而將「部分」錯覺為「整體」。

其實，這些都是孩子本身的負面心態擴大到整體所造成的。當孩子漠然地表示沒有自信，或是對生活上的種種沒有信心時，多半是因某種負面的因素擴大到整體的人格否定所引起。其實任何人都有不得意的地方，只要將此負面心情轉向其他擅長的部分或是喜歡之事，就不會變成「意志消沈」的孩子。

有關這種感受完全是相對性的，其由客觀的觀點來看，影響力甚大，這也就是為什麼一看到比自己能力更高的孩子，就會喪失自信的原因。

由相對性的觀點來看，有時自己以為已經成功，但是受到他人批評等的負面評價之後，也會喪失自信。面臨此相對性的評估，可能也會與自己的過去做比較，當覺得自己不像以往那麼優秀時，也會導致意志消沈而喪失自信。

不只讚美結果，也應讚美過程，才能培養「只要肯做就能成功」的自信

當您依照食譜做出道地的天婦羅，而他人只是讚美「這看起來眞美味」，相信您一定不會被感動，而希望他人能讚美「要做出這麼美味的天婦羅，其過程一定很辛苦吧」，如此更能覺得自己的努力一點也沒白費。

這時，相信您一定急著想向對方解說裹衣的做法，以及沾醬應如何調配等等，而自然湧出「只要肯做，我也能辦到」的自信，同時也會產生想向更複雜的料理挑戰的慾望。

對於考試得八十分的孩子，不要只是讚美所得的結果，應該同時讚美用功的過程，如此才能使孩子眞正培養自信。例如：「你眞了不起！最近確實非常努力喲，每天都用功到很晚」等等的讚美方式，可促使孩子思考努力所得的結果，而提升只要再多下些功夫，就能得到更好的成績之意願。

如果再鼓勵「你實在讀得很優秀啊！接下來一定可以得到九十分」，更能提高孩子的讀書意願。其實只是一些簡單的對話，就可以提升孩子的自信。

然而只讚美結果，不過是得到不辜負父母期望的滿足感而已，並不能提高再爭取其餘二十分鐘的「意願」。

關於培養自信，指責缺點的「短處主義」不如讚美優點的「長處主義」

在法國有一家小學，以頒發學校兒童一種「你很了不起」的獎狀而聞名，其不僅針對用功的學生，連跑步快的孩子也能獲頒「運動精神超群獎」，而以特別的淘氣行爲使教室內氣氛開朗的小孩，也可獲頒「幽默獎」，結果這些孩子的學業皆有良好的成績。

由這個觀點看來，日本的老師或父母似乎只注重孩子的缺點。認爲孩子要長大成人，還有許多缺點尙未改進的「短處主義」，往往會對孩子造成負面的影響。

其實一味地指責孩子自覺的缺點，只會激發孩子的反抗心，使其生氣地敷衍「我知道」而已。當孩子的成績單列出算術爲乙，國語爲丙，體育爲優時，父母應避免提及算術和國語，只讚美體育就好，當孩子擁有自信後，自然會影響其他的科目，而下學期的成績必定會提升。

通常孩子本身非常清楚自己的主要科目成績不佳。這時父母應將指責缺點的「短處主義」，轉變爲只讚美優點的「長處主義」。由於如此，原本喪失自信，以爲會受責罵的孩子，意想不到受讚美時，反而能恢復自信。

看到自己認同的人遭斥責，孩子會覺得自己也遭到斥責

我們常見到母親在孩子面前指責父親，而孩子也跟著低頭不語的情景。

俗話說「子女像父母」，通常孩子會藉由父母的行爲發現與自己相似的地方，而產生或喜或憂的心情。

不管是什麼缺點，總會將父母的缺點視爲自己的缺點，當父母的缺點遭到批評時，間接地覺得自己也受到批評。而且對象不只是父母，連自己所飼養的狗或是親友等，也會產生這種心情。

在我唸小學時有一位非常要好的朋友，某日他被母親責罵，他的母親爲了怕我難過，對我說：「我並非在責罵你」，可是當時我仍產生也被責罵的心情，在那段時期，我與我的朋友都感到十分沮喪，有關這段往事，至今仍記憶猶新。

關於這種反應，心理學稱爲「代理刺激」，也就是說，即使自己本身沒有受到讚美，但自己的家人、學校、公司等足以「代理」自己身分的對象受到讚揚時，自己也會覺得受到讚美。

由於父母是孩子的雙重代理對象，當父母在孩子的面前吵架時，不僅「連狗都不想理睬」，對孩子而言，更是負面的影響，因此是相當不智的做法。

在第三者面前批評孩子比一對一的批評傷害更大

大多數的國人皆認爲「謙虛是美德」，因此到海外生活時，常會因此觀念而嚐到挫折。例如有人問：「您要喝什麼飲料」時，您雖回答：「謝謝，不用麻煩」，對方仍是會請您喝茶或喝咖啡，但在國外情形並非如此。聽說即使是「請不用特別招待我」這種說辭，在外國人聽來也覺得莫名其妙。因爲在國外，當對方表示招待之意，而您卻不接受的行爲是相當失禮的。

關於「謙遜的美德」可能在各種場合發生。最具代表性的例子，如當孩子受到讚美時，在一旁的母親會謙遜地表示：「哪裡，我的孩子沒有這麼聰明」。

然而這種日本式的美德對孩子而言是不通用的。通常母親在第三者面前直接批評孩子，容易衝擊孩子的自尊心，使其喪失自信。

將美德等較複雜的感覺撇開不談的話，這種心態即很容易了解。由於第三者的介入，說話的內容就帶有客觀性，對孩子而言，這種做法彷彿在他人面前揭開其缺點一般。雖然對母親來說，這只不過是日常的談話，但對於孩子卻是沈痛的一擊。

反之，在第三者面前自然地讚美孩子，則可加強正面的暗示效果，有利於孩子培養自信。

利用一些「小幸運」反覆強調孩子掌握「絕佳的機運」

某日在教育演講會之後，與主辦單位的母親們交談，聽到一位母親的心聲。那位母親的兒子目前是一家有名大學的橄欖球隊球員，聽說在他年幼上幼稚園的時候，是一位看不到媽媽就會哭鬧的怯懦小孩。

有一天，在商業區所舉辦的抽獎活動中他抽中二獎。為此，一直想鼓勵孩子的母親覺得這是個好時機，於是以後只要有類似情況發生，母親總會鼓勵他「你眞幸運！以後一定能掌握好機運」。當孩子在小提琴獨奏的發表會場上，母親仍然積極地鼓勵他「你的運氣好，所以在正式的演奏時成績一定會很優異」，果然成績相當傑出。

他的孩子可能因此而萌生自信。無論有任何重大的挑戰，都很自然地相信自己，信心十足，一點都不著慌。

其實任何人皆可看出這個孩子並非比其他孩子幸運，然而他的母親卻巧妙地運用了經常都可能發生的「小幸運」，暗示孩子比別人幸運，而引出孩子本身的力量及自信。

當孩子的自信快喪失時，幫助其回想過去成功的事情

常聽到登山者說，每次登山在中途感到疲倦時，遙望遠方山頂，總會產生一股無力

感，覺得沒有登上山頂的信心。此時，他們會如何對應呢？通常他們會眺望自己走過的路。而覺得自己能登到這種高度非常了不起，心中便湧出一股信心。

我在職業高爾夫選手青木功先生所寫的書中也見過這樣的內容。他在重要的比賽中內心感到不安時，不會只看前方，偶而會轉過頭回顧剛才所打過的成績。因此，對於較困難的場面皆能以冷靜、信任的決心去克服，自信大增後，自然能揮出漂亮的一球。

有時，我在快截稿的日期還無法寫完書，可是又提不起勁寫的時候，多半會整理以前寫過的稿，或者是將這些稿子放在手中秤量它的重量等。這與登山或是青木選手的例子相似，回顧過去自己所達成的事，可鼓勵自己，恢復往日的自信。

短處會在不知不覺中變成長處

前面我曾寫過有關「自信」或「自卑感」的項目，提及任何人皆有長處和短處，可是大多數的人往往有誇大短處的傾向。對於太過介意自己的短處的孩子，例如微不足道的短處，可轉換成長處的短處，也就是一些自以為的短處，可利用前面所提過的暗示術加以克服這些自以為的心態。

其實要矯正眞正的短處或缺點是相當不容易的事。例如像生活習慣太懶散、無計劃、常會說謊、不守約定等有關做人的基本原則之缺點，應在孩子年幼時就加以矯正。但是關於這類的缺點，因爲父母經常勸誡孩子，所以孩子本身相當清楚，可是這反而成爲問題。對於孩子本身十分清楚且介意的事，父母直接警告或是斥責，容易造成反效果，因而使缺點更不易矯正。

處於反抗期的小孩，受到大人多次的警告後，也得知必須改變習慣。但若無法如願時，父母又再次施以相同的警告或斥責，孩子可能會因此覺得自己沒出息，而導致乾脆不加理睬或自暴自棄的態度。有關這點，正是爲人父母者所應注意的事。更應注意的是，對於孩子重大的缺點，父母不可漠不關心或是置之不理。不管孩子的叛逆心多強，都希望得到父母的關懷。

由於如此，不要以父母的心情去激發孩子反抗的意識，更應懇切地告訴孩子應如何去做。首先，不要只是一味指責孩子的缺點，應向他表示親子一同克服的方法或態度。對於早已充分了解自己缺點的小孩，只要列出其缺點即可，不須再施以指責。不要只是一味地責難孩子的缺點，應讓孩子本身冷靜、客觀地檢討缺點，才是有效根治的方法。

假定必須讓孩子再度確認其缺點時，應採用不會使孩子覺得受斥責的方法，例如運用心理學上所說的「默認的強化」。並非直接勸誡本人，而是透過勸誡他人使孩子本身也能有所覺悟。或者是先讚美其長處後再勸誡，或是斥責後仍應關懷對待孩子等等，多方思考後，再採取最適合孩子心理狀態的責備方法。

在孩子的面前指出其他孩子的缺點，雖沒有直接警告，也能達到抑制的功效

據說職棒的教練看到選手士氣低落時，往往會當著全體選手的面前，以憤怒的口氣責罵該隊最紅的選手。只是責罵該名選手，全體選手皆會感到十分緊張，這比單獨針對每個人責罵，或是在全體選手面前一起說教效果更高。

本來，當人直接受到批評時，容易產生被害意識及反抗心態，反而不會坦誠去矯正缺點。當別人而非自己受到責罵時，會產生幸好不是自己遭罵的心態，雖然覺得自己並沒有對方那麼惡劣，但也會在尚未受到警告之前，先矯正自己的缺點。

當人們看到他人受到讚美時，會覺得自己被罵，而看到他人受到斥責時，會覺得自己被讚美。在心理學上，這種心態稱爲「默認的強化」，也就是說，當他人受到指責，而自己內心會暗自鬆一口氣，坦誠地去矯正自己的缺點之態度，就是這種心理作用的影響。現在有許多大人不喜歡去干涉別人的孩子，但其實在自己的孩子面前勸誡其他孩子時，對教育自己的孩子有很大助益。

交待孩子去矯正同學的缺點，反而有矯正其缺點之功效

以前，在報紙上曾見過這樣一篇報導。有個班級在選舉班長時，全班推派最讓人傷腦

筋的問題兒童當班長。這位學生的集中力甚差，在上課時經常會吵鬧，影響其他學童上課的情緒，令人敬而遠之。可是當班長之後，其立場和作風完全改變。因爲班長必須帶頭領導他人，所以要改正自己過去的態度。於是在不知不覺中，這位人人眼中的「問題兒童」遂成爲「模範生」。

其實，人很難客觀正視自己的缺點而加以反省，即使他人勸誡也難以矯正。最好的方式即是採用前面所提的方法，讓當事人置身相反的角度去反省自己。爲達到此目的，心理療法中經常採用「角色扮演法」來克服障礙。例如，讓喜歡欺侮他人的小孩扮演受欺侮的角色，這麼一來，便可矯正孩子不良的態度。

這種手法也可用於日常生活中。假定有位任性又以自我爲中心的小孩，可交待其去照顧比他年幼的孩子，那麼，可使其了解任性是不能解決問題的，而且受到對方任性態度的困擾，可體會到自己的任性同樣也會造成他人的困擾，而逐漸改善自己的缺點。

為自己的缺點所困擾時，應將缺點轉變為長處

有位母親向我抱怨：「我的孩子個性相當膽小，又很愛哭，非常令人困擾。」我回答：「那麼，您的意思是指要讓孩子變得粗心大意且粗暴又遲鈍嗎？」膽小又愛哭者，換句話說即是感情纖細、感受性敏銳。但如果是「粗心大意、粗暴且遲鈍者」，往好的方面

解釋即爲「膽大、活潑、個性外向」。

本來每個人的容貌或性格就不相同。所謂的個性，往好的方面解釋則成爲個人的長處，往壞的方面解釋則爲缺點。由於如此，只留意孩子個性的否定性層面加以指責，反而會扼殺孩子原有的個性。

當孩子爲本身的缺點而煩惱時，若旁人安慰「其實沒那麼嚴重」的話，反而會造成反效果。

其實應該以積極性的評價暗示：「這其實也是你的優點」。例如形容「過瘦」的女子則稱其「俏麗」；「過胖」者則稱其「豐盈」等，採用正面性的評價，可使孩子的性格變得更開朗。

不要一味想矯正缺點，應徹底根除缺點背後所隱藏的欲求不滿

有句俗話說：「爲矯正前輩欺侮晚輩的心態，先使其恢復自信即可。」在任何職場中，我們經常發現女職員對立的情形，當資深的女職員欺侮後輩的女職員太過嚴重時，主管不應直接指責資深的女職員，而應利用不同職別組織小組單位，指名有問題的資深女職員擔任指導者，即可解決問題。

據說這麼一來，資深女職員欺侮後輩的情形自然會消失，我個人覺得這正是一種暗示

性教育。如果上司直接指責有問題的女職員，很可能使其產生反感，而擴大問題的嚴重性。其實前輩指責或指導後輩的行為是相當正常的，但若超過應有之程度則成為欺侮的事件，這種狀況多半是因為資深女職員有自卑感，或是嫉妒後輩女職員所造成。

因此，先使資深女職員增加自信，排除其欺侮後輩的原因或自卑感等，自然可解除這種情形。

對孩子而言也是如此。例如其有可能因為考試時粗心寫錯題目，或是與同學的關係交惡等所造成的欲求不滿，導致注意力無法集中。

此時，先解除孩子欲求不滿的心態，才是改善的重要關鍵。

當孩子反覆發生失敗時，反而應暗示其「失敗也無所謂」

有位母親至諮詢輔導處請教老師有關如何矯正孩子一直夜尿的問題，輔導老師指示：「若打算長期矯正，目前不妨告訴孩子尿床也無所謂」。母親依此方法告訴孩子，果真從當日之後，孩子的夜尿症自然消失。

這並非誇大之辭，而是依據孩子的心理來衡量。當孩子反覆被警告「不可尿床」時，反而更容易緊張而尿床。

反之，告訴其「尿床也無所謂」時，可解除孩子的緊張感，而杜絕尿床的習慣。

若沒有付諸實行，處罰或威脅的暗示性效果會降低

信賞必罰對於管教孩子相當重要。

但以父母的立場而言，通常喜歡獎賞孩子而不喜歡處罰。即使已威脅要處罰，但實際上遇到狀況時，多半仍不了了之，頂多再次警告：「下次再發生這種錯誤就不再原諒了。」而一再地縱容孩子。

可是經常威脅卻不追究，表示父母在「說謊」。伊索寓言中的「狼來了」，正是因爲牧羊小孩屢次欺騙村人，結果眞的狼來時，沒有人肯願意前往協助，因而失去所有的羊。如果父母經常這樣「說謊」，有朝一日孩子也會如同村人一般，對威脅毫無反應。

話雖如此，每當孩子犯錯必定懲罰的態度也會造成「恐怖政治」的壓迫感，反而使孩子養成凡事察言觀色的表面心態。因此，實行懲罰的次數以犯五次罰一次最理想。

採取這種方法，孩子會產生「說不定這次眞的會挨打……」的不安感及緊張感，因此比每次懲罰更能提高效果。就像是每日吃鰻魚、火鍋等豐富的大餐，會令人產生「又吃這個」的吃膩感覺。

即使再美味的食物，也是「偶而」品嚐才會覺得是山珍海味，在心理學上，這種心態稱爲「間歇性補強效果」。

不要直接指責孩子的缺點，而利用自言自語來矯正

與朋友或同事談話時，不小心說溜了嘴，於是對方追問：「你說什麼？」只好急忙地掩飾說：「沒有呀，我在自言自語。」而冒了一身冷汗的經驗，相信誰都有過。所謂說溜了嘴是指在沒有顧慮或克制的情況下，說了不該說的話，這些話往往是本人的眞意。自言自語時還說謊的情形是不可能發生的，相信大家都有這種經驗。

在選手時代，以捕手角色聞名棒球界的養樂多隊總教練野村克也先生，正利用這種人的心理，創出獨特的「自言自語戰術」。

如果捕手直接向打擊手表示：「接下來會投變化球」，其一定會充耳不聞。但捕手若以能讓打擊手隱約聽見的自言自語方式說：「接下來投變化球比較理想」，則打擊手會有所顧慮：「眞的會投變化球嗎？」這時捕手再私下暗示投手投出直線球，則打擊手必定揮棒落空。

指責孩子的缺點時，也可應用此戰術。面對面一味地指責嘮叨，反而會引起孩子的反抗心。要讓孩子知道大人並非只主張原則，而是眞的動怒；或是與孩子的想法有衝突，欲指出其缺點時，可採用不經心說出口的自言自語形式，「自然而然」地告訴孩子，這才是打動孩子心弦最有效的方法。

父母不能仗恃權威強制壓迫孩子反抗的心態

有些母親會炫耀自己的孩子是「非常聽話的乖孩子」，關於這樣的孩子，與其說是聽話，倒不如說是非常在乎母親所說的話，以致於上了中學仍只是盲從母親的話。

雖知道孩子對自己的話有反感，但仍堅決表示「母親的話才是對的」，態度強硬不允許孩子反抗，才會培養出這類「乖順的小孩」。

但我一直懷疑，像這樣乖順的孩子是否眞的是「好孩子」。因爲經常順從母親命令的孩子，是無法培養自己的思考能力。

聽說已故的本田技研負責人本田宗一郎先生，在其當社長的時候，經常爲了開發新的產品，而與員工們激烈地討論。

一般而言，當員工與社長討論時，即使想反駁也會加以克制，可是本田技研的年輕員工們總是不客氣地與本田先生爭論。本田技研之所以有今日的發展，最大的原因乃爲本田先生從不仗恃自己的權力，而肯定員工的想法。

父母會以權威來壓抑孩子的反抗心態是很容易理解的事。可是孩子的反抗，其實是自我精神成長的表現，父母若完全剝奪，孩子的成長勢必會停頓。所以有時與孩子共同討論是讓孩子看清楚自我，以及反省的大好機會。

自然地排除孩子的自卑感

排除孩子的自卑感與培養孩子的自信心兩者互為表裡，密不可分。而在增加自信的項目中，其對象未必是針對陷入負面狀態的孩子。換句話說，其目的在使處於負面或者零狀態的孩子擁有正面的意識。然而本項與前面所提的情況不同，主要是針對擁有負面意識的孩子。

所謂自卑感的負面意識，多半是由孩子主觀的自我評估所造成。所以在考量排除孩子自卑感的暗示術時，最大的依據在於其主觀性的想法。亦就是說，孩子的自卑感完全沒有任何客觀的根據，所以只要改變其看法，就可以轉變既有之概念。

改變看法的第一要點：通常自我要求高的孩子比較容易擁有自卑感，換句話說就是上進心及學習慾望旺盛，且成績優異的孩子才會擁有自卑感。反之，不在乎落後他人或是比不上他人的孩子，是不可能產生自卑感的。

改變看法的第二要點：當自己認為與他人不同時，就會產生自卑感。其實由另一個角度來看，這有可能是個性所造成，自以為是缺點的部分，有可能是他人所欠缺的長處。

第三要點是將以上的看法加以改變，即使沒有將負面的想法轉變為正面的想法也無所謂，有時承認自己的自卑感也會帶來正面的效果。例如希臘雄辯家德摩斯底尼，在幼小時期不擅於說話，但他卻正視此自卑感，拼命磨練自己，果眞後來成爲屈指可數的辯論術權威。有關這類將負面轉爲正面的積極行爲，在心理學上稱爲「過度代償」的心態。

第四要點是自卑意識強烈的孩子，多半是將自己某部分短處或是不擅長的領域，視爲是自己的全部。例如：過胖的孩子因自己的身材或是體育的成績不佳，對於其他的事情也容易產生自卑感。但是這種傾向也可應用在克服自卑感方面。也就是說，當擁有某種擅長的領域時，也可借助此波及效果，克服在乎自己缺點的心態。

先了解有關心理學的結構，再考量如何引導孩子的方法，如此才能在不知不覺中排除孩子的自卑感。

反覆強調「必然」或「絕對」等用語可自然淡化孩子的自卑感

「絕對値得購買」、「瓦斯、自來水完善」、「必然能滿足」、「成功率百分之百」等等的表現手法往往令人質疑，認爲現實上不可能有完全獲得利益的事情，可是另一方面又會覺得若不把握此良機，可能會吃大虧。這正是人類心理共通的弱點，但我們也能利用此方式來克服自己的弱點。

例如，參加升學考試的學生綁著「必勝」的頭巾正是這種心理，如果早已充滿自信，大可不用綁頭巾來砥礪自己。由於缺乏自信，又想克服劣勢，因此，才藉由結頭巾來告訴自己「絕對能夠上榜」。

當孩子認為自己比同學差，而產生自卑感時，父母對孩子說：「可能你也能做到」、「可能不會有問題」等，也等於向孩子宣布：「你可能做不到」。由於擁有自卑感的孩子要求的水準較高，所以對他人所說的話往往只接受一半，例如對方說百分之五十，其會解釋為百分之二十五。然而當父母表示「絕對」的語氣時，孩子才會認為與大家相同，皆擁有百分之五十。然而只使用一次這種表現手法，是無法達到暗示效果的。即使與考試無直接相關的事情，也可使用同樣的手法，反覆使用才能淡化孩子的自卑意識。

只得五十分而感到沮喪的孩子，應該鼓勵他能夠得五十分已經很了不起

倘若您的孩子考試只得五十分時，您會怎麼表示？「哎！只得五十分而已，下次應該要拿更高的分數」，「嗯，能得五十分，那麼下次絕對可以拿六十分」，由於父母的說法不同，對孩子而言，也會造成正面或負面的效果。

只得五十分這句話的背後代表母親並不肯定這種分數的批評；但是能得五十分這句話卻讓孩子覺得並未辜負母親的期待，且結果能使母親感到喜悅。當了解並未辜負母親期待的孩子，會知道下次應該要更努力，但前者的孩子絕不會產生「下次一定要……」的積極心態。譬如他人向您借款時，若對方說：「只借我一萬元而已嗎？」相信您一定暗自生氣

地想：「下次絕不會再借錢給他」。但是若對方客氣地說：「能否借我一萬元」時，您一定會表示：「若以後有困難可再來找我」。

不論是一萬元或是五十分，其客觀價值都是相同的，但說話的方式卻會改變心理的價值。本來自卑感就是主觀性想法所造成，要求水準高的孩子最容易產生，而依此方法可改變主觀的基準。

要說「不行」時，應以限定條件的方式婉轉表示「因為……所以不行」

比較笨拙的母親常會不在乎地向孩子表示「你這孩子太沒出息了」。由某個角度來看，這種做法確實是導致孩子變得不爭氣的最重要媒介，它奪走了孩子的自信，也扼殺孩子積極的意願。

在批判對方時，必須表明所限定的條件，這乃是說服術之一環。當您要表示不行時，如果直接說「你這孩子實在不行」，意謂著一切皆不行。這種說法完全否定了對方的人格，是最容易傷害對方的做法。

然而擅長說服他人者，必定列出具體的理由來表明態度，例如「不聽父母的話，所以不行」，或是「只知道玩卻不用功，所以不行」等等，附帶限定的條件說明，以讓對方了解若能將此條件排除，即可克服不行的狀況。所以拒絕時附帶限定條件，可以避免對方產生自卑感。

每次一有失敗立刻被指責不行，當然容易使孩子產生自卑感。而「因為～所以不行」，以及「只要沒有……你就很優秀」的意思是相同的。這種表達方式孩子較能坦誠接受，反而更能提高其矯正的意願。

俗話說，同一句話口氣不同效果也不相同，母親平常無意間所說的話，皆會影響孩子的心態。其實表示不行的方式有很多種，為人父母者應多加研究。

多讓孩子閱讀有關勇敢面對自卑感而成就非凡事業的「偉大」傳記

美國精神衛生專家J．E．瓦林曾介紹在歷史人物中，「由於缺乏某方面的能力，在求學生涯被視為劣等生的人物」，譬如以進化論而聞名的達爾文、發現地心引力的牛頓、英國浪漫派詩人代表拜倫、建構近代哲學之基礎的黑格爾等等。他們在求學的時代完全不在乎被視為劣等生，終對人類完成偉大的貢獻。

以樂聖貝多芬為例，其雖受貧困及肉體上的自卑感所困擾，但卻勇敢地加以克服，而有偉大的成就。然而其唯一的精神支柱也是與他相同，皆為肉體上的自卑感所困擾，但最後則成為「英雄」的拿破崙。

有自卑感的人，當發現他人之中也有與自己相同的負面部分時，會產生「原來煩惱的人不只自己一人」的連帶意識。倘若對方在某方面有優異的表現時，則會因此而獲得鼓勵。

身體有缺陷，或是因各種缺點而感到自卑的人，比完全無缺點的人擁有更大的發展空間，此由閱讀偉人傳記即能體會。

故意責罵成績優秀的孩子，使喪失自信的孩子排除自卑感

關於言語對孩子的影響之研究實驗中，有一種測驗法是將孩子分爲三群，每一群又分二班，讓所有的孩子都做同一份作業。此時，對A群的其中一班只加以讚美，對B群的其中一班只加以斥責，而對C群則不加以指責也不讚美。最後比較三者的作業成績，A群受到讚美的班級，以及B群未受到斥責的班級，成績明顯超越其他的班級。

此原因在於，看到別人受到讚美，間接性地會覺得自己被斥責，看到同學被斥責，會覺得自己受讚美。而這種「間接性」的暗示作用，則稱爲「默許的強化」，其例證在日常生活中經常可見。

對於擁有同等實力的二個孩子，當一方經常受到讚美，則另一方會在不知不覺中萌生自卑感；也就是說，斥責一方，另一方會產生優越感。

本來對於優劣的價值判斷就是相對性的，並非絕對性。由此看來，爲使產生自卑感的孩子擁有自信，故意斥責成績優秀的孩子也能夠獲得好效果。因見到站在優位的孩子受到斥責，相對地便可解除心中的自卑感。

不管是多小的事，讓孩子有機會能在夥伴中炫耀「拿手的技巧」

一位擔任電器廠商研究室主任者曾告訴我下列的事。他的父親是大學教授，在三個兄弟當中，他排行老三，而長男及次男都是典型的秀才型人物，而他在國中階段，仍被視爲「劣等生」。身體虛弱，在功課方面總居於最末位。每次當老師斥責：「你的兄長都那麼優秀，爲何你卻如此」時，都會感到強烈的自卑，所以總是避開人群，封閉自己，不喜歡與大家一起玩樂，只喜歡單獨玩電晶體收音機。

某日，音樂教室的音響故障，老師問他是否會修理，結果他很快地就修理好，因此，老師及同學都對他刮目相看。這件事之後，他的自卑感解除了，並積極地與同學一起上課，成績也愈來愈進步了，最後終於考上一流大學的理工學院。

許多被視爲劣等生的孩子，多半是因爲一種不擅長的領域波及到整體，使之無法發揮力量。或許在大人眼中看來不過是小技巧，但若能適時讓孩子表現，不僅可受到同學的注目，所產生的自信也能影響整體，而解除在其他方面的自卑感。

確實培養自立的暗示術

常聽人說：「沒有父母不希望孩子趕快自立」。事實的確如此，但在現實生活中，孩子與父母的關係並非如此單純。現代的父母，尤其是母親們，不管自己是否曾意識到這種狀況，總之，在一切的行動上，都希望孩子能盡量留在自己身邊，孩子雖想脫離父母自立，但父母卻不願意讓孩子自立。

我個人認為，在此情況下，不須對孩子做暗示術，而應對母親做暗示術。想要杜絕孩子向父母撒嬌或依賴的心態，首先必須調整父母的心理。

為了讓孩子更自然健全地自立，為人父母者應考量二大要點。第一是慢慢拋棄由幼兒時期與孩子接觸的方式。第二是視孩子為獨立的個人，以成人的方式來對待孩子。

第一為前面所提過的不讓孩子離開自己之心態的延長，亦即不干涉或照顧過度，所謂的「未雨綢繆」之多餘的干涉應儘量排除，然而改變也不能過於突然，否則孩子會覺得不安，最理想的方式是採取「不加以干涉，可是給予適當的關懷」。由此看來，父母平時應好好研究如何應用暗示術。

有關第二點做法，切忌使用「強行父母之想法」的手段。因為過度的干涉是無法改變與孩子的接觸方法，也忽視孩子本身乃獨立個體，這與正確的做法完全背道而行。扼止孩子自行思考的機會，又禁止其發言，不聽孩子的意見，將無法使孩子走向自立之路。

將孩子視爲獨立的個體之接觸方法的最大重點，在於肯定孩子具有「獨立的人格」。孩子雖尚未長大，但父母能將其視爲獨立的個人，確實能幫助孩子成長。這是最有效果的暗示術。這時所應採取的輔助方法，是讓孩子了解何謂獨立的個人，而什麼是尚未擺脫稚氣的舉動。

某次在美國一所小學內，我發現有位老師交待學生帶自己小時候的照片到學校，並要其向父母詢問有關於自己小時候的情形，這種做法是讓孩子了解自己目前與小時候差異的最佳方法。

故意不回答孩子的問題，以培養其思考的習慣

對期望能夠自立的人而言，培養自行思考的習慣是相當重要的一環。在漫長的人生中，如何對應意外的事態，掌握狀況、尋找解決線索的能力更是不可或缺的條件。

而有關這些問題的解決能力與概念之差距，則反映於日本與美國的教育差距上。例如哈佛大學的商學院以經濟學研究所聞名，此研究所著重於想像現實，進行徹底解決問題的訓練。

日式教育並不像一般所謂的死背主義教育，只不過當孩子一碰上問題時，多半會有從

旁指導，也就是說，在孩子尚未依自己的頭腦思考之前，就能獲得詳細的解說。雖然這種做法能夠擴大孩子的知識領域，但是其對尚未經他人指導的知識領域則較不擅長。

所謂解決問題的能力，即是隨機應變的智慧，也就是具備能夠綜合與分析事態的能力。當孩子提出問題時，正是提升孩子能力的最佳教育機會。父母應採取能夠讓孩子自行思考的方式來教育孩子。

假如孩子要求大人必須直接回答問題，父母應故意回答不完整，以留些空間讓孩子自行思考，培養孩子「獨立」思考的能力。

明確指出孩子所負責的工作與任務，以削弱其依賴心

在此舉出兩對年幼兄弟的例子。其中一對，哥哥為六歲，弟弟四歲；另一對哥哥為四歲，弟弟三歲。當親子三人共同逛街，父母交待哥哥必須照顧弟弟，此時，同樣是四歲的孩子，其差距相當大。被委託任務的孩子會比較能幹。

搭電車時，經常可發現這樣的例子。一般人總認為這是長男及次男之差距，但實際上是有否交待任務所造成的效果。

過去，我曾研究過遇災時家人任務分配的情形，結果發現，向來被認為只會礙手礙腳的年幼孩子，只要交待其像搬運罐頭般的小任務，出乎意外地，他們就能依自己的努力及

智慧克服危機。

面對所分配的工作或任務時，即使是幼小的孩子也會產生責任感，提升做事的意願，而不想依賴他人解決問題。暗示術的特徵之一，即是當人們在扮演各種角色時，能夠發揮潛在的能力。因此，父母應儘量利用機會讓孩子擔任家庭中各種工作及任務，如此才能降低孩子的依賴心理，促使其自立。譬如利用一年中各種需要幫忙的家庭活動，也是訓練孩子自立的好方法。

讓孩子參加葬禮及到醫院探望病人，可杜絕孩子輕生的念頭

葬禮的場合不只是嚴肅，也有其滑稽的一面，此在導演伊丹十三所拍攝的賣座電影『葬禮』中表現無遺。伊丹先生認爲葬禮的場面相當戲劇化，因此產生拍攝成電影的念頭。在這部電影中，最令人感興趣的是活著的人參加葬禮的現實情景，在那場合中，每位參加者都表現了眞實的自我與表演的自我。

有關孩子對於死亡的看法，是每位父母都必須關心的問題。不過即使詢問孩子的看法，也無法獲得完整的答案。孩子面對死亡，泰半存著一種漠然與恐懼的心態，然而對於死後的情景，恐怕連大人也難以正確地回答。但是，完全避免孩子接觸死亡的問題，也非正確的態度。

最近，青少年自殺傾向明顯激增，倘若他們是因逃避現實而追求死亡，說不定會誤導時下的孩童對死後的世界產生美麗的憧憬。然而不管其動機如何，父母應杜絕孩子有輕生的念頭。爲了避免此事發生，可讓孩子去參加葬禮或至醫院探望病人，讓他們親自體會死亡的感覺及面對瀕臨死亡者。由於死亡是悲傷的，會引起人的憂戚意識，反而更能讓人體會生命的可貴。有這樣的體驗，相信孩子必能了解生命的可貴。

關於孩子感到好奇的對象，母親也應該表示關心

常聽有人批評現在的電視節目好像早期的婦女坐在井邊閒談的情景。每個節目都以演藝人員爲中心，談論結婚、離婚、緋聞等話題；甚至綜藝節目，無論是哪一台，其內容幾乎相同。

爲何這些節目都大同小異?此可能是源於觀衆迷戀自己所崇拜的偶像，加上各台跑演藝新聞的記者皆同步採訪特定的對象，才會產生這種怪異現象。不過即使受到批評，電視台依舊不改原作風，因爲若不如此，收視率即會大幅下降。

那些新聞記者所採訪的對象，是否眞的是觀衆所迷戀的對象?這點誰也無法保證。本來電視節目就是由一群在乎「其他人所關心的是什麼」的主導者所支配，而形態稍微複雜化罷了。

通常我們對他人所關心的事感興趣，即是一種隨聲附和的心態，但此未必有負面的影響。因為在偉大的發明與發現的動機中，有許多皆是以他人的關心做為研究的出發點。其實小孩的思考模式也是如此。對於孩子感到新奇的事物，父母若能表示關心，即使其關心只是假裝而已，都能促使孩子更深刻地思考。

為使孩子自立，在客人來訪時可正式向其介紹自己的孩子

「我的孩子在家稱雄，在外卻很膽怯」，相信大家應該經常聽到這類父母為小孩辯解的情形。這句話表示當有客人來訪時，孩子不會大方問候，或者一有客人來訪就躲起來。

對於這樣的孩子，父母可以利用這句話來避免尷尬的場面，但是使用這句話會產生二個問題點。

首先，這句話意謂孩子「平常總是大方說話，可是在客人面前則……」，其實這種說法好像默許孩子的態度。在外面很軟弱，在家中卻很霸道表示自己太寵孩子了，如果一直這樣默許孩子的態度，其根本不會自覺有錯。

另一種即是大人自以為孩子天性本就如此。認為孩子是天真無邪的，既然惹人憐愛，說話較彆扭也無所謂，總之，完全以父母自以為是的想法。但這兩者皆沒有將孩子視為獨立的個體，因而父母才會說這句話偏袒孩子。

要使孩子自立，必須讓孩子了解自己是獨立的個人。不過，在家庭中是無法產生這種自覺心的，因此，有客人來訪或是在路上遇到朋友時，不妨向朋友正式介紹自己的孩子，此舉有助於孩子邁向自立的第一步。

儘早區分親子的毛巾、餐具等身旁常見的個人用品

當孩子到達某年齡時，通常會要求想擁有自己的房間。孩子希望擁有自己的個人用品與確立自我關係密不可分，不過其主要的出發點，只是在於區分自己與父母的個人用品。

因此，可儘早區分親子的毛巾、餐具等身邊常見的個人物品，以鼓勵孩子確立自我，培養自立心。此時，可明確指示孩子有關其個人用品的範圍，另外還必須叮嚀其不可去侵佔他人的東西。

孩子做累時不應插手，讓孩子休息過後再做，才能培養獨立完成的能力

為使孩子的頭腦靈活，父母不應直接告訴其答案，而應給予提示，讓孩子自行思考。有關孩子的自立與此道理相同。不管在任何狀況，當孩子主動要求父母協助時，父母立刻予以協助，反而會造成負面的效果。父母應儘量督促孩子靠自己的力量解決問題，採取間接性「從旁協助」的態度較為理想。

例如孩子走路疲累時，會要求母親抱或背他，這種情況乃是孩子放棄自我解決問題的能力，而想依賴他人的行爲。此時母親若立刻抱或背他，就像是直接將答案告訴孩子一樣。爲使孩子自立，母親應待孩子休息後，再讓孩子自己走路。

年齡稍長的孩子，也會經常發生同樣的情況。其場合不過是將背、抱演變成爲「告訴我答案」、「這題應該怎麼做」的方式，要求的內容更複雜。此際，不應立刻答應孩子的要求。如果孩子疲累，可讓其休息；如果孩子厭倦時，可採取調劑情緒的方法。

總之，以讓孩子自己解決問題爲原則，父母只要從旁「協助」即可。唯有如此，孩子才能確實邁向自立之路。

不要讓孩子說自己的名字，而自稱為我才能協助孩子自立

有些孩子年齡頗大，父母仍暱稱爲「寶貝」，這些孩子多半受父母溺愛。其實，自稱與他人的稱呼，都是孩子成長的基準，同時隨著年齡的增加，孩子會愈來愈在乎他人如何稱呼自己，這些稱呼都是成長的累積。

父母不應讓孩子一直稱呼著自己的名字，而應讓其自稱爲「我」，如此一來，孩子才能意識到自己的成長，亦可幫助自立。

有時可把孩子託給他人照顧，讓其體會他人的照顧方式

據說池坊流花道的掌門人池坊專永先生在唸高中的時期，曾離開雙親至比叡山修行，他說雖然自己學習了許多經文，但最大的收穫乃在於離開雙親的照顧，自己一人單獨前往他鄉生活與磨練。

古時有句諺語表示：讓可愛的孩子出門旅行，而主張離開雙親去體驗生活的重要性。不過在現代人情如此淡薄的社會，確實無法讓幼小的孩子單獨出外旅行。

為此，既安全又能簡單達到目的的方法之一，即是將孩子短暫寄託在朋友或親戚家。當然這時孩子必須尊重對方家庭的生活習慣，一切遵從對方家庭的生活模式。通常孩子在父母身邊，為了要矯正孩子的依賴心，父母往往不用多做說明，彼此就能產生溝通的默契，因此，小孩不須特別留意即可安然地過日子。

可是到他人家中，一切事都極為陌生。因此必須自己努力才能配合上對方，或者必須依靠自己詳加解釋才能表達自己的要求，或是說服對方。

最近也有許多父母將孩子寄託在他人家中，卻要求對方一定要採取與自己家庭生活方式相同的不合理做法，關於這樣的父母，其實並無資格將自己的孩子寄託給他人照顧。

大展出版社有限公司 圖書目錄

地址：台北市北投區(石牌)
致遠一路二段 12 巷 1 號
郵撥：0166955～1
電話：(02)28236031
28236033
傳真：(02)28272069

・法律專欄連載・電腦編號 58

台大法學院 法律學系／策劃
法律服務社／編著

1. 別讓您的權利睡著了 1　200 元
2. 別讓您的權利睡著了 2　200 元

・秘傳占卜系列・電腦編號 14

1. 手相術	淺野八郎著	180 元
2. 人相術	淺野八郎著	150 元
3. 西洋占星術	淺野八郎著	180 元
4. 中國神奇占卜	淺野八郎著	150 元
5. 夢判斷	淺野八郎著	150 元
6. 前世、來世占卜	淺野八郎著	150 元
7. 法國式血型學	淺野八郎著	150 元
8. 靈感、符咒學	淺野八郎著	150 元
9. 紙牌占卜學	淺野八郎著	150 元
10. ESP 超能力占卜	淺野八郎著	150 元
11. 猶太數的秘術	淺野八郎著	150 元
12. 新心理測驗	淺野八郎著	160 元
13. 塔羅牌預言秘法	淺野八郎著	200 元

・趣味心理講座・電腦編號 15

1. 性格測驗① 探索男與女	淺野八郎著	140 元
2. 性格測驗② 透視人心奧秘	淺野八郎著	140 元
3. 性格測驗③ 發現陌生的自己	淺野八郎著	140 元
4. 性格測驗④ 發現你的真面目	淺野八郎著	140 元
5. 性格測驗⑤ 讓你們吃驚	淺野八郎著	140 元
6. 性格測驗⑥ 洞穿心理盲點	淺野八郎著	140 元
7. 性格測驗⑦ 探索對方心理	淺野八郎著	140 元
8. 性格測驗⑧ 由吃認識自己	淺野八郎著	160 元
9. 性格測驗⑨ 戀愛知多少	淺野八郎著	160 元
10. 性格測驗⑩ 由裝扮瞭解人心	淺野八郎著	160 元

11. 性格測驗⑪ 敲開內心玄機　淺野八郎著　140 元
12. 性格測驗⑫ 透視你的未來　淺野八郎著　160 元
13. 血型與你的一生　淺野八郎著　160 元
14. 趣味推理遊戲　淺野八郎著　160 元
15. 行為語言解析　淺野八郎著　160 元

・婦 幼 天 地・電腦編號 16

1. 八萬人減肥成果　黃靜香譯　180 元
2. 三分鐘減肥體操　楊鴻儒譯　150 元
3. 窈窕淑女美髮秘訣　柯素娥譯　130 元
4. 使妳更迷人　成　玉譯　130 元
5. 女性的更年期　官舒妍編譯　160 元
6. 胎內育兒法　李玉瓊編譯　150 元
7. 早產兒袋鼠式護理　唐岱蘭譯　200 元
8. 初次懷孕與生產　婦幼天地編譯組　180 元
9. 初次育兒 12 個月　婦幼天地編譯組　180 元
10. 斷乳食與幼兒食　婦幼天地編譯組　180 元
11. 培養幼兒能力與性向　婦幼天地編譯組　180 元
12. 培養幼兒創造力的玩具與遊戲　婦幼天地編譯組　180 元
13. 幼兒的症狀與疾病　婦幼天地編譯組　180 元
14. 腿部苗條健美法　婦幼天地編譯組　180 元
15. 女性腰痛別忽視　婦幼天地編譯組　150 元
16. 舒展身心體操術　李玉瓊編譯　130 元
17. 三分鐘臉部體操　趙薇妮著　160 元
18. 生動的笑容表情術　趙薇妮著　160 元
19. 心曠神怡減肥法　川津祐介著　130 元
20. 內衣使妳更美麗　陳玄茹譯　130 元
21. 瑜伽美姿美容　黃靜香編著　180 元
22. 高雅女性裝扮學　陳珮玲譯　180 元
23. 蠶糞肌膚美顏法　坂梨秀子著　160 元
24. 認識妳的身體　李玉瓊譯　160 元
25. 產後恢復苗條體態　居理安・芙萊喬著　200 元
26. 正確護髮美容法　山崎伊久江著　180 元
27. 安琪拉美姿養生學　安琪拉蘭斯博瑞著　180 元
28. 女體性醫學剖析　增田豐著　220 元
29. 懷孕與生產剖析　岡部綾子著　180 元
30. 斷奶後的健康育兒　東城百合子著　220 元
31. 引出孩子幹勁的責罵藝術　多湖輝著　170 元
32. 培養孩子獨立的藝術　多湖輝著　170 元
33. 子宮肌瘤與卵巢囊腫　陳秀琳編著　180 元
34. 下半身減肥法　納他夏・史達賓著　180 元
35. 女性自然美容法　吳雅菁編著　180 元
36. 再也不發胖　池園悅太郎著　170 元

37. 生男生女控制術 中垣勝裕著 220元
38. 使妳的肌膚更亮麗 楊 皓編著 170元
39. 臉部輪廓變美 芝崎義夫著 180元
40. 斑點、皺紋自己治療 高須克彌著 180元
41. 面皰自己治療 伊藤雄康著 180元
42. 隨心所欲瘦身冥想法 原久子著 180元
43. 胎兒革命 鈴木丈織著 180元
44. NS 磁氣平衡法塑造窈窕奇蹟 古屋和江著 180元
45. 享瘦從腳開始 山田陽子著 180元
46. 小改變瘦 4 公斤 宮本裕子著 180元
47. 軟管減肥瘦身 高橋輝男著 180元
48. 海藻精神秘美容法 劉名揚編著 180元
49. 肌膚保養與脫毛 鈴木真理著 180元
50. 10 天減肥 3 公斤 彤雲編輯組 180元
51. 穿出自己的品味 西村玲子著 280元

·青春天地· 電腦編號 17

1. A 血型與星座 柯素娥編譯 160元
2. B 血型與星座 柯素娥編譯 160元
3. O 血型與星座 柯素娥編譯 160元
4. AB 血型與星座 柯素娥編譯 120元
5. 青春期性教室 呂貴嵐編譯 130元
6. 事半功倍讀書法 王毅希編譯 150元
7. 難解數學破題 宋釗宜編譯 130元
9. 小論文寫作秘訣 林顯茂編譯 120元
11. 中學生野外遊戲 熊谷康編著 120元
12. 恐怖極短篇 柯素娥編譯 130元
13. 恐怖夜話 小毛驢編譯 130元
14. 恐怖幽默短篇 小毛驢編譯 120元
15. 黑色幽默短篇 小毛驢編譯 120元
16. 靈異怪談 小毛驢編譯 130元
17. 錯覺遊戲 小毛驢編著 130元
18. 整人遊戲 小毛驢編著 150元
19. 有趣的超常識 柯素娥編譯 130元
20. 哦！原來如此 林慶旺編譯 130元
21. 趣味競賽 100 種 劉名揚編譯 120元
22. 數學謎題入門 宋釗宜編譯 150元
23. 數學謎題解析 宋釗宜編譯 150元
24. 透視男女心理 林慶旺編譯 120元
25. 少女情懷的自白 李桂蘭編譯 120元
26. 由兄弟姊妹看命運 李玉瓊編譯 130元
27. 趣味的科學魔術 林慶旺編譯 150元
28. 趣味的心理實驗室 李燕玲編譯 150元

29. 愛與性心理測驗 小毛驢編譯 130元
30. 刑案推理解謎 小毛驢編譯 130元
31. 偵探常識推理 小毛驢編譯 130元
32. 偵探常識解謎 小毛驢編譯 130元
33. 偵探推理遊戲 小毛驢編譯 130元
34. 趣味的超魔術 廖玉山編著 150元
35. 趣味的珍奇發明 柯素娥編著 150元
36. 登山用具與技巧 陳瑞菊編著 150元
37. 性的漫談 蘇燕謀編著 180元
38. 無的漫談 蘇燕謀編著 180元
39. 黑色漫談 蘇燕謀編著 180元
40. 白色漫談 蘇燕謀編著 180元

・健康天地・電腦編號 18

1. 壓力的預防與治療 柯素娥編譯 130元
2. 超科學氣的魔力 柯素娥編譯 130元
3. 尿療法治病的神奇 中尾良一著 130元
4. 鐵證如山的尿療法奇蹟 廖玉山譯 120元
5. 一日斷食健康法 葉慈容編譯 150元
6. 胃部強健法 陳炳崑譯 120元
7. 癌症早期檢查法 廖松濤譯 160元
8. 老人痴呆症防止法 柯素娥編譯 130元
9. 松葉汁健康飲料 陳麗芬編譯 130元
10. 揉肚臍健康法 永井秋夫著 150元
11. 過勞死、猝死的預防 卓秀貞編譯 130元
12. 高血壓治療與飲食 藤山順豐著 150元
13. 老人看護指南 柯素娥編譯 150元
14. 美容外科淺談 楊啟宏著 150元
15. 美容外科新境界 楊啟宏著 150元
16. 鹽是天然的醫生 西英司郎著 140元
17. 年輕十歲不是夢 梁瑞麟譯 200元
18. 茶料理治百病 桑野和民著 180元
19. 綠茶治病寶典 桑野和民著 150元
20. 杜仲茶養顏減肥法 西田博著 150元
21. 蜂膠驚人療效 瀨長良三郎著 180元
22. 蜂膠治百病 瀨長良三郎著 180元
23. 醫藥與生活(一) 鄭炳全著 180元
24. 鈣長生寶典 落合敏著 180元
25. 大蒜長生寶典 木下繁太郎著 160元
26. 居家自我健康檢查 石川恭三著 160元
27. 永恆的健康人生 李秀鈴譯 200元
28. 大豆卵磷脂長生寶典 劉雪卿譯 150元
29. 芳香療法 梁艾琳譯 160元

30. 醋長生寶典　柯素娥譯　180 元
31. 從星座透視健康　席拉・吉蒂斯著　180 元
32. 愉悅自在保健學　野本二士夫著　160 元
33. 裸睡健康法　丸山淳士等著　160 元
34. 糖尿病預防與治療　藤田順豐著　180 元
35. 維他命長生寶典　菅原明子著　180 元
36. 維他命 C 新效果　鐘文訓編　150 元
37. 手、腳病理按摩　堤芳朗著　160 元
38. AIDS 瞭解與預防　彼得塔歇爾著　180 元
39. 甲殼質殼聚糖健康法　沈永嘉譯　160 元
40. 神經痛預防與治療　木下真男著　160 元
41. 室內身體鍛鍊法　陳炳崑編著　160 元
42. 吃出健康藥膳　劉大器編著　180 元
43. 自我指壓術　蘇燕謀編著　160 元
44. 紅蘿蔔汁斷食療法　李玉瓊編著　150 元
45. 洗心術健康秘法　竺翠萍編譯　170 元
46. 枇杷葉健康療法　柯素娥編譯　180 元
47. 抗衰血癒　楊啟宏著　180 元
48. 與癌搏鬥記　逸見政孝著　180 元
49. 冬蟲夏草長生寶典　高橋義博著　170 元
50. 痔瘡・大腸疾病先端療法　宮島伸宜著　180 元
51. 膠布治癒頑固慢性病　加瀨建造著　180 元
52. 芝麻神奇健康法　小林貞作著　170 元
53. 香煙能防止癡呆？　高田明和著　180 元
54. 穀菜食治癌療法　佐藤成志著　180 元
55. 貼藥健康法　松原英多著　180 元
56. 克服癌症調和道呼吸法　帶津良一著　180 元
57. B 型肝炎預防與治療　野村喜重郎著　180 元
58. 青春永駐養生導引術　早島正雄著　180 元
59. 改變呼吸法創造健康　原久子著　180 元
60. 荷爾蒙平衡養生秘訣　出村博著　180 元
61. 水美肌健康法　井戶勝富著　170 元
62. 認識食物掌握健康　廖梅珠編著　170 元
63. 痛風劇痛消除法　鈴木吉彥著　180 元
64. 酸莖菌驚人療效　上田明彥著　180 元
65. 大豆卵磷脂治現代病　神津健一著　200 元
66. 時辰療法—危險時刻凌晨 4 時　呂建強等著　180 元
67. 自然治癒力提升法　帶津良一著　180 元
68. 巧妙的氣保健法　藤平墨子著　180 元
69. 治癒 C 型肝炎　熊田博光著　180 元
70. 肝臟病預防與治療　劉名揚編著　180 元
71. 腰痛平衡療法　荒井政信著　180 元
72. 根治多汗症、狐臭　稻葉益巳著　220 元
73. 40 歲以後的骨質疏鬆症　沈永嘉譯　180 元

74. 認識中藥	松下一成著	180 元
75. 認識氣的科學	佐佐木茂美著	180 元
76. 我戰勝了癌症	安田伸著	180 元
77. 斑點是身心的危險信號	中野進著	180 元
78. 艾波拉病毒大震撼	玉川重德著	180 元
79. 重新還我黑髮	桑名隆一郎著	180 元
80. 身體節律與健康	林博史著	180 元
81. 生薑治萬病	石原結實著	180 元
82. 靈芝治百病	陳瑞東著	180 元
83. 木炭驚人的威力	大槻彰著	200 元
84. 認識活性氧	井土貴司著	180 元
85. 深海鮫治百病	廖玉山編著	180 元
86. 神奇的蜂王乳	井上丹治著	180 元
87. 卡拉 OK 健腦法	東潔著	180 元
88. 卡拉 OK 健康法	福田伴男著	180 元
89. 醫藥與生活(二)	鄭炳全著	200 元
90. 洋蔥治百病	宮尾興平著	180 元
91. 年輕 10 歲快步健康法	石塚忠雄著	180 元
92. 石榴的驚人神效	岡本順子著	180 元
93. 飲料健康法	白鳥早奈英著	180 元
94. 健康棒體操	劉名揚編譯	180 元
95. 催眠健康法	蕭京凌編著	180 元

・實用女性學講座・電腦編號 19

1. 解讀女性內心世界	島田一男著	150 元
2. 塑造成熟的女性	島田一男著	150 元
3. 女性整體裝扮學	黃靜香編著	180 元
4. 女性應對禮儀	黃靜香編著	180 元
5. 女性婚前必修	小野十傳著	200 元
6. 徹底瞭解女人	田口二州著	180 元
7. 拆穿女性謊言 88 招	島田一男著	200 元
8. 解讀女人心	島田一男著	200 元
9. 俘獲女性絕招	志賀貢著	200 元
10. 愛情的壓力解套	中村理英子著	200 元
11. 妳是人見人愛的女孩	廖松濤編著	200 元

・校園系列・電腦編號 20

1. 讀書集中術	多湖輝著	150 元
2. 應考的訣竅	多湖輝著	150 元
3. 輕鬆讀書贏得聯考	多湖輝著	150 元
4. 讀書記憶秘訣	多湖輝著	150 元

5. 視力恢復！超速讀術	江錦雲譯	180元
6. 讀書36計	黃柏松編著	180元
7. 驚人的速讀術	鐘文訓編著	170元
8. 學生課業輔導良方	多湖輝著	180元
9. 超速讀超記憶法	廖松濤編著	180元
10. 速算解題技巧	宋釗宜編著	200元
11. 看圖學英文	陳炳崑編著	200元
12. 讓孩子最喜歡數學	沈永嘉譯	180元
13. 催眠記憶術	林碧清譯	180元

・實用心理學講座・電腦編號 21

1. 拆穿欺騙伎倆	多湖輝著	140元
2. 創造好構想	多湖輝著	140元
3. 面對面心理術	多湖輝著	160元
4. 偽裝心理術	多湖輝著	140元
5. 透視人性弱點	多湖輝著	140元
6. 自我表現術	多湖輝著	180元
7. 不可思議的人性心理	多湖輝著	180元
8. 催眠術入門	多湖輝著	150元
9. 責罵部屬的藝術	多湖輝著	150元
10. 精神力	多湖輝著	150元
11. 厚黑說服術	多湖輝著	150元
12. 集中力	多湖輝著	150元
13. 構想力	多湖輝著	150元
14. 深層心理術	多湖輝著	160元
15. 深層語言術	多湖輝著	160元
16. 深層說服術	多湖輝著	180元
17. 掌握潛在心理	多湖輝著	160元
18. 洞悉心理陷阱	多湖輝著	180元
19. 解讀金錢心理	多湖輝著	180元
20. 拆穿語言圈套	多湖輝著	180元
21. 語言的內心玄機	多湖輝著	180元
22. 積極力	多湖輝著	180元

・超現實心理講座・電腦編號 22

1. 超意識覺醒法	詹蔚芬編譯	130元
2. 護摩秘法與人生	劉名揚編譯	130元
3. 秘法！超級仙術入門	陸明譯	150元
4. 給地球人的訊息	柯素娥編著	150元
5. 密教的神通力	劉名揚編著	130元
6. 神秘奇妙的世界	平川陽一著	200元

7. 地球文明的超革命　吳秋嬌譯　200 元
8. 力量石的秘密　吳秋嬌譯　180 元
9. 超能力的靈異世界　馬小莉譯　200 元
10. 逃離地球毀滅的命運　吳秋嬌譯　200 元
11. 宇宙與地球終結之謎　南山宏著　200 元
12. 驚世奇功揭秘　傅起鳳著　200 元
13. 啟發身心潛力心象訓練法　栗田昌裕著　180 元
14. 仙道術遁甲法　高藤聰一郎著　220 元
15. 神通力的秘密　中岡俊哉著　180 元
16. 仙人成仙術　高藤聰一郎著　200 元
17. 仙道符咒氣功法　高藤聰一郎著　220 元
18. 仙道風水術尋龍法　高藤聰一郎著　200 元
19. 仙道奇蹟超幻像　高藤聰一郎著　200 元
20. 仙道鍊金術房中法　高藤聰一郎著　200 元
21. 奇蹟超醫療治癒難病　深野一幸著　220 元
22. 揭開月球的神秘力量　超科學研究會　180 元
23. 西藏密教奧義　高藤聰一郎著　250 元
24. 改變你的夢術入門　高藤聰一郎著　250 元

・養 生 保 健・電腦編號 23

1. 醫療養生氣功　黃孝寬著　250 元
2. 中國氣功圖譜　余功保著　230 元
3. 少林醫療氣功精粹　井玉蘭著　250 元
4. 龍形實用氣功　吳大才等著　220 元
5. 魚戲增視強身氣功　宮 嬰著　220 元
6. 嚴新氣功　前新培金著　250 元
7. 道家玄牝氣功　張 章著　200 元
8. 仙家秘傳祛病功　李遠國著　160 元
9. 少林十大健身功　秦慶豐著　180 元
10. 中國自控氣功　張明武著　250 元
11. 醫療防癌氣功　黃孝寬著　250 元
12. 醫療強身氣功　黃孝寬著　250 元
13. 醫療點穴氣功　黃孝寬著　250 元
14. 中國八卦如意功　趙維漢著　180 元
15. 正宗馬禮堂養氣功　馬禮堂著　420 元
16. 秘傳道家筋經內丹功　王慶餘著　280 元
17. 三元開慧功　辛桂林著　250 元
18. 防癌治癌新氣功　郭 林著　180 元
19. 禪定與佛家氣功修煉　劉天君著　200 元
20. 顛倒之術　梅自強著　360 元
21. 簡明氣功辭典　吳家駿編　360 元
22. 八卦三合功　張全亮著　230 元
23. 朱砂掌健身養生功　楊永著　250 元

24. 抗老功 陳九鶴著 230 元
25. 意氣按穴排濁自療法 黃啟運編著 250 元
26. 陳式太極拳養生功 陳正雷著 200 元
27. 健身祛病小功法 王培生著 200 元

・社會人智囊・電腦編號 24

1. 糾紛談判術 清水增三著 160 元
2. 創造關鍵術 淺野八郎著 150 元
3. 觀人術 淺野八郎著 180 元
4. 應急詭辯術 廖英迪編著 160 元
5. 天才家學習術 木原武一著 160 元
6. 貓型狗式鑑人術 淺野八郎著 180 元
7. 逆轉運掌握術 淺野八郎著 180 元
8. 人際圓融術 澀谷昌三著 160 元
9. 解讀人心術 淺野八郎著 180 元
10. 與上司水乳交融術 秋元隆司著 180 元
11. 男女心態定律 小田晉著 180 元
12. 幽默說話術 林振輝編著 200 元
13. 人能信賴幾分 淺野八郎著 180 元
14. 我一定能成功 李玉瓊譯 180 元
15. 獻給青年的嘉言 陳蒼杰譯 180 元
16. 知人、知面、知其心 林振輝編著 180 元
17. 塑造堅強的個性 坂上肇著 180 元
18. 為自己而活 佐藤綾子著 180 元
19. 未來十年與愉快生活有約 船井幸雄著 180 元
20. 超級銷售話術 杜秀卿譯 180 元
21. 感性培育術 黃靜香編著 180 元
22. 公司新鮮人的禮儀規範 蔡媛惠譯 180 元
23. 傑出職員鍛鍊術 佐佐木正著 180 元
24. 面談獲勝戰略 李芳黛譯 180 元
25. 金玉良言撼人心 森純大著 180 元
26. 男女幽默趣典 劉華亭編著 180 元
27. 機智說話術 劉華亭編著 180 元
28. 心理諮商室 柯素娥譯 180 元
29. 如何在公司崢嶸頭角 佐佐木正著 180 元
30. 機智應對術 李玉瓊編著 200 元
31. 克服低潮良方 坂野雄二著 180 元
32. 智慧型說話技巧 沈永嘉編著 180 元
33. 記憶力、集中力增進術 廖松濤編著 180 元
34. 女職員培育術 林慶旺編著 180 元
35. 自我介紹與社交禮儀 柯素娥編著 180 元
36. 積極生活創幸福 田中真澄著 180 元
37. 妙點子超構想 多湖輝著 180 元

38. 說NO的技巧	廖玉山編著	180元
39. 一流說服力	李玉瓊編著	180元
40. 般若心經成功哲學	陳鴻蘭編著	180元
41. 訪問推銷術	黃靜香編著	180元
42. 男性成功秘訣	陳蒼杰編著	180元
43. 笑容、人際智商	宮川澄子著	180元
44. 多湖輝的構想工作室	多湖輝著	200元
45. 名人名語啟示錄	喬家楓著	180元

・精選系列・電腦編號25

1. 毛澤東與鄧小平	渡邊利夫等著	280元
2. 中國大崩裂	江戶介雄著	180元
3. 台灣・亞洲奇蹟	上村幸治著	220元
4. 7-ELEVEN高盈收策略	國友隆一著	180元
5. 台灣獨立（新・中國日本戰爭一）	森詠著	200元
6. 迷失中國的末路	江戶雄介著	220元
7. 2000年5月全世界毀滅	紫藤甲子男著	180元
8. 失去鄧小平的中國	小島朋之著	220元
9. 世界史爭議性異人傳	桐生操著	200元
10. 淨化心靈享人生	松濤弘道著	220元
11. 人生心情診斷	賴藤和寬著	220元
12. 中美大決戰	檜山良昭著	220元
13. 黃昏帝國美國	莊雯琳譯	220元
14. 兩岸衝突（新・中國日本戰爭二）	森詠著	220元
15. 封鎖台灣（新・中國日本戰爭三）	森詠著	220元
16. 中國分裂（新・中國日本戰爭四）	森詠著	220元
17. 由女變男的我	虎井正衛著	200元
18. 佛學的安心立命	松濤弘道著	220元
19. 世界喪禮大觀	松濤弘道著	280元

・運動遊戲・電腦編號26

1. 雙人運動	李玉瓊譯	160元
2. 愉快的跳繩運動	廖玉山譯	180元
3. 運動會項目精選	王佑京譯	150元
4. 肋木運動	廖玉山譯	150元
5. 測力運動	王佑宗譯	150元
6. 游泳入門	唐桂萍編著	200元

・休閒娛樂・電腦編號27

1. 海水魚飼養法	田中智浩著	300元

國家圖書館出版品預行編目資料

心靈啓蒙教育/多湖輝著；楊鴻儒譯
——初版，——臺北市，大展，1999〔民88〕
309面；21公分，——（親子系列；2）
ISBN 957-557-903-8（平裝）

1.親職教育　2.兒童心理學

528.21　　88001113

原　書　名：子どもの心理法則
原著作者：多湖　輝

原出版者：株式會社　ごま書房
版權代理：宏儒企業有限公司

心靈啟蒙教育

ISBN 957-557-903-8

原 著 者/ 多　湖　輝
編 譯 者/ 楊　鴻　儒
發 行 人/ 蔡　森　明
出 版 者/ 大展出版社有限公司
社　　址/ 台北市北投區（石牌）致遠一路2段12巷1號
電　　話/ （02）28236031・28236033
傳　　真/ （02）28272069
郵政劃撥/ 0166955-1
登 記 證/ 局版臺業字第2171號
承 印 者/ 高星企業有限公司
裝　　訂/ 日新裝訂所
排 版 者/ 弘益電腦排版有限公司
電　　話/ （02）27403609・27112792
初版１刷/ 1999年（民88年） 3月

定　價/ 280元

大展好書 好書大展

大展好書 好書大展